Estudos Aplicados de Direito Empresarial

Estudos Aplicados de Direito Empresarial

TRIBUTÁRIO

2018

Coordenação:
Regis Fernando de Ribeiro Braga

ALMEDINA

ESTUDOS APLICADOS DE DIREITO EMPRESARIAL
TRIBUTÁRIO
© Almedina, 2018

COORDENAÇÃO: Regis Fernando de Ribeiro Braga
DIAGRAMAÇÃO: Almedina
DESIGN DE CAPA: FBA
ISBN: 978-85-8493-411-9

Dados Internacionais de Catalogação na Publicação (CIP)
(Câmara Brasileira do Livro, SP, Brasil)

Estudos aplicados de direito empresarial : tributário / coordenação Regis Fernando de Ribeiro Braga. -- São Paulo : Almedina, 2018.

Vários autores.
Bibliografia.
ISBN 978-85-8493-411-9

1. Direito empresarial - Brasil 2. Direito tributário - Brasil 3. Empresas - Tributação 4. Tributos - Leis e legislação I. Braga, Regis Fernando de Ribeiro.

18-21648 CDU-34:338.93:336.2(81)

Índices para catálogo sistemático:
1. Brasil : Direito empresarial e tributário 34:338.93:336.2(81)
Cibele Maria Dias - Bibliotecária - CRB-8/9427

Este livro segue as regras do novo Acordo Ortográfico da Língua Portuguesa (1990).

Novembro, 2018

EDITORA: Almedina Brasil
Rua José Maria Lisboa, 860, Conj.131 e 132, Jardim Paulista | 01423-001 São Paulo | Brasil
editora@almedina.com.br
www.almedina.com.br

APRESENTAÇÃO

Como professor orientador das turmas de especialização (LL.M) em direito tributário do Insper – Instituto de Pesquisa e Ensino, para mim é motivo de muito orgulho e satisfação poder apresentar os trabalhos que compõem o presente volume da Coleção "Estudos Aplicados de Direito Empresarial – Tributário", uma vez que acompanhei a preparação de todos eles, desde o momento em que seus autores decidiram por concebê-los, até o momento de sua apresentação em forma final, necessária para a obtenção da titulação de seus autores junto ao INSPER.

O primeiro desses trabalhos, da autoria de **Caio Caetano Luna**, sob o título **"A Tributação Particularista no Brasil"**, trata das indesejáveis normas tributárias particularistas. Como Caio menciona, com frequência tais normas decorrem de falhas do processo democrático, originando-se, segundo ele, "[...] dos incentivos ao *rent-seeking* eficaz de grupos de interesse, ao *rent-extraction* por parte de legisladores em relação a tais grupos, ao *logrolling* (que não é uma falha em si, mas pode levar a comportamentos oportunistas por parte de legisladores), além de problemas de intransitividade de escolhas que ocasionalmente impedem a formação de preferências coerentes da maioria e tendem a levar ao desperdício de recursos sociais."

Tais normas terminam por resultar no estabelecimento de cargas tributárias diferenciadas para diversas classes de contribuintes, bem como na produção de normas intencionalmente ambíguas, fazendo com que a Administração Pública e o Judiciário as interpretem de forma casuística, quando o padrão de demanda por legislação particularista for conflituoso.

Apontando que o surgimento de normas particularistas é favorecido por contextos institucionais específicos – os quais se encontram presentes no Brasil – o autor não vê justificativa para sustentar o postulado do "legislador racional" em relação às normas tributárias particularistas, propondo então "[...] um mecanismo que confira maior *accountability* à criação e manutenção de normas tributárias particularistas e aumente os custos de transação para que elas sejam criadas e mantidas."

A seguir, **Eric Simões Visini** discorre sobre **"A Natureza Jurídica dos Juros sobre o Capital Próprio (JCP) e Suas Implicações Tributárias"**. Partindo de uma análise histórica e comparativa com institutos análogos e similares, o trabalho apresenta elementos para estabelecer a natureza jurídica dos juros sobre o capital próprio, como dividendos sujeitos a um regime tributário próprio.

Segundo Eric, isso se deve aos seguintes fatores: "(i) apenas os sócios e acionistas poderiam beneficiar-se desta figura; (ii) os valores de JCP não são calculados com base no capital disponibilizado, mas sim por meio do lucro auferido; (iii) a TJLP não define o montante a ser pago, mas sim o valor passível de dedução; (iv) decorrem de deliberação dos sócios, concentrando assim o poder pela remuneração e o efetivo benefício; (v) poderá ser imputado ao valor dos dividendos obrigatórios de que trata o artigo 202 da Lei nº 6.404/76, conforme texto da Lei nº 9.249/95; (vi) para a constituição de uma dívida capaz de prover frutos (juros) há que se ter a contabilização desta obrigação no passivo da companhia, ao passo que o capital disponibilizado pelo sócio e que serve para a proporcionalizarão dos JCP devidos é registrado na conta de capital social, componente do patrimônio líquido; e por fim (vi) não compõe os valores para aplicação das regras de subcapitalização e preços de transferência."

Estabelecida essa premissa, o autor então apresentada soluções para os temas tributários controversos sobre os JCP – sua dedutibilidade quando pagos de modo extemporâneo e a sua utilização em planejamentos tributários internacionais. Tal utilização, por seu turno, leva a análise de um dos planos de ação contemplados no projeto *Base Erosion and Profit Shiftin* (BEPS), da Organização para a Cooperação e Desenvolvimento Econômico (OCDE), o qual poderá ocasionar uma grande modificação no tratamento tributário dado pelo Brasil aos JCP.

O BEPS também é objeto de análise no trabalho de **Felipe Nunes Ramos da Cunha**, intitulado **"Diretrizes e Princípios do BEPS: A Aplicabilidade do Plano de Ação n. º 12 *vis-à-vis* Medida Provisória n. º 685/2015"**. Nele, o autor demonstra de que forma tentou-se positivar o plano de ação n. 12 do BEPS – sobre "Regras de Divulgação Obrigatórias" – no Direito Brasileiro, através da Medida Provisória nº 685, de 2015.

Nas palavras de Felipe, o principal objetivo de tais regras "[...] é fornecer às autoridades tributárias informações antecipadas de potenciais planejamentos tributários considerados abusivos ou agressivos e identificar o beneficiário destes. [...] A comunidade internacional, sabendo que as regras podem variar de país a país, estabeleceu princípios basilares a serem considerados. Dessa forma as regras de divulgação devem: (1) ser claras e de fácil entendimento; (2) não devem gerar altos custos adicionais para os contribuintes no atendimento ao *Compliance*. Existe a premissa de que informações adicionais e desnecessárias aumentarão os custos para o contribuinte e podem minar a eficiência das autoridades tributárias; (3) deve ser eficiente para atender aos objetivos estipulados e ter exatidão para identificar planejamentos relevantes; e (4) as informações coletadas devem ser usadas de maneira eficiente. A obrigação em divulgar poderá ser imposta para os contribuintes e/ou para a Administração Pública, sobre assuntos específicos e genéricos, onde cada tema desencadeará determinado requisito para divulgação. [...] Por fim, para assegurar o cumprimento das divulgações, em acordo com as leis internas, serão introduzidas sanções, incluindo as não pecuniárias."

Ainda que o Brasil não seja membro da OCDE, o Executivo Federal utilizou as diretrizes estabelecidas pela Organização na propositura da Medida Provisória nº 685. Contudo, como aponta o autor, tal utilização "[...] deveria vincular a legislação doméstica proposta, às características-chave e aos princípios, que sustentaram o plano de ações publicado pela OCDE. Não foi o que aconteceu [...]. A desobediência e o não alinhamento, por parte do legislador pátrio, às características e aos princípios que norteiam o Plano de Ação 12, e toda a política diretiva do BEPS, resultou em decadência da Medida Provisória."

Na sequência, **José Mário Neves David** nos apresenta **"A Alternativa do Financiamento de Sociedades anônimas Via Emissão de Títulos e Valores Mobiliários: Análise da Tributação e das vantagens Dela Decorrentes na Captação de Recurso no Mercado de Capitais Brasileiros"**, identificando vantagens e desvantagens decorrentes da utilização dos mencionados instrumentos para fins de captação de recursos, sob o enfoque de sua tributação, já que, em seus dizeres, "[...] parcela significativa das companhias se socorre apenas de empréstimos bancários, os quais, muitas vezes, exigem garantias excessivas e cobram juros elevados, representando um óbice ao desenvolvimento das sociedades anônimas no Brasil."

Traçando inicialmente um panorama sobre o mercado de capitais brasileiro, estabelecendo algumas das características próprias às sociedades anônimas para então tratar dos principais títulos e valores mobiliários utilizados por estas sociedades na captação de recursos e de sua tributação, José Mário pontua que "As possibilidades de captação de recursos via emissão de títulos e valores mobiliários em oferta pública se mostra mais apropriada às companhias de grande porte, face às obrigações e custos inerentes à emissão de ações para negociação em bolsa de valores e à emissão de debêntures (médio e longo prazo) e *commercial papers* (curto prazo) em mercados organizados ou não organizados, sendo que o registro em órgãos de controle será sempre necessário. [...] Decidindo-se pela emissão de tais títulos e valores mobiliários, caberá a análise das vantagens e desvantagens, para as companhias emissoras e potenciais investidores, de cada título aqui estudado: **(i)** ações, que se mostram interessantes para as companhias com boa reputação, mais estruturadas, com capacidade para suportar as demandas e custos de abertura de capital e cobrança constante por resultados pelos acionistas, **(ii)** debêntures, as quais se mostram interessantes para captação de recursos com fins e objetivos específicos e vencimento a médio e longo prazos, e **(iii)** *commercial papers* ou NPC, menos burocráticas quanto aos procedimentos e obrigações para emissão pública, e voltadas para investidores interessados em aplicações de curto prazo, não superior a 360 (trezentos e sessenta dias), para fins de delimitação de estratégias de emissão e aplicação dos recursos captados."

Especificamente no que diz respeito à tributação, o autor estabelece que "[...] nos três casos a emissão se mostra interessante pela perspectiva das companhias emissoras, posto que a captação em si não sofre os efeitos da tributação. No geral, tem-se uma vantagem financeira quando comparada a captação em mercado em relação aos custos da obtenção de recursos via rede bancária. A grande vantagem sob a perspectiva tributária em relação aos títulos e valores mobiliários aqui abordados reside na atração de investidores não-residentes, os quais desfrutam de importantes benefícios fiscais relacionados ao IR e ao IOF.

[...] O mais importante, contudo, é que a captação de recursos em mercado seja considerada uma opção, a fim de aumentar as fontes de financiamento no Brasil e fortalecer o mercado de capitais nacional."

O último texto a compor o presente volume, da lavra de **Lucas Dalcastagne Barducco**, versa sobre os **"Aspectos Tributários dos Investimentos por Meio de Fundos de Investimento em Participações"**. Nele, Lucas analisa os aspectos tributários relacionados aos investimentos realizados por meio de tais Fundos (FIP), sob a ótica do investidor – pessoa física ou jurídica – residente ou não no Brasil.

Principiando por estabelcer as pricipais caracterísiticas de um FIP – investimento em participações societárias e em títulos emitidos por companhias, tais quais os bônus de subscrição e as debêntures, apresentando risco que varia de moderado a alto e buscando retornos expressivos, pontua o autor que " [...] os investimentos realizados por FIPs nos mercados de *private equity*, *venture capital* e capital semente são altamente benéficos, pois possuem significativo potencial para alavancar a economia e viabilizar o surgimento e a manutenção de novas empresas, com capacidade de explorar seu potencial e conferir qualidade na gestão."

Sob o ponto de vista tributário, pontua o autor que "[...] para o investidor residente no Brasil, os FIPs possuem a vantagem de concentrar a tributação para o momento da efetiva distribuição do lucro – isto é, a amortização ou resgate de cotas com lucro ou o repasse de rendimentos. Para os investidores residentes no exterior que cumprem requisitos estipulados em Lei e em normas editadas pelo Bacen [Banco Central do Brasil], pelo CMN [Conselho Monetário Nacional] e pela CVM [Comissão de Valores Mobiliários], os benefícios são ainda mais evidentes, já que há previsões de isenção ao IRRF [Iimposto de Renda Retido na Fonte]."

Para finalizar, tendo apresentado os trabalhos e seus autores, nada mais justo que, como professor e orientador destes últimos, reconhecer seus méritos e parabenizá-los por suas valorosas empreitas. Por trás da obrigação da entrega do trabalho de conclusão de curso, muitas vezes olvida-se o árduo trabalho de pesquisa, o esforço – às vezes hercúleo – para a superação de "verdades" pré concebidas, a busca pelo ânimo necessário para a preparação de um bom texto, tarefas estas desenvolvidas com muita dedicação pelos autores dos trabalhos que a exitosa parceira entre a Almedina e o Insper ora logra apresentar ao público.

Convido a todos a uma boa leitura. Aproveitem!

RÉGIS FERNANDO DE RIBEIRO BRAGA
Professor Orientador dos LL.M em Direito Tributário do Insper – Instituto de Ensino e Pesquisa

PREFÁCIO

Bons filhos constroem suas casas

Há mais de 19 anos, os sempre queridos Dr. Jairo Saddi e a Professora Rachel Sztajn talvez não tivessem a menor ideia do que estavam plantando ao idealizar os programas de LL.M. do Insper, hoje composto por cinco cursos de pós-graduação *lato sensu* e mais de dez de curta duração somente na área do Direito. São mais de 1200 *alumni*, aproximadamente 850 alunos ativos, um corpo docente com mais de 100 talentosos e bem avaliados professores e mais de uma dezena de assistentes dedicados para aprimorar constantemente a chamada "experiência Insper". São histórias e mais histórias que ilustram o incrível "Insper Direito".

Sinto-me especialmente honrado hoje por prefaciar esta 3ª edição da já tradicional coleção "Estudos Aplicados de Direito Empresarial", mais um bem-sucedido projeto do Insper com a Editora Almedina Brasil, a maior do mundo em língua portuguesa e referência em publicações na área jurídica. A Coleção é novamente formada por cinco volumes, cada qual contendo as mais bem avaliadas monografias dos alunos formados pelos referidos programas de pós-graduação *lato sensu* em Direito do Insper. Tais discentes, não satisfeitos em cumprir um dos requisitos impostos pelo Ministério da Educação para a conclusão dos seus respectivos cursos, se desafiaram para alcançar um patamar ainda mais glorioso: contribuir com suas pesquisas para o mundo jurídico-empresarial. Dedicaram-se além do esperado, buscaram superar seus limites, escolheram temas pouco ou nunca explorados, aproveitaram o frutífero convívio com seu professor-orientador ao máximo e deram foco a esse objetivo extremamente nobre que é escrever não só para si próprio.

Os 25 textos que ora apresentamos são bem pesquisados, reportam-se a questões atuais e práticas do dia a dia da advocacia empresarial e não se prestam somente a rever o que já foi escrito, contribuindo efetivamente para o debate. Parabenizo cada autor pela publicação de suas ideias, pela conclusão de seu curso e aos queridos professores-orientadores pela genuína parceria e pelo carinhoso e diário trabalho junto aos seus pupilos. Só quem convive com alunos sabe o quão prazeroso é acompanhar o desenvolvimento de cada um, suas angústias, seu crescimento pessoal e suas vitórias.

Em meus quase 17 anos no Insper, aprendi e aprendo muita coisa como Coordenador Adjunto do programa LL.M. em Direito Societário, Coordenador Geral do Insper Direito e atualmente professor e prefaciador desta edição da Coleção. Aprendi uma nova profissão que é a docência e aflorei sentimentos como os da gratidão e do orgulho. Sinto-me hoje um pouco como vocês que escreveram ou que lerão estes belíssimos textos: bons filhos constroem, sim, suas casas. Boa leitura a todos!

André Antunes Soares de Camargo
Sócio de TozziniFreire Advogados e Professor do Insper

SUMÁRIO

A Tributação Particularista no Brasil

Caio Caetano Luna

Introdução

O sistema tributário brasileiro é, justificadamente, alvo de inúmeras críticas relativas à sua complexidade e injustiça. Entre as razões, destacam-se a coexistência de cinco espécies tributárias, a repartição constitucional do poder de tributar entre os diversos entes federativos (o que vem nos impedindo de ter uma tributação normal sobre o valor agregado), a concentração da carga tributária no consumo com seus efeitos regressivos, e a existência de inúmeros regimes específicos para classes de contribuintes distintas. Embora cada um desses temas mereça ser tratado em detalhes, é a esse último que este trabalho se dedica.

Em linha com a nomenclatura norte-americana, a legislação tributária que visa a atingir um grupo específico de contribuintes será aqui chamada de "legislação particularista". Exemplos são abundantes: empresas do ramo de transporte coletivo recolhem a contribuição previdenciária patronal sobre a receita bruta,[1] o que pode implicar menor carga tributária em relação

[1] BRASIL. Lei nº 12.546, de 14 de dezembro de 2011. Palácio do Planalto. Brasília, DF, Disponível em: <http://www.planalto.gov.br/ccivil_03/_ato2011-2014/2011/lei/l12546.htm>. Acesso em: 12 mar. 2017.

ao regime geral de contribuição sobre a folha; construtoras têm a faculdade de recolher os tributos federais sobre receita e renda conforme um regime específico, que pode corresponder a apenas 1% de sua receita bruta;[2] fabricantes de bebidas e alimentos fazem jus a um crédito presumido que reduz os tributos sobre a renda incidentes sobre os lucros auferidos por suas subsidiárias no exterior;[3] instituições financeiras arcam com uma tributação sobre a renda superior à das demais sociedades;[4] micro cervejarias não podem fruir do mesmo regime de tributação que beneficia sociedades do mesmo porte que exerçam outras atividades;[5] o regime de substituição tributária do ICMS é tão prolífico que, na prática, é difícil encontrar produtos sujeitos à tributação padrão.

Os critérios utilizados pelo legislador para instituir regimes particularistas são, na maior parte das vezes, obscuros. Ademais, a administração tributária não divulga estudos que identifiquem os custos e os benefícios de se instituir cada exceção ao regime geral, nem os resultados pretendidos. Na prática, tais regimes são concedidos ou revogados a portas fechadas, por razões ignoradas pelo público em geral, e com objetivos não especificados.

[2] BRASIL. Lei nº 10.931, de 2 de agosto de 2004. Palácio do Planalto. Brasília, DF, Disponível em: <http://www.planalto.gov.br/ccivil_03/_ato2004-2006/2004/lei/l10.931.htm>. Acesso em: 12 mar. 2017.

[3] BRASIL. Lei Complementar nº 12.973, de 13 de maio de 2014. Palácio do Planalto. Brasília, DF, Disponível em: <http://www.planalto.gov.br/ccivil_03/_ato2011-2014/2014/lei/l12973.htm>. Acesso em: 12 mar. 2017.

[4] BRASIL. Lei nº 7.689, de 15 de dezembro de 1988. Palácio do Planalto. Brasília, DF, Disponível em: <http://www.planalto.gov.br/ccivil_03/leis/L7689.htm>. Acesso em: 12 mar. 2017.

[5] BRASIL. Lei Complementar nº 1231, de 14 de dezembro de 2006. Palácio do Planalto. Brasília, DF, Disponível em: <http://www.planalto.gov.br/ccivil_03/leis/LCP/Lcp123.htm>. Acesso em: 12 mar. 2017.

Para que se evite uma crítica metodológica, cabe um alerta: este trabalho é indisfarçadamente enviesado. A postura que se adota não é a de que o Estado, zelando pelo interesse público, toma decisões conscientes e coerentes sobre a criação de exceções tributárias para determinados contribuintes, de forma a dirigir a economia nacional diligentemente. Aqui, adota-se a premissa oposta: normas tributárias particularistas promovem distorções danosas à alocação de capital, e criam incentivos perversos em detrimento da saúde do sistema democrático. Especificamente, os agentes privados são incentivados a investir em *lobby* para obter favores do Estado às custas dos demais contribuintes, diminuindo seus investimentos em atividades mais produtivas, e os agentes públicos adquirem mais um incentivo para ofertar legislação favorável em troca de vantagens de moralidade questionável. A proposição normativa adotada aqui, portanto, é a de que normas particularistas são normalmente prejudiciais à sociedade, e deveriam ser coibidas pelo sistema jurídico.

O estudo das razões que influenciam a criação e a persistência de normas tributárias particularistas pertence primordialmente à Economia e às Ciências Políticas. Entretanto, ele não é juridicamente irrelevante, pois o vetor resultante das diversas forças que influenciam a atividade legislativa é, justamente, o Direito positivo. Por isso, esse será o tema da primeira parte deste trabalho. Busca-se, nela, uma explicação para o atual estado do Direito tributário.

A segunda parte do trabalho examinará o direito posto, da forma como efetivamente redigido. Por óbvia influência anglo-saxã, ela é inteiramente divorciada do postulado do legislador racional, da teoria da linguagem e da teoria dos sistemas, que são os métodos interpretativos prevalentes no direito continental. Com base na análise efetuada no capítulo precedente, parte-se da premissa que os limites atualmente impostos à legislação particularista são propositadamente vagos, e muitas vezes indefiníveis, o que torna igualmente válidas inúmeras conclusões distintas a seu respeito. Então, na tentativa de propor uma melhoria concreta ao sistema tributário brasileiro, são sugeridas medidas que favoreceriam a criação de normas tributárias mais criteriosas e transparentes.

1. As Raízes do Particularismo

"The chief business of the American Congress is business."
Victor Fleischer[6]

Em artigo relativamente recente sobre a relação entre política e tributação, Eric Zolt[7] ressalta três abordagens distintas que buscam explicar o surgimento de legislação tributária particularista: a primeira, mais tradicional, enxerga os regimes tributários excepcionais como ferramentas de políticas públicas; a segunda analisa o mesmo fenômeno sob a perspectiva dos interesses pessoais dos agentes envolvidos na atividade legislativa; a terceira, mais recente, considera a conjunção desses interesses com o contexto econômico e institucional no qual eles estão inseridos.

Essas abordagens não são propriamente incrementais (no sentido de a segunda ter sucedido a primeira, e a terceira a segunda), mas sim concorrentes. O tema é complexo, a demonstração da conformidade dos argumentos à realidade é cheia de percalços, e não há consenso. Cada uma delas explica adequadamente o surgimento de algumas normas em certos contextos,

[6] Fleischer, Victor. Commentary: Tax Extenders. New York University Tax Law Review, Nova Iorque, NY, v. 613, n. 67, verão de 2014, p. 4.

[7] Zolt, Eric M. Politics and Taxation: An Introduction. Tax Law Review, [s.l.], v. 67, n. 453, p.453-469, 2014. Disponível em: <https://papers.ssrn.com/sol3/papers.cfm?abstract_id=2559925>. Acesso em: 6 fev. 2017.

mas nenhuma parece fornecer uma explicação completa, que permita prever os movimentos do sistema tributário.[8] É possível, ainda, que um mesmo caso encontre explicações plausíveis em cada uma dessas abordagens.

Não se presume aqui a existência de um Estado que age de forma coerente em busca do cumprimento com os objetivos constitucionais. Ao contrário, a premissa deste capítulo é algo mais realista (e interessante): a de que a legislação, em boa parte das vezes, resulta da interação de agentes públicos e grupos de interesse, ambos motivados primordialmente pelo atendimento a interesses próprios, e que agem sob a regência de instituições que limitam as suas ações.[9] Por isso, o trabalho iniciará pela exposição dos interesses que movem a atividade legislativa e das principais deficiências do processo legislativo em si, e seguirá para a forma como as instituições favorecem ou coíbem a legislação tributária particularista. Por fim, serão feitas algumas observações sobre o Brasil, que, como se verá, parece

[8] A imprevisibilidade a respeito do tipo de legislação tributária que será aprovada é abordada por Daniel Shaviro, em artigo sobre as reformas tributárias ocorridas nos EUA durante a década de 1980. Ver SHAVIRO, Daniel. Beyond Public Choice and Public Interest: a Study of the Legislative Process as Illustrated by Tax Legislation in the 1980s. University of Pennsylvania Law Review, [S.l.], v. 139, n. 1, p. 1-64, novembro de 1990.

[9] O uso do termo "instituições" neste trabalho segue a definição de Douglass North: "[i]nstituições são os limites artificiais que estruturam interações políticas, sociais e econômicas. Elas são compostas por restrições informais (sanções morais, tabus, costume, tradições e códigos de conduta) e formais (constituições, leis e direitos de propriedade). [...] Em conjunto com as restrições normais da economia, as instituições definem o conjunto de escolhas e assim determinam os custos de transação e produção, e, por conseguinte, a lucratividade e a viabilidade de atividades econômicas" (tradução minha) (em NORTH, Douglass C. Institutions. The Journal Of Economic Perspectives, [s.l.], v. 5, n. 1, p.87-112, inverno 1991. Disponível em: <http://www.jstor.org/stable/1942704>. P. 97. Acesso em: 2 abr. 2017).

ter um modelo institucional favorável à proliferação desse tipo de legislação.

1.1. O Mercado Legislativo e Suas Disfunções

A teoria da escolha pública, desenvolvida a partir de 1950 e que tem como principais fundadores Gordon Tullock, James Buchannan, Mancur Olson e Kenneth Arrow, busca compreender a política através das ferramentas analíticas desenvolvidas pela economia neoclássica. Em particular, ela parte da premissa de que os agentes envolvidos no processo político são movidos pelo atendimento aos próprios interesses, e agem racionalmente para atingir seus objetivos. Eles seriam, em outras palavras, os "maximizadores racionais" a que os manuais de economia se referem com frequência. Naturalmente, tratar agentes políticos como maximizadores racionais é uma aproximação algo grosseira da realidade; como quaisquer pessoas, aquelas envolvidas no processo legislativo são frequentemente altruístas e irracionais, o que faz com que o poder preditivo da teoria da escolha pública seja mitigado.[10] Entretanto, enxergar aqueles envolvidos no processo legislativo sob essa óptica oferece *insights* importantes sobre como as leis – sobretudo as tributárias[11] – são feitas.

[10] Daniel Shaviro faz críticas contundentes à teoria da escolha pública, que serão tratadas brevemente ao final deste capítulo. Ver Shaviro, Daniel. Beyond Public Choice and Public Interest: a Study of the Legislative Process as Illustrated by Tax Legislation in the 1980s. University of Pennsylvania Law Review, [S.l.], v. 139, n. 1, p. 1-64, novembro de 1990.

[11] Ao contrário de outras matérias, a legislação tributária raramente suscita grandes paixões ou debates morais. Dificilmente algum deputado ou senador votaria contra ou a favor da extensão do SIMPLES a uma certa atividade econômica com base em princípios e valores pessoais, ao contrário do que ocorre, por exemplo, com temas de direito ambiental ou de família. Isso elimina algo da conturbação emocional atrelada a diversos outros temas na pauta legislativa, e faz com que, ao menos no que concerne à tributação, o comportamento dos legisladores previsto pela teoria da escolha pública soe mais crível.

Partindo da premissa de racionalidade dos agentes, a teoria da escolha pública encara a atividade legislativa como um mercado como outro qualquer. As leis seriam o produto da interação entre a oferta de legislação (ou seja, a oferta de coerção estatal), suprida por legisladores, e a respectiva demanda, proveniente de grupos organizados da sociedade civil. Por maximizarem seus próprios interesses, os legisladores venderiam legislação àqueles dispostos a pagar por ela. Esse preço deve ser entendido como contraprestação em uma acepção ampla: enquanto empresas ofertam bens e serviços em troca de dinheiro como uma forma de maximizar seu lucro, os legisladores ofertam legislação como uma forma de maximizar tudo aquilo que lhes interessa. Em sistemas democráticos, um interesse típico a ser maximizado é a obtenção de votos com o propósito de reeleição,[12] o que frequentemente toma a forma de doações de campanha; outros interesses normalmente identificados são a busca por dinheiro e poder,[13] além de prestígio pessoal.[14]

Mais importante que considerações sobre a moralidade ou não dos motivos que movem os legisladores é a constatação de que, se a atividade legislativa é um mercado, trata-se de um mercado falho. Dentre seus diversos problemas, três serão tratados brevemente[15] aqui: (i) a arbitrariedade da legislação que

[12] Essa visão é apresentada, entre outros, por Robert Cooter em sua obra sobre a análise econômica do direito constitucional. Ver COOTER, Robert D. The Strategic Constitution. Princeton, New Jersey: Princeton University Press, 1999.

[13] Conforme MCCHESNEY, Fred S. Rent Extraction and Rent Creation in the Economic Theory of Regulation. Journal of Legal Studies, [S.l.], vol. 16, 1987, p. 105.

[14] Conforme DORAN, Michael. Tax Legislation in the Contemporary U.S. Congress. Tax Law Review, [S.l.], ainda não publicado. Virginia Public Law and Legal Theory Research Paper n. 2014-59, setembro de 2014, p.6. Disponível em: <https://ssrn.com/abstract=2367760>. Acesso em 15 set. 2016.

[15] Mais que brevemente, esses problemas serão tratados de forma abertamente superficial. Os assuntos expostos aqui de forma simples são, na realidade, ári-

efetivamente resulta de um sistema em que leis são aprovadas por maioria; (ii) o desperdício de recursos que deriva dessa arbitrariedade; e (iii) a captura do processo legislativo por grupos de interesse.

1.1.1. Arbitrariedade: o Problema das Escolhas Intransitivas

Em tese, a atividade legislativa deveria refletir as reais preferências da maioria da sociedade. Entretanto, essas preferências nem sempre são facilmente determináveis, e muitas vezes são contraditórias. Em situações em que há diversas preferências em jogo, a aprovação de leis por maioria de votos frequentemente produz resultados arbitrários.

Kenneth Arrow,[16] na década de 1960, ilustrava esse problema com o seguinte exemplo: imagine-se que os legisladores de um país se deparam com a escolha entre não entrar em guerra, iniciar uma guerra fria, ou iniciar uma guerra real. O legislador 1 prefere que não haja guerra, mas, se houver, que seja fria. O legislador 2 prefere uma guerra fria, mas, se não houver, que seja uma guerra real. O legislador 3 prefere uma guerra real, mas, se não houver, que não haja guerra alguma. Assim, à semelhança de um jogo de pedra, papel e tesoura,[17] tem-se que:

Legislador	Preferência
1	Paz > guerra fria > guerra real
2	Guerra fria > guerra real > paz
3	Guerra real > paz > guerra fria

dos, e ocasionalmente requerem demonstrações matemáticas que vão além do objetivo deste trabalho.

[16] ARROW, Kenneth G. Social Choice and Individual Values, 2a ed. John Wiley and Sons, Nova Iorque, 1963.

[17] Essa equiparação foi feita por COOTER, op. cit., p. 37.

Veja-se o absurdo da situação:

- os legisladores 1 e 2 poderiam formar uma aliança e obter maioria contra o legislador 3, por preferirem uma guerra fria à guerra real;
- os legisladores 2 e 3 poderiam formar uma aliança e obter maioria contra o legislador 1, por preferirem uma guerra real à paz; e
- os legisladores 1 e 3 poderiam formar uma aliança e obter maioria contra o legislador 2, por preferirem paz à guerra fria.

Nesse cenário, a escolha da política a ser adotada será inevitavelmente arbitrária, pois não há preferência real sobre o que deve ser feito. Adicionalmente, na ausência de alianças confiáveis e pré-estabelecidas, o resultado será aleatório (ou inconclusivo) se a votação for simultânea. Já na hipótese de ela ser sequencial, o resultado dependerá da ordem dos votantes. A título de exemplo, se a ordem da votação for legislador 2 – legislador 1 – legislador 3, o resultado será "paz"; se ela for legislador 2 – legislador 3 – legislador 1, o resultado será "guerra fria". Esse ponto será melhor explorado adiante.

Da arbitrariedade de escolhas de política pública quando não existe preferência real, as quais Robert Cooter chama de "escolhas intransitivas",[18] deriva boa parte do poder do legislador que controla a agenda de votações – conhecendo a intransitividade, para decidir quem votará primeiro ele considerará o resultado que mais lhe interesse.

1.1.2. Desperdícios e Assimetria na Distribuição de Custos e Benefícios

É fácil perceber, também, o desperdício de recursos que advém das escolhas intransitivas. No exemplo acima, atribua-se um

[18] COOTER, op. cit., p. 39.

valor a cada uma das alternativas: a paz, digamos, aumentará o PIB em 2%; a guerra fria zerará o crescimento econômico; a guerra real, por sua vez, derrubará o PIB em 10%. Claramente, a paz é o resultado preferível em termos de custo. Entretanto, se o legislador 3 controlar a agenda, ele determinará que a votação ocorra na seguinte ordem: (a) em primeiro lugar, o legislador 1, que votará a favor da paz; (b) em segundo, o próprio legislador 3, que votará a favor da guerra real; e (c) por último, o legislador 2, que votará pela guerra real para atender à sua preferência secundária. Nesse cenário, a guerra real não é apenas a escolha que mais desperdiça recursos; ela é também "injusta", já que ela não reflete uma sólida preferência legislativa e seus custos são divididos igualmente por todos, inclusive pelo legislador 1 e seus eleitores, que prefeririam que não houvesse nenhum tipo de guerra (note-se ainda que o legislador 2 teve de conviver com sua segunda opção, de forma que sua preferência também não foi satisfeita). A escolha é procedimentalmente válida e, portanto, democrática, mas prevalece o pior cenário possível da perspectiva da sociedade como um todo.

O exemplo acima pode ser modificado para melhor ilustrar o problema da assimetria entre custos e benefícios trazidos pela legislação em um cenário que envolva escolhas intransitivas. Esse tema foi levantado originalmente por James Buchanan e Gordon Tullock em sua obra clássica "The Calculus of Consent",[19] e o caso citado a seguir foi adaptado de William Eskridge Jr.[20] Imagine-se que, em vez de decidirem a respeito

[19] BUCHANAN, James M; TULLOCK, Gordon. The Calculus of Consent: Logical Foundations of Constitutional Democracy. Indianapolis: Liberty Fund, 1999. (The Collected Works of James Bucchanan, vol. 3). Disponível em: <http://files.libertyfund.org/files/1063/0102.03_Bk.pdf>. Acesso em: 27 mar. 2017.

[20] ESKRIDGE, William N. Jr. Politics Without Romance: Implications of Public Choice Theory for Statutory Interpretation. Virginia Law Review, [s.l.], v. 74, n. 275, p.275-338, jan. 1988.

de uma guerra, os legisladores 1, 2 e 3 devam decidir a respeito da construção de uma estrada com fundos federais, e o principal critério que orienta suas preferências é a conveniência eleitoral. O legislador 1 quer uma nova estrada que cruze seu Estado; o legislador 2 quer consertar uma estrada já existente em seu Estado e investir o resto do valor no fundo soberano do país, ou, sendo isso impossível, construir a estrada desejada pelo legislador 1, pois parte dessa passará pelo seu território; o legislador 3, de um Estado que goza de boa infraestrutura (e que não tem nada a ganhar investindo em outros Estados), deseja investir integralmente o dinheiro no fundo soberano. Admita-se, também, que:

i. o valor presente líquido de um investimento no fundo soberano é superior ao da construção de uma nova estrada ou do reparo da estrada existente;
ii. os três Estados dividiriam os custos de construção e conserto em igual medida;
iii. construir a estrada no Estado do legislador 1 aumentará o PIB do país em $ 100, e esse aumento será fruído na proporção de 55% para o Estado do legislador 1 e 45% para o Estado do legislador 2;
iv. reparar a estrada no Estado do legislador 2 e investir o restante aumentará o PIB do país em $ 105, e esse aumento será fruído na proporção de 70% para o Estado do legislador 2 e 15% para os demais; e
v. simplesmente poupar o dinheiro e investir no fundo soberano, por sua vez, aumentará o PIB do país em $ 120 e beneficiará os três Estados em igual medida.

Assim, tem-se que:

Legislador	Preferência	Payoff
1	Construir uma nova estrada > poupar todo o dinheiro > reformar estrada em outro Estado e poupar parte do dinheiro	\$ 100 (\$ 55 para o Estado 1, \$ 45 para o Estado 2)
2	Reformar estrada e poupar parte do dinheiro > construir uma nova estrada em outro Estado > poupar todo o dinheiro	\$ 105 (\$ 70,50 para o Estado 2, \$ 15,75 para os demais)
3	Poupar todo o dinheiro > reformar estrada em outro Estado e poupar parte do dinheiro > construir uma nova estrada em outro Estado	\$ 120 (\$ 40 para cada Estado)

Se o legislador 1 controlar a agenda, uma nova estrada será construída em seu território, conforme a mecânica exposta acima. Entretanto: (a) o Estado do legislador 3 terá de pagar um terço da conta, sem obter qualquer benefício com a construção; e (b) a melhor opção para o país, de uma perspectiva de maximização do PIB, seria investir todo o dinheiro no fundo soberano. Considerado o custo de oportunidade, construir a estrada causa um prejuízo de \$ 20. Novamente, tem-se um cenário em que o resultado é democrático, porém ineficiente e injusto com uma das partes. Segundo Eskridge, "em jogos simples de votação, há uma forte tendência ao desperdício de recursos quando os benefícios e os custos são assimétricos – tal qual ocorre quando uma decisão política concentra os custos em uma minoria (...) para distribuir benefícios aos demais (...). Esse tipo de desperdício é mais improvável quando os custos e benefícios são simétricos, tal qual ocorre quando a decisão política distribui os custos e benefícios de forma horizontal por entre a população, ou atribui custos e benefícios de forma bastante estrita" (tradução minha).[21]

[21] Eskridge, op. cit., p. 283-284.

Essa lógica parece plenamente aplicável a questões que envolvem tributação. Por exemplo, legisladores comprometidos com eleitorados de Estados que não sediem indústrias petrolíferas terão um grande incentivo para sujeitá-las, quando possível, a uma carga tributária superior à incidente sobre as indústrias presentes em seu território. De forma semelhante, legisladores vinculados a Estados que, por exemplo, tenham uma forte indústria têxtil e que sejam beneficiários líquidos de transferências da União, terão um incentivo para buscar incentivos fiscais a esse setor, às custas dos demais Estados. Em ambos os casos, os legisladores podem obter subsídios para despesas dos Estados aos quais estejam vinculados, alocando os respectivos custos (inclusive políticos) a terceiros. Assim, em uma votação sobre qual setor econômico deva arcar com um determinado tributo, com várias preferências distintas em relação às possibilidades em si e à distribuição de ônus e bônus, escolhas intransitivas e ineficientes seguramente abundam. Naturalmente, isso favorece o surgimento de legislação tributária particularista.

1.1.3. O Grande Problema: Grupos de Interesse e a Demanda por Legislação

Há outra característica do mercado legislativo relevantíssima para o surgimento das normas estudadas aqui: a captura da atividade legislativa por grupos de interesse. Como ressalta Eskridge,[22] esse é um dos principais motivos pelos quais o processo legislativo tende a produzir um número significativo de leis que visam ao *rent-seeking*, e relativamente poucas leis que tenham por objetivo beneficiar a sociedade como um todo.

Os estudos precursores a esse respeito foram elaborados por Mancur Olson e George Stigler. O trabalho de Olson, redigido na década de 1960 e intitulado "The Logic of Collective

[22] Eskridge, op. cit., p. 285.

Action",[23] trata da formação de grupos de interesse e explica como, de forma contraintuitiva, os interesses de minorias organizadas tendem a prevalecer sobre os da maioria. Por sua vez, Stigler, em seu "The Theory of Economic Regulation",[24] de 1971, analisa como esses grupos minoritários acabam por controlar a atuação estatal que lhes concerne. As ideias de Olson e Stigler foram substancialmente refinadas ao longo das décadas, mas, para os fins deste trabalho, seus núcleos permanecem essenciais.

Para formular sua tese, Olson parte de dois conceitos tradicionais da economia: o problema de *free-riding* na produção de bens coletivos, e os custos de transação. Em economia, bens coletivos (*public goods*) são simultaneamente "não-exclusivos" e "não-rivais": bens não-exclusivos são aqueles cujo uso por parte de terceiros não pode ser restringido; bens não-rivais são aqueles cujo uso por parte de uma pessoa não diminui a disponibilidade do bem para os demais. Exemplos de bens coletivos são o ar, a ciência de base, a iluminação pública, a defesa nacional, entre outros. Esses bens são considerados uma espécie de falha de mercado, pois este, por si só, tende a não os produzir em níveis ótimos devido ao incentivo ao *free-riding*.

O *free-riding* pode ser explicado da seguinte forma: como o produtor de um bem coletivo não tem como se apropriar integralmente do benefício gerado pelo bem, grande medida dos custos em que ele incorre se dá em proveito alheio; por sua vez, os não produtores têm um incentivo considerável para esperar

[23] Olson, Mancur. The Logic of Collective Action: Public Goods and the Theory of Groups. Cambridge, MA: Harvard University Press, 2002. (Harvard Economic Series vol. CXXIV). Disponível em: <http://homes.ieu.edu.tr/~ibagdadi/INT230/Mancur Olson – Logic of Collective Action.pdf>. Acesso em: 01 ago. 2015.

[24] Stigler, George J. The Theory of Economic Regulation. The Bell Journal Of Economics and Management Science, [s.l.], v. 2, n. 1, p.3-21, primavera 1971. Disponível em: <http://www.jstor.org/stable/3003160>. Acesso em: 4 jun. 2016.

que o bem seja produzido por outrem, para que, então, eles possam usá-lo de forma gratuita. Em virtude desse incentivo, há em geral menos pessoas dispostas a produzir bens coletivos do que seria necessário para que os custos de produção individuais sejam inferiores ao benefício individual auferido pelos produtores.

Custos de transação, por sua vez, são aqueles incorridos pelos participantes de um mercado para que possam exercer uma dada atividade. Exemplos são os custos com negociação, obtenção de informações a respeito da contraparte e do bem ou serviço ofertado, execução (no sentido de *enforcement*) de contratos, e todos aqueles que derivam da própria existência da instituição mercado (mas que variam conforme as características de cada mercado em particular).

A tese de Olson é a de que políticas públicas são uma espécie de bem coletivo: os favores estatais prestados a alguém tendem a se aplicar a todos os que se encontram em situações semelhantes, de modo que aquele que os solicitou incorre no respectivo custo sem se apropriar da integralidade dos benefícios correspondentes. Assim, mesmo que os membros de um grupo partilhem de um interesse comum, há um incentivo generalizado para que cada membro evite compartilhar dos custos da busca pela satisfação desses interesses. Os grupos, então, tendem a ter mais sucesso quando conseguem obrigar seus membros a dividir tais custos, o que, dados os esforços necessários ao monitoramento e ao *enforcement* do comportamento individual de cada membro, tende a ocorrer de forma eficaz apenas em grupos relativamente pequenos e homogêneos. Em outras palavras, os custos de transação desfavorecem a formação de grandes grupos de interesse, mas favorecem sobremaneira a formação de pequenos.

Esse conjunto de incentivos gera um problema seríssimo. É fácil imaginar, por exemplo, que as indústrias que compõem um determinado segmento da economia tenham interesses comuns, e que, se seu número for pequeno o suficiente, elas conseguirão se organizar para fazer *lobby* e obter um benefício fiscal qualquer. Contudo, embora os demais contribuintes tenham um interesse direto em que essas indústrias não consigam o benefício, já que ele quase inevitavelmente resultará em aumento da carga tributária para todos, eles provavelmente não conseguirão se organizar de forma eficaz (por conta dos altos custos de transação) e não terão, portanto, a atenção dos legisladores que seria requerida para se contrapor ao *lobby* daquelas indústrias. Desse modo, são essas indústrias que formarão a demanda ostensiva por legislação, e elas provavelmente conseguirão extrair uma renda (daí o *rent-seeking*) do restante da sociedade na forma do benefício fiscal pretendido.

Assim, quanto maior for a assimetria entre os custos e benefícios decorrentes da legislação pretendida, mais provável será o *rent-seeking*. O primeiro motivo para tanto reside na estrutura da demanda por legislação: se os benefícios de uma norma são concentrados em poucos agentes, favorecendo um *lobby* intenso por parte destes, e os respectivos custos forem diluídos por toda a sociedade de modo que cada cidadão seja empobrecido em apenas alguns centavos ao ano, os incentivos para que os demais cidadãos arquem com os custos de transação para se organizar de forma efetiva e fazer oposição à lei desejada pelo grupo de interesse serão reduzidos. Em contrapartida, quanto maiores e mais concentrados forem os custos de uma lei, mais provável será que ela encontre oposição organizada.

O segundo motivo reside na estrutura da oferta de legislação: dados os incentivos do processo eleitoral, sempre que possível os legisladores buscarão evitar controvérsias que lhes custem votos. Desse modo, eles preferirão atender à demanda por leis que não encontrem grande oposição da opinião pública ou de outros de grupos de interesse, o que, naturalmente, ocorre quando os custos são difusos e o tema atrai relativamente pouca atenção. Nas situações em que há pressão para que uma certa lei seja aprovada, mas em que também haja forte oposição a ela, os legisladores preferirão produzir leis vagas e delegar a competência para determinar seus aspectos específicos a agências regulatórias ou órgãos equivalentes.

Ante o exposto, não é de surpreender a alta frequência de legislação que gera benefícios concentrados a custos difusos, tal como ocorre com a maior parte da legislação tributária particularista. Por outro lado, leis que aproveitem à toda a sociedade, por terem benefícios difusos e não favorecerem a ação por parte de grupos de interesse, encontram uma demanda ostensiva reduzida e são aprovadas mais raramente. Para resumir as características mais prováveis da atividade legislativa conforme a distribuição de custos e benefícios por entre as partes afetadas segundo a teoria de Olson, vale reproduzir (e traduzir) a tabela elaborada por Eskridge:[25]

Benefícios difusos e custos difusos	**Benefícios difusos e custos concentrados**
Em regra, não favorece a formação de grupos de interesse. A menos que haja um forte consenso sobre a matéria, é mais provável que não seja produzida qualquer legislação, ou que a legislação produzida seja meramente simbólica. Ademais, é improvável que os legisladores monitorem o desempenho efetivo da legislação criada, ou que a atualizem com o passar do tempo.	Grupos de oposição tendem a prevalecer sobre grupos de apoio. O padrão da demanda é conflituoso, tendendo a não resultar em legislação alguma, ou a que o problema seja delegado para uma agência. Nesse último caso, a agência tende a ser capturada pelos interesses do grupo regulado.

[25] ESKRIDGE, op. cit., p. 290.

Benefícios concentrados e custos difusos	Benefícios concentrados e custos concentrados
Frequentemente, grupos de interesse agirão de forma ostensiva para obter um favor legislativo. O padrão da demanda é consensual, desde que o público esteja mal informado a seu respeito: assim, a tendência é que haja a distribuição de benefícios aos grupos de interesse, ou que eles sejam permitidos a se autorregular. Trata-se de exemplo típico de *rent-seeking*.	Haverá formação de grupos de interesse nos dois lados da questão. O padrão da demanda é conflituoso, tendendo a não resultar em legislação alguma, ou a que o problema seja delegado para uma agência em que os interesses organizados continuarão o seu embate.

Stigler[26] reforça os argumentos de Olson ao tratar de regulação, entendida como o uso do poder coercivo estatal sobre uma determinada atividade econômica (da qual a tributação é apenas uma espécie). Segundo ele, o problema de *free-riding* e a monopolização da demanda legislativa por grupos de interesse inevitavelmente fazem com que a ação estatal se concentre no atendimento às vontades desses grupos. Note-se que a proposição de Stigler não retrata a captura de agências, câmaras legislativas ou o que o valha; segundo ele, a regulação é *desde o princípio* comprada pelos grupos de interesse, que inclusive podem agir para prejudicar os legisladores que se opuserem à sua venda.[27] No trabalho citado aqui, Stigler não explica

[26] STIGLER, George J., op. cit.

[27] Diz Stigler (tradução minha): "[o] legislador e seu partido são recompensados pela descoberta e satisfação das preferências políticas de seu eleitorado através do sucesso nas eleições e de benefícios associados ao cargo. Se um legislador pudesse ter uma expectativa realista de se reeleger a cada vez que votasse contra uma política econômica prejudicial à sociedade, eles certamente o faria. Infelizmente, contudo, essa virtude não seria recompensada. Se o legislador se negar a conceder subsídios em dinheiro ou poder a dez setores econômicos distintos, esses setores se dedicarão à eleição de um sucessor mais complacente. [...] Um legislador não pode vencer uma eleição ou manter-se no cargo apenas com o apoio daqueles que se opõem às cotas de importação de petróleo, aos

detalhadamente os casos em que a regulação beneficia grupos difusos em detrimento de grupos de interesse, por tratar essa situação como mero detalhe no processo legislativo.[28] Por esse motivo, seu diagnóstico é lúcido, porém incompleto. Entretanto, assim como Olson, ele oferece um argumento interessante a respeito do poder de minorias de direcionar a legislação a seu favor.

Além desses argumentos, vale citar outros dois fatores importantes que afetam o comportamento dos legisladores. O primeiro é o fenômeno da "*rent-extraction*",[29] que também concerne à maneira como os legisladores interagem com grupos de interesse. O segundo é o chamado *logrolling*,[30] que diz respeito às relações dentro dos corpos legislativos.

A ideia de "*rent-extraction*", proposta por Fred McChesney,[31] complementa a lógica de que grupos de interesse capturam os legisladores: segundo ele, o inverso também ocorre. Partindo do conceito de que os legisladores detêm o poder de direcionar

subsídios agrícolas, aeroportuários e hospitalares, a estaleiros desnecessários, a um programa de habitação injusto, e a subsídios para a universalização da energia elétrica para áreas rurais". Ver STIGLER, George J. Idem, p. 10.

[28] Essa explicação é fornecida por Sam Peltzman em seu "Toward a More General Theory of Regulation", de 1976. O trabalho ressalta o fato de que regulação favorável a um determinado grupo e prejudicial aos consumidores como um todo pode custar votos aos legisladores. Como o principal objetivo dos legisladores é o de manter sua carreira política, eles sopesarão essa possível perda de votos contra o apoio político dos grupos de interesse. Assim, é inclusive possível que os legisladores elaborem leis desfavoráveis aos grupos de interesse, em benefício da maioria. Ver PELTZER, Sam. Toward a More General Theory of Regulation. Stanford, CA: National Bureau Of Economic Research, 1976. (Working Paper n. 133).

[29] Embora esse termo possa ser literalmente traduzido como "extração de renda", essa tradução não parece adequada para indicar exatamente a que o *rent-extraction* se refere. Portanto, o trabalho seguirá com o termo em inglês.

[30] *Logrolling* pode ser traduzido como "troca de votos". Entretanto, o trabalho preferirá seguir com o termo em inglês, por parecer mais preciso.

[31] MCCHESNEY, op. cit.

a coerção estatal, McChesney percebe que isso lhes confere a possibilidade de chantagear agentes privados, ofertando-lhes a ausência de regulação ou tributação desfavorável em troca de apoio político ou financeiro. Um exemplo seria o seguinte: imagine-se que, a um ano das eleições presidenciais, o Ministro da Fazenda convide ao seu gabinete a diretoria de uma associação da indústria petrolífera para expor uma nova forma de cálculo de preços de transferência, a ser instituída em Medida Provisória, que muito provavelmente seria convertida em lei e faria com que todas as empresas do setor tivessem algum tipo de ajuste tributável. Logo depois, o Ministro manifestaria a preocupação do Presidente com a proximidade da eleição vindoura, e diria que a colaboração do setor com o esforço eleitoral seria mutuamente benéfica. Para a associação, seria racional persuadir seus membros a ceder à chantagem do Ministro se o custo marginal da contribuição solicitada fosse inferior ao da tributação adicional que viria com a nova lei. Assim, vê-se como o legislador consegue maximizar seus interesses também ao fazer ameaças. Na prática, a direção da coerção estatal funciona como uma espécie de direito de propriedade, cuja detenção fornece uma renda (*rent*) a quem ocupa o cargo.

O *logrolling*, estudado detalhadamente por Buchanan e Tullock,[32] consiste na obtenção de apoio político por meio da troca de votos entre os legisladores. Em um exemplo extremamente simplificado, se o legislador 1 favorece a proposta P1 e o legislador 2 favorece a proposta P2, e essas propostas não forem mutuamente excludentes, o legislador 1 se comprometerá a votar em P2 para que o legislador 2 retribua votando em P1. Na ausência de um mercado legislativo em seu sentido literal, em que votos sejam precificados e pagos em dinheiro, o *logrolling* revela diferenças não só de preferências legislativas, mas também da intensidade dessas preferências por parte dos

[32] BUCHANAN e TULLOCK, op. cit.

negociantes – no exemplo, para garantir a passagem de P1, o legislador 1 poderia se comprometer a votar em P2 e em diversas outras propostas do interesse do legislador 2.

Embora o *logrolling* não seja necessariamente um problema, ele pode ter efeitos indesejáveis. Em especial, ele favorece comportamentos oportunistas: frequentemente, os legisladores condicionam seu apoio a projetos fundamentais à passagem de disposições particularistas que atendam aos seus grupos de interesse cativos, aumentando sobremaneira o custo desses projetos. Eamonn Butler[33] cita como exemplo a inclusão de diversas disposições particularistas na lei norte-americana que socorreu as instituições financeiras em 2008, que incluíram até um subsídio de US$ 2 milhões para a fabricação de flechas de brinquedo.

As observações feitas neste item ao funcionamento da atividade legislativa levam a algumas considerações importantes sobre os regimes democráticos. Em primeiro lugar, e de maneira contraintuitiva, a democracia frequentemente falha em preservar os interesses da maioria, ao ponto de autores como Eamonn Butler falarem em "tirania da minoria".[34] Em segundo lugar, os incentivos que geram essa falha não são particulares à democracia norte-americana ou britânica, mas sim intrínsecos a qualquer sistema democrático. Não surpreende, portanto, que a complexidade tributária e regulatória seja uma característica quase universal. Em terceiro lugar, esses incentivos promovem o crescimento do Estado (afinal, são inúmeros os grupos de interesse que logram espoliar a sociedade como um todo) em detrimento da real preferência dos cidadãos a respeito de seu tamanho desejável e da carga tributária que seria adequada.[35]

33 BUTLER, Eamonn. Public Choice: a Primer. Londres: The Institute Of Economic Affairs, 2012, p. 70.

34 BUTLER, Eamonn, op. cit., p. 58.

35 Em um estudo abrangente sobre os fatores que influenciam o tamanho do Estado, Dennis Mueller cita evidências empíricas de que a atuação de grupos

Ainda assim, é fato que nem toda a legislação é produto de *rent-seeking*, quer por parte dos legisladores ou dos grupos de interesses. Mesmo em matéria tributária, há normas – tais como boa parte da Lei nº 12.973/2014 – em que se nota um intuito eminentemente técnico e voltado à concretização de políticas públicas (se boas ou ruins, foge ao escopo).[36] Isso revela as limitações da teoria da escolha pública mais tradicional, e justifica que se transcenda a questão da interação entre oferta e demanda por legislação para verificar se há outros fatores que inibem ou favorecem a frequência de legislação tributária particularista.

1.2. Além da Oferta e Demanda: a Atividade Legislativa em Seu Contexto

Em 2014, Michael Doran publicou o artigo "*Tax Legislation in the Contemporary U.S. Congress*",[37] em que analisa um fenômeno curioso: o fato de a legislação tributária norte-americana ter sido altamente particularista ao longo das décadas de 1980 e 1990, mas se tornado consideravelmente menos a partir de 1999. Segundo o autor, daquele ano em diante, relativamente poucas leis tributárias foram aprovadas em virtude do bloqueio contínuo das propostas de um partido político pelo outro (*gridlock*). Adicionalmente, as normas produzidas no período continham poucas provisões particularistas, sendo inclusive muito mais curtas do que as leis anteriores.

A explicação proposta por Doran para esse fenômeno é valiosa. Ao mesmo tempo em que ele leva em conta os incenti-

de interesse favorece seu crescimento. Ver MUELLER, Dennis C. Public Choice III. Cambridge: Cambridge University Press, 2003.

36 No caso específico da Lei nº 12.973/2014, as diversas disposições particularistas – sobretudo relacionadas à tributação de pessoas jurídicas em bases universais – não alteram o fato de que o principal objetivo foi o de harmonizar a legislação tributária e os padrões contábeis adotados a partir de 2008.

37 DORAN, Michael, op. cit.

vos que afetam o comportamento de legisladores e grupos de interesse, bem como a intenção geral do Estado em usar a tributação como ferramenta de políticas públicas, esses fatores são considerados uma constante, já que elas não dependem de nenhum contexto específico (sempre haverá algum objetivo de política pública em pauta, e os legisladores sempre terão seus interesses pessoais). Segundo ele, as variáveis que ajudam a explicar a mudança no tipo de legislação aprovada a partir de 1999 são as seguintes:

I. eventos exógenos de ordem macroeconômica e macropolítica, que definem as orientações gerais de políticas públicas que justificam a alteração da legislação tributária; e
II. as condições institucionais do Poder Legislativo dos Estados Unidos, que se alteraram a partir do fim dos anos 1990 e ao longo dos anos 2000 em quatro aspectos:
   a. maior polarização das coalizões interpartidárias, entendida como o movimento de cada partido em direção a polos opostos do espectro político;
   b. maior convergência das coalizões intrapartidárias, entendida como maior homogeneidade entre as preferências e objetivos dos membros de cada partido;
   c. maior centralização decisória, entendida como a maior concentração de poder nas lideranças partidárias, em detrimento de comitês e demais membros do partido; e
   d. maior flexibilidade em relação à responsabilidade fiscal.

As condições macroeconômicas e macropolíticas dos EUA à época, tais como o superávit fiscal da era Clinton e as guerras no Iraque e no Afeganistão no início da década de 2000, são irrelevantes para este trabalho e secundárias para a análise de Doran – segundo ele, elas apenas apontam para a direção geral das políticas públicas que orientarão a atividade legislativa. Por esse motivo, a descrição empreendida aqui se concentrará sobre as alterações institucionais verificadas durante o período.

1.2.1. O Modelo de Doran: Desenvolvimentos Institucionais no Legislativo

Para abordar a questão das coalizões políticas, Doran adota a premissa de que além de dinheiro, prestígio e poder, os legisladores também são motivados pela satisfação de suas preferências ideológicas.[38] Os efeitos práticos dessa motivação seriam observáveis através das consequências do movimento dos partidos Democrata e Republicano, a partir da década de 1980, em direção à polarização política em relação um ao outro, e à crescente homogeneidade ideológica interna. Como ressalta o autor, isso favoreceu o fortalecimento institucional das coalizões intrapartidárias. Por decorrência, também foi favorecida a capacidade de cada coalizão, quando majoritária, de controlar a agenda de votações e aprovar as leis que deseja, ou quando minoritária, de bloquear a agenda imposta pela maioria.

Segundo Doran, a polarização interpartidária e o aumento da coesão intrapartidária favoreceram a aprovação de leis "ideologicamente puras" – ou seja, que tratam preponderantemente de implementação de políticas públicas, sem viés particularista. A explicação é a seguinte: se os membros de uma coalizão têm preferências relativamente homogêneas, a liderança tem menor necessidade de barganhar com esses membros para que eles votem conforme a orientação dada, minimizando o *logrolling*; a fidelidade ao partido nas votações, assim, é favorecida por via ideológica. Adicionalmente, a polarização entre os diferentes partidos dificulta o *logrolling* entre eles, diminui a probabilidade de que se formem coalizões interpartidárias, e mina a estabilidade das eventuais coalizões que se formarem.

[38] Nesse ponto, Doran segue Daniel Shaviro (SHAVIRO, op. cit.).

Outro fator considerado relevante é a mitigação do poder dos comitês legislativos em favor do exercício direto do controle da agenda pelo líder partidário. Segundo Doran, os comitês são "o veículo mais importante para a disseminação de normas clientelistas (*pork-barrel legislation*)".[39] O líder partidário, por outro lado, encontra-se menos exposto aos incontáveis interesses que buscam sequestrar a atividade legislativa pela "compra" de parlamentares locais, o que favorece que sua atenção seja direcionada a um tipo de legislação mais ideológica e menos paroquial.[40]

Assim, as leis propostas por um partido e que não forem bloqueadas pelo outro tendem a ser menos particularistas – o que faz com que, segundo Doran, o *gridlock* estrutural e a legislação tributária "limpa" estejam fundamentalmente atrelados. Se ambos os partidos tiverem posições fortes e opostas em relação à medida proposta (e não houver maioria absoluta), ela dificilmente será aprovada, pois um partido bloqueará o outro. Por outro lado, se apenas o partido favorável à medida tiver uma posição forte em relação a ela, a legislação tenderá a ser aprovada com poucas disposições particularistas, dadas suas raízes preponderantemente ideológicas.[41]

[39] DORAN, op. cit., p. 42.

[40] Indo além do que diz o autor, é possível argumentar que isso não implica uma total independência do líder partidário. Sendo apenas uma pessoa, ele certamente pode ser cativado por algum grupo de interesse, mas não simultaneamente pelas centenas de grupos existentes na sociedade e dispostos a investir em *lobby*.

[41] Um exemplo seria o seguinte: digamos que em um dado país haja o Partido A e o Partido B, ambos com alta polarização ideológica, alta convergência de coalizões intrapartidárias, e absoluta hegemonia das lideranças partidárias. O Partido A acredita, entre outras coisas, que uma das funções do Estado é promover a arte. O Partido B discorda do Partido A em diversos pontos, mas é indiferente em relação ao apoio às artes. O Partido A, então, propõe uma a lei para a construção de um novo museu cujo custo seja relativamente baixo, e que não desagradará aos eleitores do Partido B. O Partido B dificilmente se

O último critério considerado por Doran concerne à disciplina fiscal. Até 2002, vigia nos Estados Unidos a regra orçamentária *"pay-as-you-go"*, que exigia que gastos públicos ou incentivos fiscais fossem compensados, dólar a dólar, pelo aumento de receitas ou pela diminuição de despesas públicas. Por esse motivo, a cada novo programa do governo, o congresso se deparava com o seguinte problema: cortar ou reduzir outro programa, aumentar tributos de forma horizontal, ou aumentar tributos de forma direcionada. Como o corte de programas governamentais e o aumento de tributos de forma horizontal podem ter grande visibilidade e rejeição popular, o aumento de tributos para apenas alguns contribuintes era uma alternativa frequentemente adotada – o que, por definição, é uma política particularista.

1.2.2. Críticas ao Modelo de Doran

Duas críticas relevantes foram feitas ao modelo de Doran: a de Victor Fleischer,[42] que questiona a real pureza ideológica da legislação tributária da época, e a de Jason Oh,[43] que entende que o *gridlock* estrutural e a legislação não-particularista não são necessariamente explicados pelos mesmos fenômenos.

De acordo com Fleischer, a legislação tributária norte-americana da década de 2000 não deixou de ser altamente particularista. O que houve foi que o particularismo se tornou menos evidente, pois as disposições dessa natureza deixaram de aparecer no texto das leis principais e migraram para o corpo dos

oporá com demasiado empenho a esse projeto, inclusive porque as condições para que ele barganhe o apoio nesta questão pelo apoio em outros assuntos não são favoráveis. Assim, a lei provavelmente será aprovada e não conterá medidas particularistas.

[42] FLEISCHER, op. cit.

[43] OH, Jason. Diagnosing Gridlock: Response to Professor Doran. UCLA School of Law – Tax Law Review, Los Angeles, CA, v. 485, n. 69, dez. 2016

chamados "*tax extenders*", normas relativamente obscuras que têm o poder de renovar, alterar, ou até repristinar benefícios fiscais temporários. Segundo Fleischer, os *tax extenders* permitem que as lideranças partidárias ganhem credibilidade junto aos eleitores ao adotar posturas ideológicas nas votações comuns, enquanto os demais membros do partido se dedicam livremente à compra e venda de legislação nos bastidores do congresso. Adicionalmente, esses veículos são ótimas oportunidades para o *rent-extraction*, já que a ameaça do fim de um benefício fiscal é um instrumento potencialmente eficaz para a obtenção de uma doação de campanha. Note-se que Fleischer não procura invalidar os argumentos de Doran a respeito dos fatores que influenciam o resultado da legislação; ele aponta, apenas, que os *tax extenders* são um exemplo de péssima política tributária, e que se eles não existissem, os partidos teriam de cooperar com maior frequência para a aprovação das leis que realmente importam (minimizando o *gridlock*), e também haveria maior pressão sobre os líderes partidários por parte dos demais legisladores (talvez favorecendo a passagem de alguma legislação particularista).

Oh corrobora o entendimento de Fleischer a respeito dos *tax extenders*, afirmando que eles servem para ocultar a continuidade da produção de legislação particularista. Entretanto, seu foco reside no *gridlock*: além das diferenças ideológicas entre os partidos, ele considera que a satisfação das preferências de agentes específicos[44] com as políticas tributárias atualmente vigentes é um fator relevante para a inatividade legislativa. Em termos simples, às vezes ocorre de a legislação tributária não mudar porque, na opinião de alguns políticos essenciais, sua condição atual é satisfatória.

Como se nota, o modelo de Doran não é perfeito. Contudo, ele fornece ideias relevantes a respeito dos fatores institucio-

[44] Em especial aqueles com poder de veto, como o presidente.

nais que favorecem a legislação particularista, que podem, em medida razoável, ser aplicados à realidade brasileira.

1.3. Como as Instituições Brasileiras Favorecem a Legislação Particularista

1.3.1. Alta Polarização Ideológica e Coesão Intrapartidária Relativamente Baixa

Como visto no capítulo 1.2. acima, duas das características que influenciam a probabilidade de aprovação de normas particularistas são o grau de polarização interpardidária, e o nível de coesão intrapartidária. Nesse aspecto, o modelo de Doran parece se aplicar plenamente ao presidencialismo de coalizão.

Dependendo o Executivo de maioria parlamentar para executar seus projetos, a polarização ideológica efetiva tem o potencial tanto de bloquear propostas, como de fazer com que propostas "limpas" prevaleçam. Igualmente, caso os partidos políticos sejam internamente coesos, é de se esperar que: (i) o Executivo encontre maior facilidade em conseguir os votos necessários de partidos de seu mesmo matiz ideológico; e (ii) o recrutamento de cada partido para a base governista se dê no nível da liderança partidária, e não de políticos individuais, reduzindo custos de transação e a necessidade de *logrolling*.

De acordo com o que se infere das conclusões atingidas em 1998 por Fernando Limongi e Argelina Figueiredo,[45] o Brasil atende a essas condições ao menos parcialmente. Segundo análise empírica e argumentos teóricos feitos à época, por aqui vigora (ou vigorava) forte disciplina partidária,[46] e as lideranças

[45] LIMONGI, Fernando & FIGUEIREDO, Argelina. Bases institucionais do presidencialismo de coalizão. Lua Nova – Revista de Cultura e Política. São Paulo, n. 44, p.82-106, 1998.

[46] Segundo os autores, disciplina partidária e coesão partidária não são sinônimos: enquanto a última diz respeito à coincidência de preferências dos legisladores, a primeira se refere ao seu efetivo comportamento, que pode ser

partidárias detém (ou detinham) considerável poder sobre os demais membros do partido.

Os argumentos teóricos apresentados são bastante interessantes. Inicialmente, eles destacam que o Presidente da República tem amplos poderes legislativos, afetando tanto as matérias legislativas (especialmente com Medidas Provisórias) quanto a agenda de votações. Isso confere ao Executivo o poder de induzir o Congresso à cooperação, o que é intensificado pelo fato de caber ao Executivo a nomeação (ou exoneração) de cargos no governo que conferem aos partidos (ou lhes retiram) recursos financeiros e eleitorais relevantes. Portanto, o Executivo não é o polo frágil da relação com o Legislativo. Adicionalmente, há dois aspectos do Legislativo que favorecem a disciplina partidária: o primeiro é que as atividades do Congresso são estruturadas em linhas partidárias e as lideranças possuem poder fortemente desproporcional aos demais membros, restringindo o espaço para ações individuais oportunistas; o segundo é que cada parlamentar individualmente considerado tem pouco poder em relação à agenda e apenas um voto, o que significa que suas barganhas tenderão a ser efetivas apenas quando feitas em grupo. Seria racional, portanto, que cada parlamentar agisse ativamente para fortalecer seu partido.

Conquanto esses argumentos sejam bastante convincentes, eles não se encaixam perfeitamente na visão que se tem da atividade legislativa brasileira intuicional, derivada do simples acompanhamento dos jornais (atuais). Ao menos à primeira vista, o cenário político brasileiro parece ser uma mescla de alta polarização ideológica, com os polos representados pelo PT (esquerda) e PSDB ("direita"), mas coesão intrapartidária relati-

modelado por incentivos e sanções. Na prática, é difícil separar um fenômeno do outro, e ao menos parte da unidade partidária pode ser explicada por disciplina, ante de coesão.

vamente baixa. Nesse aspecto, seria tentador dizer, mesmo sem embasamento empírico, que o PMDB, antes um conglomerado de políticos de relevância regional do que um partido nacional de posturas bem definidas, não vota como uma força política coerente. Consequentemente, é de se intuir que a governabilidade depende em grande medida de o Executivo buscar o apoio de políticos individuais, ou ainda – o que é mais provável – de grupos de parlamentares com interesses e inclinações distintas formados dentro dos próprios partidos, e porventura ultrapassando linhas partidárias. Com base no exposto nos capítulos anteriores, seria de se concluir que isso maximizaria custos de transação e *logrolling*, favorecendo a criação de normas particularistas.

Felizmente, este trabalho pode contar com mais do que a intuição de seu autor. Em 2013, Ricardo Marino[47] realizou um estudo estatístico sobre o tema, tendo atingido essas mesmas conclusões. Marino analisou os votos de 75[48] senadores nas 36 sessões de voto aberto ocorridas em 2012, e comparou o modo como cada legislador vota em relação aos seus pares. Em sua análise, foi constatado que em 2012 existia um bloco governista razoavelmente coeso e um bloco de oposição bem-definido, apesar de menos coeso que o governista. Ademais, o comportamento individual de cada partido revelou que:

I. o PT, o PSB, o PV e o PCdoB eram extremamente coesos;
II. o PSDB também apresentava razoável coesão interna, mas não tão forte quanto a do PT;

[47] MARINO, Ricardo. Há Partidos Políticos no Brasil? 2013. Disponível em: <http://www.todasasconfiguracoes.com/2013/09/14/ha-partidos-politicos-no-brasil/>. Acesso em: 01 dez. 2016.

[48] Ele desconsiderou os seis suplentes por votarem de forma esporádica, o que não permite uma avaliação confiável sobre seu alinhamento ou não com o governo e com o resto do próprio partido.

III. a representação gráfica da coesão interna do PMDB era quase idêntica àquela do Senado como um todo, indicando que o PMDB não agia bem como um partido (nas palavras de Marino, "o PMDB possui a mesma estrutura partidária que nenhuma estrutura partidária!");
IV. o PDT não apenas não tinha estrutura partidária, como não possuía coesão alguma – segundo Marino, isso indica que seus senadores estavam em polos opostos do espectro político, apesar de filiados ao mesmo partido; e
V. o DEM (conforme esperado) e o PSOL (surpreendentemente) eram partidos de oposição ao governo, mas o DEM também não possuía grande coesão interna.

A partir dessa análise de Marino, é possível tirar algumas conclusões relevantes para este trabalho. A primeira delas é que como a área governista era maior e mais coesa do que a de oposição, o governo tinha reais condições de implementar suas propostas – o que reforça a hipótese de Limongi e Figueiredo de que o Executivo tem um alto poder de barganha no processo legislativo. Contudo, a coesão apenas razoável do bloco governista fazia com que fosse relativamente frequente que o governo não conseguisse assegurar a lealdade dos senadores de sua base aliada. Esse dado revela a necessidade de negociação (*logrolling*) constante do Executivo com membros, ou mesmo grupos, do Legislativo.

Assim, tem-se aqui um cenário diferente daquele estudado por Doran: embora a polarização política seja uma realidade brasileira, a coesão intrapartidária é relativamente fraca, havendo inclusive um grande partido que, na realidade, sequer age como tal. Desse modo, o contexto institucional é ao menos parcialmente favorável ao surgimento de legislação particularista.[49]

[49] Essa conclusão parte de duas premissas importantes: a primeira é a de que é possível extrapolar os dados de 2012 para hoje; a segunda é que a matriz de

1.3.2. Decisões Centralizadas

Outro ponto considerado importante por Doran foi o deslocamento de poder, dentro do congresso norte-americano, dos comitês legislativos para a liderança partidária. Segundo ele, isso favoreceria discussões mais ideológicas e menos clientelistas. No Brasil, entretanto, esse não é o caso: como visto nos gráficos de Marino, a coesão intrapartidária é relativamente fraca, o que revela a fragilidade das lideranças de parcela considerável dos partidos e, portanto, a falta de propensão forte à aprovação de uma legislação "limpa". Consequentemente, não parece que a pessoa que exerça a presidência da Comissão de Finanças e Tributação da Câmara dos Deputados, independentemente do partido, seja essencial para que o sistema tributário se torne mais ou menos particularista.

Isso pode ser observado a partir da análise da atividade legislativa durante os últimos anos. Segundo a página eletrônica da Câmara,[50] a presidência dessa comissão foi exercida pelo PT entre 2007 e 2011. A alta coesão interna do partido e o exercício concomitante da Presidência de República durante o período poderiam apontar para a produção sistemática de uma legislação menos particularista, mas não foi isso o que ocorreu. Durante esse período, por exemplo, foi aprovada a Lei nº 12.546/2011, uma lei extremamente complexa e integralmente voltada à criação de regimes tributários especiais para inúmeros setores específicos.

Seria tentador comentar que a política deliberada do governo durante o período era a de seleção e incentivo de campeões

correlação da Câmara de Deputados seria substancialmente semelhante à do Senado. Nenhuma delas foi testada empiricamente durante a elaboração deste trabalho, o que inevitavelmente fragiliza o argumento.

[50] Disponível em <http://www2.camara.leg.br/atividade-legislativa/comissoes/comissoes-permanentes/cft/por-dentro-da-cft/galeria-dos-presidentes>. Acesso em 23 abr. 2017.

nacionais, e que então uma legislação particularista não seria necessariamente produto de *rent-seeking*, mas o equivalente a uma legislação "pura" caso a orientação ideológica do governo fosse outra. Não parece ser esse o caso: a escolha de campeões nacionais certamente envolve a concessão de benefícios a *alguns* setores da economia, mas não a dezenas ou até centenas, como se observa da legislação aprovada no período. Além disso, especificamente no que concerne ao segmento automotivo, há forte suspeita de que os incentivos do programa Inovar-Auto[51] foram literalmente comprados por agentes do setor – veja-se, por exemplo, a Operação Acrônimo movida pela Polícia Federal.

Entre 2012 e 2016, a presidência da comissão coube ao PMDB, que, como se viu, praticamente não possui estrutura partidária (ou ao menos não a tinha em 2012, e não parece haver motivos para se imaginar que o partido tenha mudado fundamentalmente ao longo dos anos). Novamente, viu-se uma leva de legislação particularista, que incluiu inúmeras alterações à referida Lei nº 12.546/2011 para beneficiar alguns setores e retirar benefícios anteriormente concedidos a outros. Embora a presidência tenha passado ao PP em 2017 e esse partido possua maior coerência interna que o PMDB (como indicam os dados de 2012), isso não necessariamente indica que a legislação será mais "pura". O PP, afinal, é um partido relativamente pequeno, e a Presidência da República, de onde provém a maior parte das iniciativas em matéria tributária, é exercida pelo PMDB.[52]

Desse modo, aqui também há um fator que favorece a legislação particularista: o poder diluído entre os parlamentares é

[51] BRASIL. Lei nº 12.715, de 17 de setembro de 20112. Palácio do Planalto. Brasília, DF, Disponível em: <http://www.planalto.gov.br/ccivil_03/_ato2011-2014/2012/lei/l12715.htm>. Acesso em: 25 mai. 2017.

[52] Dada a estrutura (não) partidária do PMDB, isso favorece que a legislação já seja proposta com disposições particularistas.

antagônico à hegemonia das lideranças, e também à política ideológica.

1.3.3. Disciplina Fiscal

As regras de responsabilidade fiscal podem afetar a produção de normas tributárias particularistas de ao menos duas formas: (i) ao restringir ou regulamentar a concessão de incentivos fiscais; e (ii) ao estabelecer compensações tributárias a despesas governamentais de natureza não tributária.

No Brasil, a Lei Complementar nº 101/2000 (Lei de Responsabilidade Fiscal – "LRF") contém provisões de ambas naturezas. Em seu artigo 14, ela traz restrições significativas à concessão de benefícios fiscais,[53] determinando que eles: (i) sejam acompanhados de estimativa de impacto orçamentário para o ano de sua entrada em vigor e os dois subsequentes; (ii) atendam à lei de diretrizes orçamentárias; e (iii) cumpram com ao menos uma das seguintes condições:

a. contenham demonstração de que a renúncia fiscal foi considerada na estimativa de receita orçamentária e de que não afetará as metas de resultados fiscais previstas na lei de diretrizes orçamentárias; e/ou
b. estejam acompanhados de medidas compensatórias via aumento de receitas tributárias, caso em que sua vigência será condicionada à implementação prévia dessas medidas.

[53] Entendidos como "anistia, remissão, subsídio, crédito presumido, concessão de isenção em caráter não geral, alteração de alíquota ou modificação de base de cálculo que implique redução discriminada de tributos ou contribuições, e outros benefícios que correspondam a tratamento diferenciado" (art. 14, § 1º da LRF).

Em seus artigos 15 a 17, por sua vez, a LRF dá dois regimes distintos às despesas públicas. Se as despesas afetarem dois exercícios ou menos, elas devem simplesmente estar de acordo com as leis orçamentárias, e acompanhadas de estimativa de impacto financeiro. Se elas afetarem dois exercícios ou mais, exigirão o aumento permanente de receitas (por via tributária), ou a diminuição permanente de despesas (por quaisquer vias).

Nesse aspecto, nosso regime se assemelha ao *pay-as-you-go* americano, não no sentido de que a legislação exige uma compensação direta e imediata, mas sim que aumentos de despesas (ou renúncias de receitas) inequivocamente exigem uma contrapartida. O mesmo conjunto de incentivos, então, entra em jogo: se uma despesa apenas pode ser efetuada se for coberta por uma receita correspondente, novos benefícios fiscais podem ser compensados pela extinção de benefícios antigos, potencialmente dados a contribuintes cujo apoio seja, no momento, menos estratégico ao governo.

2. O Direito Brasileiro e a Legislação Particularista

No capítulo 1, viu-se como vários aspectos próprios à atividade legislativa favorecem, no Brasil e em países democráticos de maneira geral, a criação de legislação tributária particularista. O presente capítulo, por sua vez, dedica-se a dois objetivos: o primeiro é abordar brevemente como o Direito brasileiro – e, em particular, a Constituição Federal – trata esse tipo de legislação; o segundo é propor alterações ao ordenamento jurídico para que a aprovação dessas normas seja mais rara, responsável e transparente.

2.1. Como o Direito Trata as Normas Particularistas

> *"The only logic admitted by the Greeks was deductive, and all deduction had to start, like Euclid, from general principles regarded as self-evident. Timon denied the possibility of finding such principles. Everything therefore, will have to be proved by means of something else, and all argument will be either circular or an endless chain hanging from nothing. In either case nothing can be proved".*
> *– Bertrand Russell, explicando o movimento cético na Grécia antiga*[54]

A principal disposição antiparticularista da Constituição Federal é seu artigo 150, inciso II, que trata do princípio da isonomia tributária:

> "Art. 150. Sem prejuízo de outras garantias asseguradas ao contribuinte, é vedado à União, aos Estados, ao Distrito Federal e aos Municípios:
>
> II – instituir tratamento desigual entre contribuintes que se encontrem em situação equivalente, proibida qualquer distinção em razão de ocupação profissional ou função por eles exercida, independentemente da denominação jurídica dos rendimentos, títulos ou direitos;"

É possível separar esse dispositivo em duas partes: a primeira veda o tratamento tributário desigual entre aqueles que estejam em situação *equivalente*, sem, contudo, definir esse termo; a segunda proíbe diferenciações em razão de "ocupação profissional ou função" exercida por esses contribuintes.

2.1.1. Contribuintes em Situação "Equivalente"

Veja-se a primeira proposição. Grandes mentes se dedicaram a definir o princípio da igualdade, e assim revelar o que signi-

[54] RUSSELL, Bertrand. The History of Western Philosophy. Nova Iorque : Simon and Schuster, 1945, p. 234.

ficaria "equivalente".[55] Luís Eduardo Schoueri,[56] por exemplo, faz uma exposição abrangente, erudita e elegante sobre o tema. Segundo ele, igualdade não se confunde com identidade: como os contribuintes nunca se encontrarão em situações idênticas, o tratamento equivalente sempre se dará em relação a algum critério selecionado pelo legislador, que deve ser aplicado de forma coerente. Por vezes, esse critério é o sinalagma, como ocorre com as taxas – se alguém causou ao Estado um gasto específico e divisível, o Estado poderá cobrar dessa pessoa uma contraprestação.[57] Normalmente, contudo, o critério é a capacidade contributiva, validado pelo princípio constitucional da solidariedade, que juntos determinam que cada um deva contribuir para as despesas comuns na proporção de sua riqueza.[58] Entretanto, o legislador pode também impor cargas tributárias

[55] Rodrigo Maito da Silveira faz um belo resumo da doutrina relativa ao princípio da igualdade, citando, entre outros, Luís Eduardo Schoueri, Klaus Tipke e Humberto Ávila. Cf. SILVEIRA, Rodrigo Maito da. Tributação e Concorrência. São Paulo : Quartier Latin, 2011.

[56] SCHOUERI, Luís Eduardo. Direito Tributário. São Paulo : Saraiva, 2011.

[57] Observe-se que o Estado incorre em inúmeros gastos de benefício específico e divisível que não são financiados por meio de taxas, mas sim de impostos. Quando ele paga pelo tratamento de saúde de alguém que não possui uma doença contagiosa, o benefício é específico e divisível, malgrado a externalidade positiva – que pode ou não haver – em se manter a pessoa viva e saudável. Quando ele concede um benefício fiscal a um setor, o benefício também é específico e divisível pelos membros desse setor, mas por definição não são eles que arcam com a despesa correspondente.

[58] Uma falha dessa definição é considerar que as despesas do Estado são *comuns* à sociedade. Apenas são realmente comuns as despesas com a produção de bens coletivos; as demais, embora financiadas por boa parte da sociedade, são efetuadas por pessoas jurídicas de direito público (o Estado não se confunde com a sociedade) em benefício de pessoas específicas. Em boa parte das vezes, a "solidariedade" funciona da seguinte forma: o contribuinte é "convidado", mediante a ameaça de violência física, a arcar com uma série de despesas que não lhe dizem respeito em absoluto e não lhe trazem benefício algum, efetivo ou potencial.

diferentes a contribuintes de capacidades contributivas semelhantes quando tenha objetivos extrafiscais, como a indução à atividade econômica, desde que respeite a proporcionalidade.

Assim, segundo aquele que este autor considera o melhor tributarista brasileiro vivo,[59] o princípio da igualdade se satisfaz em relação a algum parâmetro, adotado pelo legislador (onde?) e aplicado de maneira consistente (quando e com o quê?), que pode ser o sinalagma, mas pode também não ser; que pode ser a capacidade contributiva, mas pode também não ser; que pode ser extrafiscal, mas desde que seja proporcional (seja lá o que isso signifique).

De toda forma, fato é que a Constituição não diz expressamente o que significa "equivalente", e não confirma ou desconfirma as teses apresentadas por Schoueri ou seus pares. Na realidade, a interpretação de "equivalente" será tão variada quanto forem seus intérpretes – certamente haverá uma intersecção razoável, mas divergências enormes são inevitáveis. No limite, virtualmente qualquer decisão judicial sobre esse tema será perfeitamente defensável.

As explicações propostas pela doutrina sobre esse assunto se baseiam na interpretação sistemática de dispositivos constitucionais tão vagos quanto o da própria isonomia tributária (veja-se, por exemplo, o conceito de capacidade contributiva), na posição persuasiva de filósofos importantes, e em uma boa dose de bom-senso. Todavia, elas não oferecem parâmetros objetivos que sejam verificáveis no arcabouço normativo existente. Elas não são afirmações sobre o Direito positivo (ou seja, não constituem uma descrição objetiva do sistema jurídico posto), uma vez que, rigorosamente, nada do que é dito está inequivocamente posto. Embora elegantes e valiosas sob a perspectiva normativa, ainda mais ante a má qualidade da norma sobre a

59 Além de mentor, ex-chefe, sócio e grande amigo pessoal.

qual trabalham, essas teses não explicam a legislação de PIS e COFINS, IPI,[60] ICMS ou ISS, por exemplo.

Ao cabo, a palavra "equivalente" é demasiadamente vaga para fornecer qualquer parâmetro firme para se determinar se, e em que medida exata, o contribuinte A poderia se sujeitar a uma carga tributária diferente à do contribuinte B. Quando eles estariam em situações equivalentes? Se produzirem os mesmos bens e serviços? Se os bens e serviços forem diferentes, mas houver elasticidade cruzada de demanda entre eles? Se os contribuintes tiverem o mesmo coeficiente beta? Se necessitarem de mão de obra em intensidade comparável? Se estiverem na mesma cidade? Se tiverem faturamento ou lucratividade semelhantes? Se fizeram doações de campanha comparáveis, na época certa, ao partido certo? Se tudo isso, ou algo disso? Ou nada disso? Onde o critério teoricamente adotado pelo legislador para cada diferenciação está escrito?

Argumenta-se aqui, portanto, que a proibição genérica à tributação distinta de contribuintes em situação "equivalente" é essencialmente ambígua. Mais que isso: ela não existe, pois está desprovida de conteúdo real. Sua presença no texto serve para que os legisladores satisfaçam o anseio por justiça de seus constituintes, sem se comprometerem com qualquer resultado concreto. Longe de ser uma surpresa ou uma falha de caráter específica do legislador brasileiro, parece tratar-se do caso clássico apontado por Olson,[61] referido acima: em situações politicamente delicadas, em que o padrão da demanda por legislação seja conflituoso (os cidadãos em geral têm motivos para preferir uma tributação uniforme, mas os grupos de interesse que financiam a atividade legislativa pagam por exceções), os legislado-

[60] Dizer que o IPI se rege pelo princípio da essencialidade é, simplesmente, a negação da realidade.

[61] OLSON, op. cit., nota 22.

res adotarão uma linguagem propositalmente vaga e deixarão a solução de casos concretos para um terceiro – uma agência, um tribunal ou outro ente qualquer, que decidirá cada caso conforme a conveniência do momento.

É importante fazer uma ressalva à conclusão aqui atingida. Ocasionalmente, "a conveniência do momento" para quem toma a decisão é a de aprimorar o sistema, ainda que a legislação posta não o favoreça.[62] É o que pretende o Ministro Dias Toffoli, do Supremo Tribunal Federal, ao julgar questão que envolve a concomitância entre os regimes cumulativo e não cumulativo de PIS e COFINS (RE 67642 / RJ). Em seu voto (ainda sob revisão)[63], Toffoli adota tese de Humberto Ávila[64] substancialmente idêntica à de Schoueri, descrita acima, entendendo que a diferenciação entre regimes de apuração apenas pode ser feita se: (i) o legislador possuir algum critério para tanto; e (ii) a eleição das atividades sujeitas a cada um dos regimes for coerente com o critério adotado. Embora Toffoli ao final vote pela constitucionalidade da norma tributária questionada, ele faz o seguinte comentário, bastante interessante (p. 21):

> "Assim, faz-se necessário advertir o legislador no sentido de que as Leis nos 10.637/02 e 10.833/04, inicialmente constitucionais, estão num processo de inconstitucionalização, decorrente, em linhas gerais, da ausência de coerência e de critérios racionais e razoáveis das alterações legislativas que se sucederam, no tocante à escolha das atividades e das receitas atinentes ao setor de prestação de serviços, que se submeteriam ao regime cumu-

[62] O termo "conveniência" não deve ser sempre entendido com uma conotação negativa. É, simplesmente, aquilo que melhor convém.

[63] Disponível em <http://www.stf.jus.br/arquivo/cms/noticiaNoticiaStf/anexo/RE607692.pdf>. Acesso em 18 jun. 2017.

[64] Citada a partir de Ávila, Humberto. O "Postulado do Legislador Coerente" e a Não-cumulatividade das Contribuições – Grandes Questões Atuais do Direito Tributário, 11. ed. Dialética, São Paulo, 2007.

lativo da Lei no 9.718/98 (em contraposição àquelas que se manteriam na não cumulatividade)".

Conquanto seja de se perguntar o por quê de a "ausência de coerência e de critérios racionais" não já levar à inconstitucionalidade das leis mencionadas, dado que o Ministro a toma por atual e considera que tais critérios são essenciais à validade das leis tributárias particularistas em geral, tem-se ao menos uma tímida tentativa de ordenar o caos, e de transformar em Direito positivo um conceito que é socialmente desejável, porém estranho à legislação tal como atualmente escrita. Ainda assim, a exigência da racionalidade e coerência de critérios apenas poderá ter status equivalente ao de norma geral e abstrata se e quando se tornar jurisprudência pacífica dos tribunais, e for adotada de forma consistente para todos os tributos que desafiarem a racionalidade. Está aí, de todo modo, um semifeliz exemplo de ativismo judicial.

2.1.2. Diferenças em Atividade Econômica

Passe-se à segunda proposição do artigo 150, inciso II: a proibição à diferenciação de tributação em virtude da natureza de atividade econômica exercida. Vale reproduzir o texto:

> "Art. 150. Sem prejuízo de outras garantias asseguradas ao contribuinte, é vedado à União, aos Estados, ao Distrito Federal e aos Municípios:
>
> II – instituir tratamento desigual entre contribuintes que se encontrem em situação equivalente, *proibida qualquer distinção em razão de ocupação profissional ou função por eles exercida, independentemente da denominação jurídica dos rendimentos, títulos ou direitos;*" (grifo meu)

Em primeiro lugar, note-se que essa não é uma proibição genérica para a tributação discriminatória com base em atividade. O dispositivo diz que está "proibida qualquer distinção em razão de ocupação profissional ou função *por eles* exercida", sendo que "eles" se refere aos "contribuintes que se encontrem em situação equivalente". Embora aparentemente mais clara, essa parte do texto tem por base a mesma ambiguidade exposta acima.

A remissão ao conceito de "equivalência" quando do exame da tributação diferenciada conforme a atividade exercida consta não só da análise gramatical do texto, mas da posição adotada pelo Supremo Tribunal Federal. Veja-se um exemplo (triste[65]) de como ele julga os questionamentos relativos à impossibilidade de empresas de um determinado ramo aderirem ao SIMPLES:

> "CONSTITUCIONAL. TRIBUTÁRIO. SISTEMA "SIMPLES". OFENSA AO PRINCÍPIO DA ISONOMIA. INEXISTÊNCIA. ART. 9º, DA LEI 9.317/96. I. – Não há ofensa ao princípio da isonomia tributária se a lei, por motivos extrafiscais, imprime tratamento desigual a microempresas e empresas de pequeno porte de capacidade contributiva distinta. ADI 1.643, Plenário. "DJ" de 14.3.2003. Precedentes. II. – Agravo não provido" (AI 452.642-AgR, Rel. Min. Carlos Velloso, Segunda Turma, DJ 24.2.2006).
>
> "5. O recurso não merece prosperar. O acórdão recorrido asseverou que não houve violação ao princípio da isonomia, em harmonia com a jurisprudência desta Corte, conforme AI 452.642-AgR/MG, rel. Min. Carlos Velloso, 2ª Turma, unânime, DJ 24.02.2006;

[65] Como se verá, a infelicidade do exemplo se deve à aceitação do argumento do Ministério Público que é, em sua integridade, baseada em achismos. Não é apresentado nenhum dado que revele, quantitativamente, as desigualdades e a concorrência desleal à qual o MP se refere, nem nenhuma prova de que a Lei 9.317 realmente escolheu as empresas que sofriam com falta de isonomia. O STF demonstrou fé cega no MP, que demonstrou fé cega no legislador, que, como visto até agora, dificilmente tinha o interesse público em mente quando elaborou a lei.

> RE 436.017-AgR-ED/MG, rel. Min. Cezar Peluso, 2ª Turma, unânime, DJe 11.12.2009; RE 411.781-AgR/PR, rel. Min. Gilmar Mendes, 2ª Turma, unânime, DJe 30.11.2007; e RE 594.146/PR, rel. Min. Cármen Lúcia, DJe 10.12.2009.
>
> 6. Corroborando esse entendimento, destaco trecho do Parecer do Ministério Público Federal:
>
> 'Assim, a Lei 9.317/96 cumpriu bem seu papel constitucional de estabilização das desigualdades, protegendo aquelas empresas que, por força do abuso do poder econômico praticado pelas grandes empresas, não tem condições de competir em pé de igualdade no mercado, havendo a lei, inclusive, estabelecido vedações em virtude das desigualdades, como a do art. 9º, inciso XIII.
>
> Deste modo, o tratamento desigual decorrente das distintas atividades desenvolvidas pelas beneficiárias do SIMPLES, estabelecido em lei com vistas ao incentivo de empresas específicas pela simplificação de suas obrigações administrativas, previdenciárias e creditícias deflui da interpretação do próprio texto constitucional, e, portanto, não ofende o princípio da isonomia tributária, constante do art. 150, inciso II da CF'.
>
> 7. Ante o exposto, nego seguimento ao recurso extraordinário (CPC, art. 557, caput)" (RE 559.222, Rel. Min. Ellen Gracie, decisão monocrática, DJe 23.4.2010).

Dificilmente a situação seria outra. Uma proibição genérica à diferenciação de tributação com base em atividade exercida tornaria inconstitucional boa parte de nossa legislação particularista. É verdade que ela seria potencialmente boa para a sociedade por reduzir o nível de influência de grupos de interesse na elaboração de política tributária e, portanto, minimizar as distorções econômicas derivadas do peso do dedo estatal que empurra para a esquerda (e às vezes até para a direita) a curva de demanda de cada um com uma força diferente, gerando distorções distributivas, alocativas e concorrenciais de todo tipo.

Entretanto, ela seria ruim para os legisladores e para os grupos de interesse, que teriam um produto a menos para transacionar.[66] Dados os incentivos descritos nos capítulos anteriores, percebe-se que não é realista acreditar nesse tipo de cenário.

2.1.3. Demais Disposições e Princípios, e a Repetição do Problema

Além do artigo 150, inciso II, a Constituição traz outros dispositivos que tratam da instituição de normas tributárias particularistas. Alguns exemplos são: o artigo 146, II, d) permite tratamento diferenciado às pequenas e microempresas; o artigo 146-A estabelece a possibilidade, via lei complementar, da instituição de critérios de tributação que visem à prevenção de desequilíbrios na concorrência; o artigo 149 admite a criação de contribuições de intervenção sobre o domínio econômico, que por essência buscam tributar bens ou serviços específicos; e o artigo 195, § 12, autoriza a instituição de contribuições sobre a receita em regimes de cumulatividade diferentes.

De acordo com a doutrina, as normas particularistas devem ser limitadas não só pelo princípio da igualdade, descrito acima, mas também por outros, como a capacidade contributiva, a não cumulatividade (quando aplicável), a seletividade, a livre iniciativa e a livre concorrência. Em tese, mesmo quando a tributação tem fins preponderantemente regulatórios (ou indutivos, ou extrafiscais, a depender da nomenclatura adotada), esses e outros princípios devem ser aplicados e sopesados para a veri-

[66] Fosse esse o caso, a atuação desses grupos seguramente se concentraria ainda mais na seara regulatória, pressionando o Estado para um intervencionismo ainda mais intenso, com suas distorções próprias – por exemplo, o fechamento ainda maior dos mercados e a colocação de maiores barreiras à entrada em setores específicos. Entretanto, há um limite político para quanta regulação direta a sociedade tolera; a tributação particularista é pouco transparente, e, em regra, as pessoas têm a percepção (falsa) de que tributação e regulação são coisas inteiramente diferentes.

ficação da constitucionalidade da norma. Entretanto, o significado exato desses princípios é, quase invariavelmente, objeto de longas discussões doutrinárias que tomariam centenas de páginas para serem exploradas detalhadamente. Isso não será feito neste trabalho por um motivo simples: apesar da extensão dos argumentos apresentados, eles têm pouco a contribuir para a imposição de limites quantitativos e qualitativos concretos à tributação particularista. Eles não dizem quando, e em que medida exata, os contribuintes A e B podem ou não ter cargas tributárias distintas.

2.2. Como o Direito Deveria Tratar as Disposições Particularistas[67]

Contrariando a doutrina, entende-se aqui que o debate sobre limites à criação de normas particularistas se enriqueceria sobremaneira se fosse adotado outro conjunto de premissas. São elas:

i. a de que deve haver uma separação clara entre a descrição da realidade como ela é (ou seja, proposições positivas) e a descrição da realidade que se gostaria que existisse (ou seja, proposições normativas);
ii. a de que normas particularistas não necessariamente são instrumentos conscientes de políticas públicas que refletem a vontade geral, antes tendendo a ser o produto de contextos institucionais específicos, *rent-seeking*, *rent--extraction*, *logrolling* e escolhas intransitivas que dissipam recursos sociais, fazendo com que o postulado do "legislador racional" não se confirme no mundo real;

[67] Esta parte do trabalho é exclusivamente propositiva. Ela deve ser lida com a ressalva de que não foi revisada por um economista ou intelectual de políticas públicas, que certamente teriam a contribuir muito mais que do que este autor para a apresentação de propostas sólidas para melhorias no sistema tributário.

iii. a de que a Constituição é um texto legal como qualquer outro, altamente mutável (foram 96 emendas desde 1988), que não detém uma sabedoria peculiar nem é especialmente coerente ou bem escrita, e que antes de tudo reflete as composições entre os interesses de legisladores, de grupos de interesse e, em medida muito menor, de cidadãos comuns;
iv. a de que a vagueza dos limites à legislação particularista presentes na Constituição é proposital e previsível – os conceitos cuja definição não seja óbvia são intencionalmente indefinidos pelo constituinte, e apenas encontram um significado concreto quando são interpretados consistentemente por agências ou tribunais e, ainda assim, sem valor geral e abstrato *a priori* – especialmente quando não se explica, inclusive quantitativamente, por que uma dada norma foi ou não considerada válida;
v. a de que a melhor solução para a indefinição expressa é a definição expressa, e conviver com as ambiguidades e arbitrariedades da linguagem dita é preferível a conviver com as ambiguidades e arbitrariedades do silêncio intencional; e
vi. a de que problemas tributários são antes econômicos do que filosóficos, e orientações qualitativas que não levem a resultados quantitativos são de utilidade duvidosa.

Com base em tais premissas, derivadas principalmente da análise feita no capítulo 2, a primeira proposta que se faz é a de que a legislação seja alterada para indicar, em português correto e bom: (i) as hipóteses, em *numerus clausus*, em que contribuintes possam se sujeitar a cargas tributárias distintas do regime normal; (ii) os objetivos de política pública relacionados a essas hipóteses; e (iii) os requisitos para que a norma particularista possa ser votada e aprovada, bem como as condições para a sua vigência.

Se a Constituição deve abrigar toda ou parte dessa descrição, trata-se de mera conveniência política (quão altos se deseja que sejam os custos de transação para alterar os critérios definidos). A preferência deste autor, que não vale grande coisa, seria a de que as hipóteses e objetivos centrais de políticas públicas fossem definidos na Constituição e o restante em lei complementar, com regulamentos definindo formas e prazos para o atendimento às determinações da legislação.

Para ilustrar o que se quer dizer com hipóteses que justificariam diferenciação de tratamento tributário e as políticas públicas subjacentes, convém oferecer exemplos. Para hipóteses, podem ser citadas a internalização de externalidades causadas por agentes econômicos, o valor estratégico do setor para a defesa nacional ou segurança alimentar ou energética, a produção de conhecimento científico pelos agentes do setor, e a promoção da saúde da população. As políticas públicas subjacentes a esses casos poderiam ser a atuação do Estado para a correção de falhas de mercado, a defesa nacional e a promoção de objetivos geopolíticos, a ação estatal como vetor para o desenvolvimento econômico, a obtenção de novas vantagens comparativas para as empresas nacionais, e a dignidade humana.

Para poder ser votado, o projeto de norma particularista deveria atender a uma série de requisitos específicos. O cumprimento com esses requisitos, assim, seria condição de *existência* (não validade, nem eficácia) da norma. Salvo em caso de guerra ou calamidade, os regimes particularistas não poderiam ser criados ou renovados por medida provisória, de forma a impedir a criação de um atalho para que os requisitos não fossem cumpridos.

Os requisitos aqui sugeridos são os seguintes:

i. o projeto de norma particularista deveria conter explicação clara e detalhada de sua relação com um ou mais objetivos de política pública definidos explicitamente na Constituição, em disposição dedicada às normas particularistas. Para tanto, deveria ser necessário demonstrar, pela melhor metodologia disponível, a plausibilidade de relação direta entre o regime proposto e a referida política pública, e justificar a razão pela qual se optou por um instrumento tributário no lugar de outras ferramentas de atuação estatal, como a concessão de subsídios e a regulação direta;

ii. o projeto deveria indicar se os custos e os benefícios da medida particularista seriam difusos ou concentrados e identificar claramente aqueles que se espera que arquem com cada qual, quantificando-os conforme a melhor metodologia disponível, e de acordo com o grau de diferenciação tributária (ou seja, o desvio em relação à carga tributária normal) desejado. Os efeitos negativos estimados deveriam ser descritos detalhadamente, e o projeto deveria indicar, ao menos:
   a. as consequências concorrenciais projetadas;
   b. as distorções de alocação de capital e suas consequências previstas;
   c. os efeitos sobre o orçamento do ente federativo competente caso a vigência da norma dure o período mínimo previsto, e caso se prolongue pela perpetuidade, utilizando-se para tanto taxa de desconto calculada com base na melhor metodologia disponível; e
   d. os custos de conformidade para os destinatários da norma, bem como os custos marginais de fiscalização por parte do fisco competente;

iii. o projeto de norma particularista conteria metas objetivas, quantificáveis e quantificadas, que indicassem o resultado concreto que se pretende atingir relacionado à consecução da política pública relevante;

iv. o grau de desvio em relação à carga tributária normal seria também analisado, quantitativamente, sob a perspectiva de sua eficácia e eficiência no atingimento às metas estabelecidas;

v. se aprovado o projeto, a norma correspondente seria válida por tempo determinado e apenas poderia ser renovada pelo prazo previsto na legislação e comum a todas as normas particularistas se:

   a. o objetivo de política pública originalmente declarado continuasse elencado no texto constitucional;
   b. a continuidade do tratamento particularista continuasse a favorecer, de modo quantificável e quantificado, a consecução do objetivo pretendido, ou se atenderia, de forma devidamente evidenciada, a outras políticas públicas elencadas na Constituição;
   c. as metas previstas tivessem sido atingidas;
   d. fosse possível demonstrar, ou ao menos houvesse fortes indícios segundo a melhor metodologia disponível, que o atendimento a essas metas teria se devido ao regime particularista;
   e. a concessão do regime não tivesse ocasionado efeitos negativos que, quantificados, excedessem o valor global das consequências negativas originalmente calculadas, admitindo-se uma margem de tolerância estipulada em lei;

vi. o projeto instituidor da norma seria analisado por entidades que:

   a. verificariam se ele cumpriu com todos os requisitos impostos pela legislação;
   b. verificariam se a metodologia empregada nas quantificações era adequada e sua aplicação foi isenta de erros que afetassem sua credibilidade; e

c. recomendariam justificadamente ao Poder Legislativo a aprovação ou não do projeto, com base nos critérios quantitativos e qualitativos que entendessem apropriados;

vii. o descumprimento com os requisitos legais e a inadequação e erro no emprego da metodologia ensejariam a necessidade de reapresentação do projeto, com as correções apropriadas, para que ele se tornasse apto a ser votado;

viii. a recomendação de aprovação não seria vinculante. Entretanto, se o projeto fosse aprovado pelo Legislativo apesar de recomendação contrária e o chefe do Executivo não o vetasse, o chefe do Executivo teria de justificar a ausência do veto na exposição de motivos da norma de forma fundamentada, sob pena de nulidade;

ix. as entidades encarregadas de realizar tais verificações e recomendações, de forma individual e concomitante, seriam o Ministério Público, o Conselho Administrativo de Defesa Econômica, o Tribunal de Contas da entidade federativa relevante, e o órgão fazendário da entidade federativa relevante (Ministério da Fazenda ou equivalente). Todas essas entidades deveriam empregar profissionais habilitados a exercer as análises necessárias, e possuir os recursos tecnológicos que fossem necessários;

x. se a norma particularista visasse a reduzir a carga tributária de um setor, o custo dos estudos necessários ao projeto poderia ser arcado por entidade de classe, e tais estudos poderiam ser elaborados por consultoria independente; de outra forma, se a norma particularista visasse a aumentar a carga tributária, o custo dos respectivos estudos seria arcado pelo Tesouro da unidade federativa relevante, e os estudos poderiam ou não ser elaborados internamente.

Como se observa, o objetivo dos requisitos propostos não é o de impedir a criação de normas particularistas. Não se pretende, de forma ingênua e irrealista, fazer com que a legislação tributária deixe de resultar da interação da oferta e da demanda por legislação, nem isolar o Estado da influência de grupos de interesse. O que se objetiva, ao contrário, é conferir racionalidade e transparência ao processo. O Estado seguiria livre para fazer más ou boas escolhas em termos de política tributária, mas teria de ter ciência dos efeitos dessas escolhas na maior medida possível, e fazê-las à vista de todos. Todos os *stakeholders* do Estado devem ter condições de averiguar o que foi feito, com que objetivo, segundo quais critérios, e quais foram os resultados atingidos.

É óbvio que essas medidas seriam custosas, tolheriam a liberdade do legislador e, na prática, reduziriam drasticamente o número de normas tributárias particularistas. Entretanto, há de se questionar o seguinte: se um dado tratamento excepcional não sobrevive à mera ideia de escrutínio rigoroso de seus objetivos e efeitos, é admissível que ele exista? Este trabalho defende que não.

Conclusão

As normas tributárias particularistas frequentemente derivam de falhas do processo democrático. Essas falhas provêm dos incentivos ao *rent-seeking* eficaz de grupos de interesse, ao *rent-extraction* por parte de legisladores em relação a tais grupos, ao *logrolling* (que não é uma falha em si, mas pode levar a comportamentos oportunistas por parte de legisladores), além de problemas de intransitividade de escolhas que ocasionalmente impedem a formação de preferências coerentes da maioria e tendem a levar ao desperdício de recursos sociais. Ademais, nas hipóteses em que o padrão de demanda por legislação particularista for conflituoso, os legisladores tenderão a produzir normas intencionalmente ambíguas e a deixar que agências e tribunais as interpretem de forma casuística.

O surgimento de normas particularistas é favorecido por contextos institucionais específicos – em particular, baixa polarização interpartidária e coesão intrapartidária, presença de normas de responsabilidade fiscal, e relativa fragilidade de lideranças partidárias. O Brasil parece possuir as últimas três dessas características.

Admitidas essas premissas como parte da realidade, não se vê justificativa no mundo real para sustentar o postulado do "legislador racional" em relação às normas tributárias particularistas. Por esse motivo, não se acredita na praticabilidade de, com grande esforço intelectual, buscar o significado dos limites constitucionais ao particularismo em conceitos derivados da Filosofia e/ou em normas jurídicas que, frequentemente, são tão intencionalmente carentes de conteúdo quanto o limite que se pretende definir.

Considera-se aqui, então, que é preferível efetuar recomendações para a alteração do sistema jurídico vigente com o objetivo de aumentar os custos de transação de normas particularistas, vinculá-las forçosamente a objetivos claros de políticas públicas, quantificar seus custos e benefícios segundo a melhor metodologia disponível, e verificar periodicamente se cada particularismo ainda se encontra justificado.

Referências

Arrow, Kenneth G. **Social Choice and Individual Values**, 2a ed. John Wiley and Sons, Nova Iorque, 1963.

Ávila, Humberto. O "Postulado do Legislador Coerente" e a Não-cumulatividade das Contribuições. **Grandes Questões Atuais do Direito Tributário**, 11. ed. Dialética, São Paulo, 2007.

BRASIL. Lei Complementar nº 12.973, de 13 de maio de 2014. **Palácio do Planalto**. Brasília, DF, Disponível em: <http://www.planalto.gov.br/ccivil_03/_ato2011-2014/2014/lei/l12973.htm>. Acesso em: 12 mar. 2017.

BRASIL. Lei Complementar nº 123, de 14 de dezembro de 2006. **Palácio do Planalto**. Brasília, DF, Disponível em: <http://www.planalto.gov.br/ccivil_03/leis/LCP/Lcp123.htm>. Acesso em: 12 mar. 2017.

BRASIL. Lei nº 10.931, de 2 de agosto de 2004. **Palácio do Planalto.** Brasília, DF, Disponível em: <http://www.planalto.gov.br/ccivil_03/_ato2004-2006/2004/lei/l10.931.htm>. Acesso em: 12 mar. 2017.

BRASIL. Lei nº 12.973, de 13 de maio de 2014.

BRASIL. Lei nº 12.546, de 14 de dezembro de 2011. **Palácio do Planalto.** Brasília, DF, Disponível em: <http://www.planalto.gov.br/ccivil_03/_ato2011-2014/2011/lei/l12546.htm>. Acesso em: 12 mar. 2017.

BRASIL. Lei nº 12.715, de 17 de setembro de 20112. **Palácio do Planalto.** Brasília, DF, Disponível em: <http://www.planalto.gov.br/ccivil_03/_ato2011-2014/2012/lei/l12715.htm>. Acesso em: 25 mai. 2017.

BRASIL. Lei nº 7.689, de 15 de dezembro de 1988. **Palácio do Planalto.** Brasília, DF, Disponível em: <http://www.planalto.gov.br/ccivil_03/leis/L7689.htm>. Acesso em: 12 mar. 2017.

BRASIL. Supremo Tribunal Federal. Recurso Extraordinário nº 559.222. Relator: Min. Ellen Gracie. Brasíia, DF, 23 de abril de 2010. **Diário Oficial da União.** Brasília, DF. Disponível em: <http://stf.jus.br/portal/processo/verProcessoAndamento.asp?incidente=2547294>. Acesso em 14 jun. 2017.

Buchanan, James M.; Tullock, Gordon. **The Calculus of Consent:** Logical Foundations of Constitutional Democracy. Indianapolis: Liberty Fund, 1999. (The Collected Works of James Bucchanan, vol. 3). Disponível em: <http://files.libertyfund.org/files/1063/0102.03_Bk.pdf>. Acesso em: 27 mar. 2017.

Butler, Eamonn. **Public Choice: a Primer.** Londres: The Institute Of Economic Affairs, 2012.

Cooter, Robert D. **The Strategic Constitution.** Princeton, New Jersey: Princeton University Press, 1999.

Doran, Michael. Tax Legislation in the Contemporary U.S. Congress. Tax Law Review, [S.l.], ainda não publicado. **Virginia Public Law and Legal Theory Research Paper n. 2014-59**, setembro de 2014, p.6. Disponível em: < https://ssrn.com/abstract=2367760>. Acesso em 15 set. 2016.

Eskridge, William N. Jr. Politics Without Romance: Implications of Public Choice Theory for Statutory Interpretation. **Virginia Law Review,** [s.l.], v. 74, n. 275, p.275-338, jan. 1988.

Eskridge, William N. Jr. Politics without romance: implications of public choice theory for statutory interpretation. **Faculty Scholarship Series.** Paper 3824. New Jersey: Yale, 1988.

Fleischer, Victor. Commentary: Tax Extenders. **New York University Tax Law Review,** Nova Iorque, NY, v. 613, n. 67, verão de 2014.

LIMONGI, Fernando & FIGUEIREDO, Argelina. Bases institucionais do presidencialismo de coalizão. **Lua Nova – Revista de Cultura e Política**. São Paulo, n. 44, p.82-106, 1998.

MARINO, Ricardo. **Há Partidos Políticos no Brasil?** 2013. Disponível em: <http://www.todasasconfiguracoes.com/2013/09/14/ha-partidos-politicos-no-brasil/>. Acesso em: 01 dez. 2016.

MCCHESNEY, Fred S. Rent Extraction and Rent Creation in the Economic Theory of Regulation. **Journal of Legal Studies**, [S.l.], vol. 16, p. 101-118, 1987.

MUELLER, Dennis C. **Public Choice III.** Cambridge: Cambridge University Press, 2003.

NORTH, Douglass C. Institutions. **The Journal Of Economic Perspectives**, [s.l.], v. 5, n. 1, p.87-112, inverno de 1991. Disponível em: <http://www.jstor.org/stable/1942704>. Acesso em: 2 abr. 2017.

OH, Jason. Diagnosing Gridlock: a Response to Professor Doran. **UCLA School of Law – Tax Law Review,** Los Angeles, CA, v. 485, n. 69, dez. 2016

OLSON, Mancur. **The Logic of Collective Action:** Public Goods and the Theory of Groups. Cambridge, MA: Harvard University Press, 2002. (Harvard Economic Series vol. CXXIV). Disponível em: <http://homes.ieu.edu.tr/~ibagdadi/INT230/Mancur Olson – Logic of Collective Action.pdf>. Acesso em: 01 ago. 2015.

PELTZER, Sam. **Toward a More General Theory of Regulation.** Stanford, CA: National Bureau Of Economic Research, 1976. (Working Paper n. 133).

RUSSELL, Bertrand. **The History of Western Philosophy.** Nova Iorque : Simon and Schuster, 1945.

SCHOUERI, Luís Eduardo. **Direito Tributário**. São Paulo : Saraiva, 2011.

SHAVIRO, Daniel. Beyond Public Choice and Public Interest: a Study of the Legislative Process as Illustrated by Tax Legislation in the 1980s. **University of Pennsylvania Law Review**, [S.l.], v. 139, n. 1, p. 1-64, novembro de 1990.

SILVEIRA, Rodrigo Maito da. **Tributação e Concorrência**. São Paulo : Quartier Latin, 2011.

STIGLER, George J. The Theory of Economic Regulation. **The Bell Journal Of Economics and Management Science,** [s.l.], v. 2, n. 1, p.3-21, primavera de 1971. Disponível em: <http://www.jstor.org/stable/3003160>. Acesso em: 4 jun. 2016.

ZOLT, Eric M. Politics and Taxation: An Introduction. **Tax Law Review,** [s.l.], v. 67, n. 453, p.453-469, 2014. Disponível em: <https://papers.ssrn.com/sol3/papers.cfm?abstract_id=2559925>. Acesso em: 6 fev. 2017.

A Natureza Jurídica dos Juros Sobre o Capital Próprio (JCP) e Suas Implicações Tributárias

Eric Simões Visini

Introdução

O presente estudo, além da interdisciplinaridade, apresenta reflexos em alguns dos principais nichos de planejamento tributário existentes (e.g.: tributação internacional de instrumentos híbridos), o que por si só já motiva a análise do tema.

Não obstante, o tema se mostra desafiador e complexo, já que existem propostas de regulamentação do tratamento em operações internacionais pela Organização para a Cooperação e Desenvolvimento Econômico (OCDE) e dos Planos de Ação do *Base Erosion and Profit Shifting* (BEPS), além de divergências doutrinárias e jurisprudenciais.

O desenvolvimento do trabalho possibilitará a abordagem de um tema ainda carente sob o ponto de vista acadêmico, mas também com ampla repercussão no campo prático.

Em que pese a atualidade e relevância do tema, a crescente segmentação e especialização do mercado de trabalho levou com que os profissionais das ciências jurídicas tivessem uma visão setorizada do assunto, sem que fossem analisados os reais impactos de uma tomada de decisão em diferentes "ramos" do Direito. Por tais motivos, raros são operadores jurídicos que analisam a interface entre os aspectos societários e tributários dos Juros sobre Capital Próprio (JCP), bem como o conhecimento contábil para avaliar a adoção deste mecanismo.

Sem que tenhamos a pretensão de nos adiantar ao tema, a configuração inicial dos JCP, como conhecemos hoje[1], se deu no início da década de 1980 por estudiosos do Reino Unido. Atualmente, poucos países utilizam tal mecanismo, sendo sua aparição mais comum nas legislações brasileira e belga[2].

A aparição desta figura no direito brasileiro data de pouco mais de 20 anos, mais especificamente no ano de 1995, o que também justifica sua pouca aparição na doutrina.

Desta forma, introduzida pela Lei n. 9.249, de 27 de dezembro de 1995[3], objeto da conversão do Projeto de Lei n. 126/95, a dedutibilidade dos JCP fez com que esta modalidade se tornasse

[1] Conforme será abordado mais adiante, desde a década de 1940 a legislação societária brasileira prevê a possibilidade de pagamento de juros como contrapartida pelo capital investido.

[2] A legislação belga prevê a existência da "*déduction pour capital à risque*", também com repercuções na apuração fiscal da entidade pagadora.

[3] Art. 9º A pessoa jurídica poderá deduzir, para efeitos da apuração do lucro real, os juros pagos ou creditados individualizadamente a titular, sócios ou acionistas, a título de remuneração do capital próprio, calculados sobre as contas do patrimônio líquido e limitados à variação, pro rata dia, da Taxa de Juros de Longo Prazo – TJLP.
§ 1º O efetivo pagamento ou crédito dos juros fica condicionado à existência de lucros, computados antes da dedução dos juros, ou de lucros acumulados e reservas de lucros, em montante igual ou superior ao valor de duas vezes os juros a serem pagos ou creditados.
§ 2º Os juros ficarão sujeitos à incidência do imposto de renda na fonte à alíquota de quinze por cento, na data do pagamento ou crédito ao beneficiário.
§ 3º O imposto retido na fonte será considerado:
I – antecipação do devido na declaração de rendimentos, no caso de beneficiário pessoa jurídica tributada com base no lucro real;
II – tributação definitiva, no caso de beneficiário pessoa física ou pessoa jurídica não tributada com base no lucro real, inclusive isenta, ressalvado o disposto no § 4º;

um dos mais importantes elementos de remuneração dos titulares das participações societárias. Assim, obrigatoriamente o presente trabalho também será pautado nos mecanismos diversos de remuneração de sócios, tais como os dividendos.

Outros pontos de discussão, além da sua classificação para fins de aplicação dos tratados que objetivam eliminar a dupla tributação, serão a dedutibilidade dos JCP extemporâneos, tema ainda longe de uma definição.

A carência de uma doutrina consolidada, similaridade com outros institutos e dificuldade de classificação nas relações com outras jurisdições fazem com que o tema ainda não tenha se

§ 5º No caso de beneficiário sociedade civil de prestação de serviços, submetida ao regime de tributação de que trata o art. 1º do Decreto-Lei nº 2.397, de 21 de dezembro de 1987, o imposto poderá ser compensado com o retido por ocasião do pagamento dos rendimentos aos sócios beneficiários.
§ 6º No caso de beneficiário pessoa jurídica tributada com base no lucro real, o imposto de que trata o § 2º poderá ainda ser compensado com o retido por ocasião do pagamento ou crédito de juros, a título de remuneração de capital próprio, a seu titular, sócios ou acionistas.
§ 7º O valor dos juros pagos ou creditados pela pessoa jurídica, a título de remuneração do capital próprio, poderá ser imputado ao valor dos dividendos de que trata o art. 202 da Lei nº 6.404, de 15 de dezembro de 1976, sem prejuízo do disposto no § 2º.
§ 8º Para fins de cálculo da remuneração prevista neste artigo, serão consideradas exclusivamente as seguintes contas do patrimônio líquido:
I – capital social;
II – reservas de capital;
III – reservas de lucros;
IV – ações em tesouraria; e
V – prejuízos acumulados.
§ 11. O disposto neste artigo aplica-se à Contribuição Social sobre o Lucro Líquido.
§ 12. Para fins de cálculo da remuneração prevista neste artigo, a conta capital social, prevista no inciso I do § 8o deste artigo, inclui todas as espécies de ações previstas no art. 15 da Lei no 6.404, de 15 de dezembro de 1976, ainda que classificadas em contas de passivo na escrituração comercial.

esgotado por completo. Dito isto, importante notar que também não é nossa pretensão exaurir a matéria, mas apenas colaborar com a discussão alicerçado em um novo ponto de partida.

Por fim, vale destacar que o Direito Tributário, por si só, não cria realidades autônomas, mas se apropria dos conceitos de Direito Privado para determinar a tributação incidente sobre uma atividade ou condição. Dessa forma, equivocada seria a adoção de conceitos prévios para determinar os impactos fiscais, bem como errada a utilização de conclusões para justificar a opção por uma determinada premissa ou por outra. Portanto, nossa análise não partirá de uma conclusão pré-estabelecida, mas buscará, em conjunto com o leitor, localizar elementos que determinem a real natureza dos JCP.

1. Juros sobre Capital Próprio

Como adiantado preliminarmente, os JCP são uma das formas de remuneração dos titulares do capital e que ganharam maior relevância com o advento da Lei 9.249/95, que tornou possível a dedutibilidade fiscal de seu pagamento quando da apuração do Imposto sobre a Renda das Pessoas Jurídicas (IRPJ) e da Contribuição Social sobre o Lucro Líquido (CSLL) em bases reais[4]. Contudo, é necessário que retornemos alguns elementos para a correta análise do tema.

Se as relações humanas estabelecem que de um lado temos a figura do empregado que tem, como contrapartida por seu trabalho, aquilo que convencionamos chamar de salário, o mesmo não se faz com o titular do capital.

A remuneração dos titulares do capital da sociedade pode se dar por meio de pró-labore, dividendos, juros sobre capital próprio, ou até mesmo por outros meios indiretos de pagamento, como *royalties* ou mútuos.

[4] O presente estudo adota a premissa de que as sociedades analisadas se encontram sujeitas ao método de apuração do IRPJ e da CSLL pelo Lucro Real.

Importante notar que, embora as figuras tenham causas imediatas distintas (e.g.: remunerar o trabalho, o licenciamento de determinada propriedade intelectual, etc.), elas resultam em um mesmo fim, ou seja, transferem parte dos resultados obtidos por determinada companhia ao seu titular.

Neste sentido, o principal ponto de diferenciação segue sendo o aspecto fiscal, razão pela qual o estudo da natureza jurídica dos JCP fica quase que sempre restrita à doutrina tributária, pouco sendo abordada nos estudos societários.

1.1. Panorama Histórico

Antes de tratarmos dos aspectos tributários e chegarmos à exata compreensão da natureza dos JCP, há que se fazer uma análise detida do contexto histórico que motivou a criação do referido instituto e, mais que isso, das razões que levaram sua manutenção até os dias atuais, ainda que diante de tantas propostas para sua extinção.

Apesar da sua implementação fiscal datar de meados da década de 1990, a remuneração dos sócios por meio de juros se faz presente no ordenamento brasileiro há muitos anos. Acerca disto, valiosas são as palavras do Prof. Fábio Ulhoa Coelho[5]:

> Deve se acentuar, desde logo, que não foi a lei de 1995 que, a rigor, introduziu o pagamento de juros sobre o capital da pessoa jurídica, em benefício de seus membros. A antiga Lei do Anonimato, de 1940, fazia referência expressa ao seu pagamento, durante a instalação da sociedade (art. 129, parágrafo único, d); eram os chamados "juros de construção" (Valverde, 1959, 2:383). Também registro que a Lei das Cooperativas, em 1971, cuidou do assunto, estabelecendo o limite de 12% ao ano para os juros sobre o

[5] Coelho, Fábio Ulhoa. **Curso de direito comercial: direito de empresa. 17.** ed. São Paulo: Saraiva, 2013. pp 373

capital pagos em favor dos seus associados (Lei n. 5.764/71, art. 24, § 3º), e até as alterações introduzidas pela Lei n. 11.638/2007, a lei do anonimato igualmente mencionava o pagamento de juros aos acionistas, ao disciplinar sua escrituração). O pagamento desse tipo de remuneração, por outro lado, nunca foi proibido na lei, daí ser sustentável sua pertinência e validade. Como, porém, a legislação tributária, entre 1964 e 1995, não admitia a dedução dos juros pagos aos sócios, não se costumava realizar nenhum pagamento a esse título. A mudança do regime tributário e as vantagens decorrentes impulsionaram, a partir de 1996, a larga utilização desse gênero de pagamento, em favor do acionista. A referência da lei tributária tornou obsoleta a postura tecnológica, que tradicionalmente condenava o pagamento de juros sobre o próprio capital, por reputá-lo incompatível com o risco próprio dos investimentos em ações e com o princípio da intangibilidade do capital social.

Assim sendo, é equivocado crer que a criação dos JCP se deu por meio da Lei 9.249/95. O que na realidade ocorreu com a promulgação da referida norma foi a modificação de características dos juros para que fosse possível a sua dedutibilidade na apuração do IRPJ e da CSLL.

Tal conclusão também se depreende ao analisarmos o art. 49 da Lei nº 4.509, de 30 de novembro de 1964 e reproduzido no art. 287 do Decreto nº 1.041, de 11 de janeiro de 1994 (Regulamento do Imposto de Renda de 1994), que já previa a existência da remuneração por juros pelo capital, mas vedava o seu aproveitamento fiscal :

> Art. 287. *Não serão admitidas, como custo ou despesa operacional, as importâncias creditadas ao titular ou aos sócios da empresa, a título de juros sobre o capital (Lei n° 4.506/64, art. 49).*
>
> Parágrafo único. Não são alcançados pelo impedimento a que se refere este artigo:

a) a amortização dos juros pagos ou creditados aos acionistas nos termos da alínea g do inciso II do art. 266;

b) os juros, pagos pelas cooperativas a seus associados, de até doze por cento ao ano sobre o capital integralizado (Leis n°s 4.506/64, art. 49, parágrafo único, e 5.764/71, art. 24, § 3°). (*grifos nossos*)

Dadas tais circunstâncias, é possível afirmar que no ano de 1995 a dedutibilidade de juros sobre capital próprio foi criada como norma indutora de comportamento, que visava única e exclusivamente fomentar o incremento da atividade empresária

Como sabido, durante as décadas de 1980 e 1990 o Brasil vivenciou um período de instabilidade política, hiperinflação, diversos planos econômicos e mudanças moedas.

Em 1995, já com a criação do Plano Real, com franca redução dos índices de inflação e extinção do sistema de correção monetária, diversos economistas constataram um ambiente econômico desestimulante ao investimento direto sociedades em detrimento do capital especulativo, inclusive com uma grande probabilidade de saída de dinheiro do mercado brasileiro.

Ciente disto, o legislador incluiu, dentre outras medidas econômicas, a dedutibilidade fiscal do pagamento de JCP. Não por acaso, o indexador utilizado para o cálculo limite da dedutibilidade dos JCP foi a Taxa de Juros de Longo Prazo (TJLP)[6], criada um ano antes e que premiava o investidor pelo risco assumido.

Ao ampliar os mecanismos de remuneração com diversificação fiscal (e.g.: isenções, dedutibilidade), o legislador possibilitou

[6] Criada em 1994, por meio da Medida Provisória nº 684, de 31 de outubro de 1994, a TJLP é calculada é definida como o custo básico dos financiamentos concedidos pelo BNDES e é calculada com base em dois parâmetros: (i) a meta de inflação calculada pro rata para os doze meses seguintes ao primeiro mês de vigência da taxa, inclusive, baseada nas metas anuais fixadas pelo Conselho Monetário Nacional; e (ii) um prêmio de risco assumido.

que o empresário optasse pelo meio que lhe fosse mais vantajoso, denotando típica medida indutora de comportamento, propiciando um ambiente mais vantajoso que aquele existente.

A constatação de medida indutora se torna ainda mais evidente ao analisar a exposição de motivos da Lei nº 9.249/95:

> LEI Nº 9.249, DE 26 DE DEZEMBRO DE 1995
>
> Altera a legislação do imposto de renda das pessoas jurídicas, bem como da contribuição social sobre o lucro líquido, e dá outras providências.
>
> Exposição de Motivos
>
> Excelentíssimo Senhor Presidente da República,
>
> Submeto à considerado de Vossa Excelência Projeto de Lei que altera a legislação do imposto de renda das pessoas jurídicas e dá outras providências.
>
> [...]
>
> 2. A reforma objetiva simplificar a apuração do imposto, reduzindo as vias de planejamento fiscal, uniformizar o tratamento tributário dos diversos tipos de renda, integrando a tributação das pessoas e jurídicas, ampliar o campo de incidência do tributo, com vistas a alcançar os rendimentos auferidos no exterior por contribuintes estabelecidos no País e, finalmente, articular a tributação das empresas com o Plano de Estabilização Econômica.
>
> 3. Nesse sentido, a proposição extingue os efeitos da correção monetária das demonstrações financeiras – inclusive para fins societários -, combinando a medida com expressiva redução de alíquotas (arts. 1º ao 5º).
>
> [...]
>
> 5. Os elevados índices de inflação exigiram a criação de poderosos instrumentos de indexação que, com o Plano Real e a estabilização da economia, estão sendo gradualmente eliminados.
>
> 6. O processo de desregulamento da indexação de salários está em curso e da mesma forma com relação aos demais preços

da economia, como por exemplo preços públicos, juros e câmbio. Restam, entretanto, ativos indexados, de que são exemplo o patrimônio das empresas e os créditos de natureza tributária.

7. A extinção da correção monetária do balanço simplifica consideravelmente a apuração da base tributável e reduz a possibilidade de planejamento fiscais.

8. A proposta de reformulação do IRPJ, nesse passo, constitui o complemento necessário e esperado do processo de desregulamentação da indexação da economia. Representa, ademais, importante reforço á consolidação do Plano Real.

[...]

10. Com vistas a equiparar a tributação dos diversos tipos de rendimentos do capital, o Projeto introduz a possibilidade de remuneração do capital próprio investido na atividade produtiva, permitindo a dedução dos juros pagos aos acionista, até o limite da variação da Taxa de Juros de Longo prazo – TJLP; compatibiliza as alíquotas aplicáveis aos rendimentos provenientes de capital de risco àquelas pela qual são tributados os rendimentos do mercado financeiro; desonera os dividendos; caminha na direção da equalização do tratamento tributário do capital nacional e estrangeiro; e revoga antiga isenção do imposto de renda incidente sobre a remessa de juros para o exterior, prevista no Decreto-Lei nº 1.215, de 1972 (arts. 9] a 12, § 2º do art. 13, art. 28, e inciso I do art. 32), a fim de que não ocorra qualquer desarmonia no tratamento tributário que se pretende atingir. Igualando-se, para esse fim, o aplicador nacional e estrangeiro.

11. A permissão de dedução de juros pagos ao acionista, até o limite proposto, em especial, deverá provocar um incremente das aplicações produtivas nas empresas brasileiras capacitando-as a elevar nível de investimentos, sem endividamento, com evidentes vantagens no que se refere à geração de empregos e ao crescimento sustentado da economia. Objetivo a ser atingido mediante a adoção de política tributária moderna e compatível com aquela praticada pelos demais países emergentes, que competem com

o Brasil na capacitação de recursos internacionais para investimento.

12. Com relação à tributação dos lucros e dividendos, estabelece-se a completa integração entre a pessoa física e a pessoa jurídica, tributando-se esses rendimentos exclusivamente na empresa e isentando-se quando do recebimento pelos beneficiários. Além de simplificar os controles e inibir a evasão, esse procedimento estimula, em razão da equiparação de tratamento e das alíquotas aplicáveis, o investimento nas atividades produtivas.

[...]

Respeitosamente, PEDRO MALAN"

(grifos nossos)

A motivação extrafiscal e indutora do novo ordenamento é indiscutível, mas passados mais de 20 anos, outros inúmeros elementos levaram à manutenção deste sistema, incluindo um ambiente político complexo e a dificuldade de aprovação de reformas tributárias eficazes. Apesar disso, o desenvolvimento econômico das sociedades brasileiras ainda se mostra incompleto, justificando a manutenção do referido instituto.

Em outras palavras, os riscos existentes da manutenção de uma sociedade empresária no Brasil (e.g.: confusão legislativa, dificuldade de acesso ao capital, instabilidade política e econômica, dentre outros) justificam a preservação de elementos que fomentem a atividade empresarial.

Alguns críticos deste sistema indicam que a dedutibilidade do JCP e a isenção dos dividendos resultam em uma política que desestimula a reaplicação do capital na atividade empresária, incentivando que o empresário, seja ele residente ou não, colha os frutos antes de promover a ampliação e o desenvolvimento produtivo e tecnológico.

Sob este ponto de vista, o regime fiscal brasileiro privilegiaria pequenas e médias empresas em detrimento de uma transição histórica para grandes corporações, já que com o término destes incentivos o empresariado se veria impelido a aplicar os frutos da sociedade em novas e melhores práticas, gerando um desenvolvimento em progressivo.

Ocorre que, a evolução econômica global mostrou que esta afirmação não se encontra plenamente correta, já que hoje em dia a ampla maioria das sociedades se encontra localizada entre os níveis de pequenas e médias corporações e são elas as responsáveis por grande parte dos avanços tecnológicos obtidos nos últimos anos.

Já no âmbito do direito comparado, somente a Bélgica[7] aplica um instituto semelhante ao brasileiro na remuneração do acionista com base em juros sobre o capital disponibilizado[8], sendo que os demais países adotam primordialmente a figura dos dividendos.

Embora o JCP belga seja em muitos aspectos parecido ao sistema brasileiro[9], seu objetivo principal é de igualar o custo do capital próprio ao capital de terceiros, dando tratamentos tributários proporcionais para ambos

1.2. Juros sobre o Capital Próprio e Institutos Análogos e Similares

Como exposto anteriormente, com o intuito de estimular que o financiamento das pessoas jurídicas fosse promovido por meio

[7] O Diário Oficial belga de 30 de Junho de 2005 veiculou a lei de 22 de Junho de 2005 que introduz uma dedução fiscal para o capital de risco (“*22 JUIN 2005. – Loi instaurant une déduction fiscale pour capital à risque*).

[8] Parte da doutrina remonta os JCP ao *Allowances for Corporate Equity*, instrumento criado na década de 1980, na Inglaterra e que foi posto em prática em países como Áustria, Croácia, Itália, Liechtenstein e Portugal.

[9] Ambos sistemas adotam a limitação da dedutibilidade com base em um percentual estabelecido e são obtidos a partir do valor do patrimônio líquido. Por outro lado, um dos principais pontos de divergência entre ambos institutos é o aspecto temporal incluído no ordenamento pátrio e que inexiste no sistema belga.

de aporte de capital, em detrimento a uma sistemática de financiamentos de terceiros, a Lei nº 9.249/95 introduziu no ordenamento nacional o tratamento fiscal da figura do JCP, de sorte a criar um mecanismo fiscalmente mais vantajoso à remuneração dos sócios, hoje regulado pelo artigo 75 da Instrução Normativa (IN) da Secretaria da Receita Federal do Brasil (RFB) nº 1.700, de 14 de março de 2017[10].

[10] Art. 75. Para efeitos de apuração do lucro real e do resultado ajustado a pessoa jurídica poderá deduzir os juros sobre o capital próprio pagos ou creditados, individualizadamente, ao titular, aos sócios ou aos acionistas, limitados à variação, pro rata die, da Taxa de Juros de Longo Prazo (TJLP) e calculados, exclusivamente, sobre as seguintes contas do patrimônio líquido:
I – capital social;
II – reservas de capital;
III – reservas de lucros;
IV – ações em tesouraria; e
V – prejuízos acumulados.
§ 1º Para fins de cálculo da remuneração prevista neste artigo:
I – a conta capital social, prevista no inciso I do caput, inclui todas as espécies de ações previstas no art. 15 da Lei nº 6.404, de 1976, ainda que classificadas em contas de passivo na escrituração comercial da pessoa jurídica;
II – os instrumentos patrimoniais referentes às aquisições de serviços nos termos do art. 161 somente serão considerados depois da transferência definitiva da sua propriedade.
§ 2º O montante dos juros remuneratórios passível de dedução nos termos do caput não poderá exceder o maior entre os seguintes valores:
I – 50% (cinquenta por cento) do lucro líquido do exercício antes da dedução dos juros, caso estes sejam contabilizados como despesa; ou
II – 50% (cinquenta por cento) do somatório dos lucros acumulados e reservas de lucros.
§ 3º Para efeitos do disposto no inciso I do § 2º, o lucro será aquele apurado após a dedução da CSLL e antes da dedução do IRPJ.
§ 4º A dedução dos juros sobre o capital próprio só poderá ser efetuada no ano-calendário a que se referem os limites de que tratam o caput e o inciso I do § 2º.
§ 5º A utilização do valor creditado, líquido do imposto incidente na fonte, para integralização de aumento de capital na empresa, não prejudica o direito à dedução

Nesse cenário, a remuneração baseada no pagamento de JCP consubstancia-se em interessante formal de remunerar acionista ou quotista com o no modelo fiscalmente mais vantajoso. Contudo, a utilização a dedutibilidade do JCP encontra limites objetivos impostos.

Os juros passíveis de dedução serão aqueles pagos ou creditados individualmente ao titular como contrapartida pelo capital próprio disponibilizado, calculados sobre parte das contas do patrimônio líquido[11] e limitados à variação, pro rata dia, da Taxa de Juros de Longo Prazo.

Além do limite acima aludido, o valor do JCP deduzido fiscalmente também não poderá ser superior a 50% (cinquenta por cento) dos seguintes valores: (i) do lucro líquido correspondente ao período-base do pagamento ou crédito do JCP, antes da provisão para o imposto de renda e da dedução dos referidos juros; *ou* (ii) do somatório dos lucros acumulados e reservas de lucros. Dentre estas duas alternativas, poderá o contribuinte optar pela maior, o que acarretará uma maior economia fiscal.

Como regra, o valor dos JCP sujeitar-se-á ao Imposto de Renda Retido na Fonte (IRRF) à alíquota de 15% (quinze por cento). Caso o beneficiário seja residente no exterior e/ou pessoa física residente no Brasil, tal tributação será definitiva. Noutros termos, não haverá futura tributação desses valores em território nacional. Por outro lado, caso seja pessoa jurídica residente no Brasil, tal retenção será considerada mera antecipação do imposto devido, podendo ser compensada com o imposto apu-

[11] Atualmente, serão consideradas exclusivamente as contas de: capital social; reservas de capital; reservas de lucros; ações em tesouraria; e prejuízos acumulados. No tocante ao cálculo dos juros sobre o capital próprio relativos ao ano-calendário de 2014 e anteriores, serão consideradas as contas do patrimônio líquido ajustado, não ficando restrita às contas de capital social; reservas de capital; reservas de lucros; ações em tesouraria; e prejuízos acumulados.

rado futuramente[12]. O valor dos JCP recebidos será considerado uma receita tributável na apuração fiscal do beneficiário[13].

Em virtude da complexidade do assunto, a Coordenação Geral do Sistema de Tributação (COSIT) expediu o Ato Declaratório Normativo Coordenação-Geral de Tributação nº 13, de 27 de maio de 1996, com o intuito de esclarecer eventuais dúvidas acerca do limite de pagamento dos juros. Confira-se:

> O limite, para fins de dedutibilidade, como despesa financeira, do valor dos juros pagos ou creditados, ainda que capitalizados, a título de remuneração do capital próprio, será de cinquenta por cento do lucro líquido correspondente ao período-base do seu pagamento ou crédito, antes da provisão para o imposto de renda e da dedução dos referidos juros, ou dos saldos de lucros acumulados de períodos anteriores, o que for maior.

[12] Art. 75:
[...] § 7º Os juros ficarão sujeitos à incidência do imposto sobre a renda retido na fonte à alíquota de 15% (quinze por cento), na data do pagamento ou crédito ao beneficiário.
§ 8º O imposto retido na fonte de que trata o § 7º:
I – no caso de beneficiário pessoa jurídica submetida ao regime de tributação com base no lucro real, será considerado antecipação do imposto devido no período de apuração ou poderá ser compensado com o que houver retido por ocasião do pagamento ou crédito de juros, a título de remuneração do capital próprio, a seu titular, sócios ou acionistas;
II – no caso de beneficiário pessoa jurídica submetida ao regime de tributação com base no lucro presumido ou com base no lucro arbitrado será considerado antecipação do imposto devido no período de apuração; e
III – no caso de beneficiário pessoa física ou pessoa jurídica não tributada com base no lucro real, presumido ou arbitrado, inclusive isenta do IRPJ, será considerado definitivo.

[13] Em que pese a divergência histórica, é pacifico o entendimento de que a receita de JCP compõe também a base de cálculo das contribuições para o PIS e a COFINS.

Assim, a fonte pagadora que adotar o Lucro Real poderá deduzir o valor dos referidos juros das bases de cálculo do IRPJ e da CSLL determinada em bases reais. Noutros termos, montante equivalente a até 34% (trinta e quatro por cento) do valor dos JCP pagos poderá ser abatido do IRPJ e CSLL devidos[14].

Dito isto, no caso de a sociedade pagadora apurar o IRPJ e a CSLL em bases reais, é conveniente que as partes envolvidas considerem a possibilidade de distribuição de juros sobre o capital próprio em detrimento dos convencionais dividendos, eis que tais juros seriam dedutíveis no cálculo do IRPJ e da CSLL, estando, por outro lado, sujeitos ao imposto de renda retido na fonte à alíquota de 15% (quinze por cento). Para tanto, é necessário que sejam avaliadas as características próprias de beneficiário (e.g.: pessoa física ou jurídica; residente ou não residente; existência ou não de prejuízo).

Os JCP somente podem ser pago de forma proporcional às quotas de um sócio na sociedade e a deliberação de distribuição de JCP deve, via de regra, ser definida em ata de reunião de sócios-quotistas, registrada no Registro do Comércio (juntas comerciais) ou no Registro Civil, a depender do órgão no qual a sociedade foi registrada.

Contabilmente os JCP devem ser registrados em conta de passivo individualizada para cada sócio, sendo a contrapartida uma despesa financeira no resultado[15].

[14] O percentual de 34% é obtido pela somatória das alíquotas de IRPJ de 15% (quinze por cento), mais o adicional de incidente sobre a parcela do lucro real que exceder ao valor resultante da multiplicação de R$ 20.000,00 (vinte mil reais) pelo número de meses do respectivo período de apuração, sujeita-se à incidência de adicional de imposto à alíquota de 10% (dez por cento) e CSLL de 9% (nove por cento).

[15] De acordo com a Deliberação CVM nº 683/2012, o o tratamento contábil dado aos JCP deve, por analogia, seguir o tratamento dado ao dividendo obrigatório. O valor de tributo retido na fonte que a companhia, por obrigação da legislação tributária, deva reter e recolher não pode ser considerado quando se imputam

Por todo exposto, a opção pelos juros sobre capital próprio poderá resultar em um ganho fiscal de até 19%, decorrente da diferença entre o valor passível de dedução na apuração do IRPJ e da CSLL (ie.: 34%) e o IRRF (ie.: 15%), nos casos de pagamentos para pessoas físicas e jurídicas domiciliadas no exterior e pessoas físicas domiciliadas no Brasil.

Por outro lado, a opção pelo pagamento de JCP poderia resultar em "perda" de até 9,25% sobre o valor pago, resultante da diferença entre o percentual passível de dedução (ie.: 34%) e o valor efetivamente tributado caso o beneficiário se utilizasse da apuração do IRPJ e CSLL em bases reais (ie.: 34%) e com o sistema cumulativo para as Contribuições para o PIS/PASEP (ie.: 1,65%) e COFINS (ie.: 7,6%), tendo em vista a consolidação da jurisprudência pela incidência das Contribuições mencionadas sobre os JCP recebidos por pessoas jurídicas domiciliadas no Brasil[16].

A legislação brasileira admite ainda a distribuição de JCP antecipados. Assim, se, no final do ano, houver lucros suficientes, a antecipação será descontada. Se, por outro lado, não houver, os pagamentos em valores excedentes serão considerados como rendimento tributável.

Por sua vez, os *dividendos* materializam forma regular e *típica* de distribuição dos lucros auferidos pela pessoa jurídica. Por deliberação da sociedade e/ou em atendimento à legislação

os JCP ao dividendo obrigatório. Quando essa obrigação for assumida pela companhia, e esse é o caso em que a deliberação é pelo não pagamento dos JCP aos sócios e sim por sua retenção, inclusive para futuro aumento de capital, o tributo retido na fonte não deve ser debitado ao resultado, e sim à conta para onde forem destinados esses JCP. Com isso, quando da utilização desses valores, como no caso de aumento de capital, ela só poderá ser feita pelo valor líquido efetivamente retido, ou seja, dos JCP deduzido do tributo recolhido ao governo, se esse imposto for efetivamente pago.

[16] REsp 1104184/RS, Rel. Ministro Napoleão Nunes Maia Filho, Primeira Seção, DJe 08/03/2012.

societária[17], os lucros auferidos no exercício e/ou acumulados nos exercícios anteriores poderão ser pagos aos sócios a esse título.

O artigo 201 da Lei nº 6.404, de 15 de dezembro de 1976 (Lei das S.A.) estabelece que:

> Art. 201. A companhia somente pode pagar dividendos à conta de lucro líquido do exercício, de lucros acumulados e de reserva de lucros; e à conta de reserva de capital, no caso das ações preferenciais de que trata o § 5º do artigo 17.
>
> § 1º A distribuição de dividendos com inobservância do disposto neste artigo implica responsabilidade solidária dos administradores e fiscais, que deverão repor à caixa social a importância distribuída, sem prejuízo da ação penal que no caso couber.
>
> § 2º Os acionistas não são obrigados a restituir os dividendos que em boa-fé tenham recebido. Presume-se a má-fé quando os dividendos forem distribuídos sem o levantamento do balanço ou em desacordo com os resultados deste.

Nos termos do artigo 202 da mesma lei, os acionistas têm direito de receber como dividendo uma parcela obrigatória dos resultados da companhia, ou seja, ao menos 25% do lucro líquido apurado em cada exercício, e, caso o estatuto seja omisso, a importância determinada: (i) pela metade do lucro líquido do exercício diminuído ou acrescido da importância destinada à constituição da reserva legal e do valor destinado à formação da reserva para contingências e reversão da mesma reserva formada em exercícios anteriores; (ii) limitado ao montante do lucro líquido do exercício que tiver sido realizado, desde que a diferença seja registrada como reserva de lucros a realizar; e

[17] O artigo 202 da Lei nº das Sociedades Anônimas determina que periodicamente os acionistas têm direito ao recebimento de um dividendo mínimo obrigatório, que pode variar conforme o caso.

(iii) pelos os lucros registrados na reserva de lucros a realizar, quando realizados e se não tiverem sido absorvidos por prejuízos em exercícios subsequentes, que deverão ser acrescidos ao primeiro dividendo declarado após a realização.

Desde que não haja oposição de qualquer acionista presente, a assembleia-geral pode deliberar a distribuição de dividendo inferior ao obrigatório, nos termos deste artigo, ou a retenção de todo o lucro líquido.

Não obstante, o estatuto social poderá estabelecer o dividendo como porcentagem do lucro ou do capital social, ou fixar outros critérios para determiná-lo, desde que sejam regulados com precisão e não sujeitem os acionistas minoritários ao arbítrio dos órgãos de administração ou da maioria.

Importante ressaltar que o dividendo não será obrigatório no exercício social em que os órgãos da administração informarem à assembleia-geral ordinária ser ele incompatível com a situação financeira da companhia.

A legislação brasileira vigente, por força do artigo 10 da Lei nº 9.249/95, determina que a distribuição de lucros ou dividendos não estará sujeita a nenhuma forma de retenção na fonte, nem configurará rendimento tributável ao seu beneficiário (ainda que o mesmo não seja residente no Brasil). Vejamos:

> Art. 10. Os lucros ou dividendos calculados com base nos resultados apurados a partir do mês de janeiro de 1996, pagos ou creditados pelas pessoas jurídicas tributadas com base no lucro real, presumido ou arbitrado, não ficarão sujeitos à incidência do imposto de renda na fonte, nem integrarão a base de cálculo do imposto de renda do beneficiário, pessoa física ou jurídica, domiciliado no País ou no exterior.

Como oportunamente tratado no item anterior ao anexarmos a exposição de motivos da Lei nº 9.249/95, a isenção dos dividendos é justificada com base na tributação "esses rendimentos exclusivamente na empresa" e por uma simplificação nos controles e inibição da evasão. Contudo, em nada se confunde a tributação da pessoa jurídica com a do seu titular, não havendo que se falar em uma suposta "bitributação" caso dita imunidade seja retirada do ordenamento.

Neste sentido, a maioria das jurisdições tributa normalmente os dividendos e não possibilita sua dedutibilidade para fins fiscais. Assim a criação pelo legislador brasileiro por dois mecanismos de remuneração (ie.: dividendos e juros sobre capital) tem como origem a *sui generis* política fiscal brasileira.

As convenções internacionais para evitar a dupla tributação tratam, em regra, especificamente desse tema em seu artigo 10[18], senão vejamos:

ARTIGO 10
Dividendos

1. Os dividendos pagos por uma sociedade residente de um Estado Contratante a um residente do outro Estado Contratante são tributáveis nesse outro Estado.

2. Todavia, esses dividendos podem ser tributados no Estado Contratante onde reside a sociedade que os paga, e de acordo com a legislação desse Estado, mas o imposto assim estabelecido não poderá exceder 15% do montante bruto dos dividendos.

Este parágrafo não afetará a tributação da sociedade com referência aos lucros que deram origem aos dividendos pagos.

3. O disposto nos parágrafos 1 e 2 não se aplica quando o beneficiário dos dividendos, residente de um Estado Contratante, tiver, no outro Estado Contratante de que é residente a sociedade que paga os dividendos, um estabelecimento permanente a que esti-

[18] Como modelo, adotamos a convenção entre Brasil e Espanha, internalizada por meio Decreto Legislativo nº 62, de 7 de agosto de 1975.

> ver ligada a participação geradora dos dividendos. Neste caso, serão aplicáveis as disposições do Artigo 7.
>
> 4. O termo "dividendos" usado no presente artigo, designa os rendimentos provenientes de ações, ações ou direitos de fruição, partes de empresas mineradoras, ações de fundador ou outros direitos que permitam participar dos lucros, com exceção de créditos, bem como rendimentos de outras participações de capital assemelhados aos rendimentos de ações pela legislação tributária do Estado Contratante em que a sociedade que os distribuir seja residente.
>
> 5. Quando uma sociedade residente da Espanha tiver um estabelecimento permanente no Brasil, esse estabelecimento permanente poderá aí estar sujeito a um imposto retido na fonte de acordo com a legislação fiscal brasileira. Todavia, esse imposto não poderá exceder 15% do montante bruto dos lucros do estabelecimento permanente determinado após o pagamento do imposto de renda de sociedades referente a esses lucros!
>
> Não obstante, o imposto só será aplicável quando os lucros forem efetivamente transferidos para o exterior.

De acordo com o dispositivo acima transcrito, é competente para tributar os dividendos o país de residência do seu beneficiário. Contudo, é garantido ao Estado da fonte pagadora reter montante não superior a 15% (quinze por cento) do valor bruto dos referidos rendimentos. O aludido artigo possibilita que o país de residência da fonte pagadora dos dividendos promova retenção do imposto de renda se assim sua legislação dispuser, sendo que tal tributação não poderá ser superior a 15% (quinze por cento), sendo dedutível a uma base de 34% (trinta e quatro por cento).

Como tal, os dividendos pagos localmente ou remetidos seus quotistas no exterior com o qual o Brasil tenha ou não acordo para evitar a dupla tributação não estarão sujeitos a nenhuma forma de retenção na fonte ou tributação local, seguindo o tratamento da jurisdição do beneficiário.

Outra forma de remuneração do acionista, e menos utilizada, é o pró-labore que significa a remuneração recebida pelo trabalho do sócio, correspondendo ao salário, e, embora dedutível fiscalmente, não só compõe a base tributável da pessoa física beneficiária quanto se encontra sujeita à Contribuição para o Instituto Nacional da Seguridade Social (INSS), motivos pelos quais é pouco utilizada.

É possível indicar que outros meios são utilizados frequentemente para transferir riqueza aos quotistas e acionistas, tal como pró-labore, mútuos e até mesmo o pagamento por royalties. Contudo, é importante ter em mente que são figuras distintas na medida em que visam remunerar fatos (e.g.: fruto do trabalho, cessão de um direito) distintos daqueles verificados nos dividendos e JCP, motivos pelo qual se encontram fora do nosso campo de análise.

1.3. Natureza Jurídica

Por todo exposto até aqui, fica claro que os JCP consistem em um mecanismo de remuneração direto dos sócios da companhia.

Não existiriam maiores discussões e a sua natureza seria pouco debatida se não fosse a sua relevância quanto ao impacto fiscal em operações envolvendo beneficiários domiciliados no exterior.

O conceito de "dividendo" é único dentro do ordenamento jurídico e a tributação não deve jamais partir de elementos conclusivos para justificar a sua natureza. O mesmo deve ser observado ao analisarmos os JCP.

Por tais motivos que é comum que a doutrina classifique o Direito Tributário como um ramo de sobreposição, que empresta conceitos e elementos de outros ramos do Direito. A esse respeito, o Código Tributário Nacional (CTN) expressamente estabelece como as normas de natureza fiscal (inclusive aqueles que atribuem a tributação dos institutos e em operações internacionais) devem ser interpretadas no Capítulo IV do Livro Segundo, intitulado de "*Interpretação e Integração da Legislação Tributária*".

Essas regras de interpretação têm dois principais objetivos: promover a integração das normas fiscais aos demais ramos do Direito, dada a sua unicidade mencionada acima; e solucionar divergências, na ausência de disposição legal expressa.

Dentre as regras de interpretação previstas no CTN, convém registrar que o artigo 110 desse diploma estabelece que "*a lei tributária não pode alterar a definição, o conteúdo e o alcance de institutos, conceitos e formas de direito privado (...)*".

A constatação acima é fundamental para a delimitação da natureza de um instituto, pois reconhece que a interpretação de uma norma fiscal deve se utilizar dos conceitos estabelecidos de forma na legislação, não tendo não tendo o condão de alterar a sua essência.

Melhor explicando: o Direito Tributário não pode fechar se furtar aos conceitos, mandamentos e objetivos consagrados em outros diplomas, ainda que esses não possuam conteúdo tributário, nas palavras do ilustre professor José Eduardo Soares de Mello[19]:

> A interpretação também não pode estar adstrita apenas a certos diplomas jurídicos, devendo ser o mais abrangente possível, inclusive tomando como ponto de partida a Constituição Federal.

Para fins do presente estudo, isso significa que o Direito Tributário não pode alterar o conceito do que seria de dividendos

[19] MELLO, José Eduardo Soares de. **Interpretação e Integração da Legislação Tributária**, *in* Curso de Direito Tributário, Cood. Ives Gandra da Silva Martins, Editora Saraiva, 13ª Edição, 2011, p. 176.

ou JCP por uma simples diferenciação fiscal. Note que o fato de não poder alterar tais conceitos não significa que a legislação não pode dispender tratamento específico para cada figura.

A simples opção por uma política legislativa tributária distinta entre ambos não tem o condão de estipular que são institutos diametralmente opostos, embora também não signifique que sejam iguais.

Valendo-nos de uma das diversas técnicas hermenêuticas, curioso notar a origem semântica dos termos nas palavras de De Plácido e Silva[20]:

> *DIVIDENDO.* Derivado do latim dividendus (que deve ser dividido), de dividere (dividir, partir, distribuir), na terminologia do Direito Comercial, e, mesmo do Direito Civil, *é compreendido como a percentagem ou o rendimento que cabe aos sócios ou acionistas de uma sociedade, proporcional ao capital, que possuem, na mesma sociedade.*
>
> Representa, neste sentido, a parte de lucro que compete ao sócio, segundo o valor de sua cota ou cotas no capital da sociedade, o qual, denominado de lucro líquido, desde que esteja apurado de todos os rebates e abatimentos contratuais, estatutários ou legais, é distribuído na conformidade do que, nos contratos ou estatutos, está prescrito.
>
> [...]
>
> *JURO*- Derivado de jus, juris, originalmente era empregado na mesma acepção de direito.
>
> Aplicado notadamente no plural, juros quer exprimir propriamente os interesses ou lucros, que a pessoa tira da inversão de seus capitais ou dinheiros, ou que recebe do devedor, como paga ou compensação, pela demora no pagamento do que lhe é devido.
>
> Neste sentido, pois, possui significado equivalente a ganhos, usuras, interesses, lucros.

[20] De Plácido e Silva. **Vocabulário Jurídico**, 29 edição, editora Forense, 2009, pp. 494 e 807

Tecnicamente, dizem-se os frutos do capital, representado pelos proventos ou resultados, que ele rende ou produz.

Os juros provêm de convenção ou são determinados por lei. E, assim, se dizem convencionais ou legais.

Costumam dar como equivalentes juros e prêmios. Em verdade, seus sentidos se assemelham. Mas, tecnicamente, o prêmio tem sentido próprio, sendo, mesmo, empregado em acepção diversa da de juros, para exprimir uma bonificação ou uma taxa a respeito de certos contratos, que não se entendem de mútuo ou de empréstimo.

É o que ocorre em relação ao prêmio de seguro, que é devido pelo segurado à companhia seguradora, como taxa dos riscos, segurados por esta. Não traz, pois, sentido de interesse nem de fruto do capital empregado, que é o caráter de juros.

Juros, no sentido atual, são tecnicamente os frutos do capital, ou seja, os justos proventos ou recompensas que dele se tiram, consoante permissão e determinação própria da lei, sejam resultantes de uma convenção ou exigíveis por faculdade escrita em lei.

No entanto, embora prêmios, dividendos, interesses, compreendidos como lucros possam ser tomados como juros, em verdade bem se distinguem entre si. Prêmios são a contribuição ou a compensação pelo risco assumido ou a paga do risco. *Dividendo é o lucro devido ou que compete ao capital aplicado nas sociedades por ações. Interesse é a participação nos resultados ou lucros obtidos.*

Assim, juros se mostram particularmente os resultados obtidos com os empréstimos em dinheiro, conseqüentes notadamente de mútuos, fundados na percentagem que se estabelece na base anual ou de mês.

A rigor, portanto, juros significa a usura dos romanos. E por esta razão é que também era denominado de fenus, originado de fetus, de que adveio a terminologia de frutos.

Era então definida: "Usura est incrementum fenoris ab usu credit nuncupata"

> Ainda assim dividiam os romanos a usura em:
>
> a. *ususrae quae in obligatione consistunt*, para exprimir as que se fundam nos testamentos ou nas convenções, ou seja, as que se geram de uma condcitio certi, instituída numa doação ou legado, ou de uma stipulatio, de que resulta uma condictio ex stipulato.
>
> b. *usurae quae officio judicis praestantur*, nas quais, notadamente, se incluíram os juros legais ou as recompensas prometidas por um dos contratantes, ou devido às pessoas, em virtude de direito que lhes assiste.
>
> Na técnica do Direito, por vezes, os juros se integram no sentido do dano, não para ser tido em seu conceito, mas para ser parte dele. O dano se constitui, também, pelo prejuízo decorrente da falta de rendimento ou de frutos produzidos pelos bens ou pelos capitais.
>
> (Grifos nossos)

Ainda que a análise gramatical seja considerada a mais pobre dentre as técnicas hermenêuticas, é impossível, com base no que já analisamos, caracterizar o JCP como meros juros ou figura derivada deste.

Assim sendo, a simples adoção da nomenclatura "juros" não atribui, por si só, a condição de necessária para ser assim classificado, sendo a essência prevalente sobre a forma adotada.

Se temos que a noção comum e básica de juros é aquela em que estes são considerados a remuneração cobrada pela disponibilidade de um montante calculado pela aplicação de uma taxa pré ou pós fixada, jamais poderíamos classificar os JCP como juros, uma vez que: (i) apenas os sócios e acionistas poderiam beneficiar-se desta figura; (ii) os valores de JCP não são calculados com base no capital disponibilizado, mas sim por meio do lucro auferido; (iii) a TJLP não define o montante a ser pago, mas sim o valor passível de dedução; (iv) decorrem de deliberação dos sócios, concentrando assim o poder pela remuneração e o efetivo benefício; (v) poderá ser imputado ao valor dos dividendos obrigatórios de que trata o artigo 202 da Lei nº 6.404/76, conforme texto da Lei 9.249/95; (vi) para a constituição de uma dívida capaz de prover frutos (juros) há que se ter a contabilização desta obrigação no passivo da companhia, ao passo que o capital disponibilizado pelo sócio e que serve para a proporcionalizarão dos JCP devidos é registrado na conta de capital social, componente do patrimônio líquido; (vii) não compõe os valores para aplicação das regras de subcapitalização e preços de transferência; e por fim (vii) a possibilidade, mesmo com reflexos fiscais, do pagamento desproporcional dos JCP, conforme recentemente decidido pelo CARF[21].

Assim, seria impossível classificarmos os JCP como juros, não sendo concebível a vinculação entre ambos institutos, no mesmo sentido dos ensinamentos de Rubens Requião[22]:

> A instituição de tais juros incidentes sobre capital próprio soa estranho, se considerarmos as peculiaridades do direito societário e os conceitos, já clássicos, sobre a natureza jurídica do sócio e de seus aportes para a formação do capital social, e dos direitos derivados da participação na sociedade.
>
> Ora, sabemos que o acionista, ou mesmo o sócio da sociedade, tem situação peculiar, que não se confunde com a do titular de obrigações comuns, líquidas e certas ou não, como a do mutuante ou credor por indenização por ato ilícito, por exemplo. Seu estado de sócio, de acionista, lhe dá uma série de direitos e de obrigações, tais como o de participar dos lucros sociais, do acervo da companhia, em caso de liquidação, e de fiscalizar os negócios sociais, de

[21] No acórdão ainda não formalizado, mas do qual se tem notícia pela imprensa, o Itau Unibanco obteve uma decisão favorável em uma distribuição desproporcional para seus controladores.

[22] Requião, Rubens. **Curso de Direito Comercial,** 2º volume, 30ª ed. São Paulo: Saraiva, 2013, pp. 325/326.

> preferência na subscrição de ações e outros títulos emitidos pela sociedade anônima, e retirar-se da sociedade nos casos previstos.
>
> [...]
>
> O juros, por outro lado, em seu conceito classico, é havido como fruto civil e é um pagamento que se faz pela utilização de capital alheio, com ou sem concordância do titular deste. Os juros compensatórios são devidos como compensação pelo uso do capital de outrem; os juros moratórios são devidos pela mora, pelo atraso em devolver o capital ao titular.
>
> Assim, como explicar, juridicamente, o pagamento de juros pela sociedade, com base em bens ou valores dos quais ela é proprietária, sendo certo que a conferência de tais bens pelo acionista decorre de ato lícito, voluntário, translativo de propriedade, e que não está tisnado de qualquer ilicitude praticada pela companhia? juros, propriamente ditos, não são, como é perceptível. Será um encargo, autorizado pelo legislador, mas duplamente eventual, pois depende da existência de lucros e da disposição da empresa em pagá-los? E como podem ser imputados no valor do dividendo obrigatório, um espírito mais objetivo poderá equipará-los, simplesmente, aos próprios dividendos...

Devemos rememorar que a Lei das Sociedades Anônimas já estipula mecanismo próprio para financiamento por meio da remuneração de juros, quais sejam as debêntures, que aí sim podem servir hora como instrumento de dívida ou instrumento patrimonial, conforme analisado em algumas oportunidades pela Comissão de Valores Mobiliários.

Em sentido contrário é possível verificar o entendimento do prof. Fabio Ulhoa Coelho[23] e de parte relevante da jurispru-

[23] "Os juros sobre o capital, com certeza, são um tipo de remuneração dos acionistas, feita em razão do investimento que eles realizam na atividade empresarial explorada pela companhia pagadora; mas uma remuneração de natureza diferente da dos dividendos. Em outros termos, o acionista, ao subscrever ou

dência atual[24], para quem os juros sobre o capital remuneram o investidor pela indisponibilidade dos recursos por determinada função de tempo, caracterizando-se como juros típicos.

adquirir a ação, realiza na empresa explorada pela sociedade um investimento, e o faz, por evidente, visando a adequada remuneração aos recursos empregados. Tradicionalmente, essa remuneração foi defi nida como a participação nos lucros gerados pela exploração da atividade, mediante o recebimento dos dividendos correspondentes. Após a disseminação do pagamento dos juros sobre o capital, contudo, a remuneração dos sócios da sociedade anônima, em razão do investimento, deve ser classifi cada em duas espécies. Uma delas continua sendo a participação nos lucros da companhia, e a outra é o pagamento dos juros. No plano conceitual, cada espécie remunera o investimento por motivos próprios. Enquanto os juros remuneram o investidor pela indisponibilidade dos recursos, os dividendos remuneram-nos pelo particular sucesso do empreendimento social. O acionista, ao subscrever ações, emprega dinheiro diretamente na companhia, pagando-lhe o preço de emissão, nas condições do boletim de subscrição. Ao adquirir ações, por outro lado, emprega também dinheiro na companhia, mas de forma – por assim dizer – indireta, na medida em que, desembolsando o valor de negociação ao alienante da participação societária, assume a titularidade dos recursos sociais correspondentes. De um modo ou de outro, o dinheiro empregado no investimento fi ca temporariamente indisponível, no sentido de que o acionista não pode, enquanto for o titular da ação subscrita ou adquirida, fazer outro uso dele. A limitação dos juros sobre o capital à TJLP, estabelecida pelo legislador tributário (Lei n. 9.249/1995, art. 92, caput), estabelece uma equivalência genérica entre essa espécie de remuneração do acionista e a que ele, normalmente, encontraria no mercado, caso destinasse os mesmos recursos a investimento diverso. Os dividendos representam, por sua vez, a remuneração proporcionada ao investimento, pelo sucesso da empresa explorada pela companhia. Se a sociedade anônima, em determinado exercício, paga juros no limite legal da TJLP, e ainda delibera a distribuição de dividendos, os acionistas podem distinguir, com clareza, a parcela da remuneração de seu capital, que seria também obtida, em média, noutros investimentos oferecidos no mercado (juros), da parcela gerada de modo particular pela concreta alternativa de investimento por eles adotada (dividendos)." COELHO, Fábio Ulhoa. **Curso de direito comercial**, vol. 2: direito de empresa. 15ª. ed. São Paulo: Saraiva, 2011, p. 355

[24] Mandado de segurança. Juros sobre capital próprio distribuídos aos sócios/ acionistas. Incidência de PIS e COFINS. Natureza de dividendos. Impossibilidade.

Em que pese o posicionamento adotado pelo prof. Fábio e outros ilustres juristas nos parece que a melhor interpretação dos fatos analisados[25] aponta para a equiparação dos JCP aos dividendos, diferenciando-se pelo tratamento fiscal.

Isenção. Interpretação restritiva. Art. 111 do CTN. Omissão quanto a dispositivo constitucional. Impossibilidade de apreciação.
[...]
II – Discute-se, nos presentes autos, a incidência na base de cálculo do PIS e da COFINS dos juros sobre capital próprio (JCP), com base no Decreto n. 5.164/2004, o qual reduziu a zero a alíquota das referidas contribuições, excluindo as receitas decorrentes dos JCP e de operações de 'hedge'.
III – Os juros sobre capital próprio não possuem natureza de lucro ou dividendo, mas de receita fi nanceira.
IV – De acordo com a Lei n. 9.249/1995, apresentam-se os juros sobre capital próprio como uma faculdade à pessoa jurídica, que pode fazer valer de seu creditamento sem que ocorra o efetivo pagamento de maneira imediata, aproveitando-se da capitalização durante esse tempo. Além do mais, ao contrário dos dividendos, os JCP dizem respeito ao patrimônio líqüido da empresa, o que permite que sejam creditados de acordo com os lucros e reservas acumulados.
V – As normas instituidoras de isenção (art. 111 do CTN), por preverem exceções ao exercício de competência tributária, estão sujeitas à regra de hermenêutica que determina a interpretação restritiva, dada à sua natureza. Não prevista, expressamente, a hipótese de exclusão dos juros de capital próprio da base de cálculo do PIS e da COFINS, pelas Leis n. 10.637/2002 e 10.833/2003, incabível fazê-lo por analogia.
VI – Recurso especial improvido.
(REsp 921.269/RS, Rel. Ministro Francisco Falcão, Primeira Turma, DJ 14.6.2007)

[25] (i) Apenas os sócios poderiam beneficiar-se do JCP; (ii) os valores de JCP não são calculados com base no capital disponibilizado, mas sim por meio do lucro auferido; (iii) a TJLP não define o montante a ser pago, mas sim o valor passível de dedução; (iv) decorrem de deliberação dos sócios, concentrando assim o poder pela remuneração e o efetivo benefício; (v) poderá ser imputado ao valor dos dividendos obrigatórios de que trata o art. 202 da Lei nº 6.404/76, conforme texto da Lei 9.249/95; (vi) para a constituição de uma divida capaz de prover frutos (juros) há que se ter a contabilização desta obrigação no passivo da companhia, ao passo que o capital disponibilizado pelo sócio e que serve para a proporcionalizarão dos JCP devidos é registrado na conta de capital social,

Neste mesmo sentido, temos que a Comissão de Valores Mobiliários (CVM) por meio das Deliberações n. 207/96 e 683/12, esta última que aprovando a Interpretação Técnica ICPC 08(R1) do Comitê de Pronunciamentos Contábeis, dispõe que o tratamento contábil de ambos institutos deve ser análogo:

> Juros sobre o capital próprio (JCP)
>
> Os juros sobre o capital próprio – JCP são instituto criado pela legislação tributária, incorporado ao ordenamento societário brasileiro por força da Lei 9.249/95. É prática usual das sociedades distribuirem-nos aos seus acionistas e imputarem-nos ao dividendo obrigatório, nos termos da legislação vigente.
>
> ***Assim, o tratamento contábil dado aos JCP deve, por analogia, seguir o tratamento dado ao dividendo obrigatório.*** O valor de tributo retido na fonte que a companhia, por obrigação da legislação tributária, deva reter e recolher não pode ser considerado quando se imputam os JCP ao dividendo obrigatório.
>
> (Grifos nossos)

Neste mesmo sentido, temos que parte considerável da doutrina tributária, dentre os ilustres professores Alberto Xavier[26] e Heleno Taveira Torres[27], se posicionam favoravelmente à classificação dos JCP como modalidade de dividendos com tratamento tributário próprio.

componente do patrimônio liquido; (vii) não compõe os valores para aplicação das regras de subcapitalização e preços de transferência; e (viii) a possibilidade, mesmo com reflexos fiscais, do pagamento desproporcional dos JCP, conforme recentemente decidido pelo CARF.

26 XAVIER, Alberto. **Direito tributário internacional do Brasil**. 8. ed Rio de Janeiro: Forense, 2015. pp 572

27 TORRES, Heleno Taveira . Juros sobre capital próprio: autonomia privada nos investimentos societários e suas implicações em matéria tributária. In: Heleno Tavares Tôrres. (Org.). **Direito tributário internacional aplicado.** São Paulo: Quartier Latin, 2007, v. IV, p. 349-408.

Como uma terceira via, há quem conceitue o instituto em análise como uma figura híbrida, sendo que para fins societários possuiria caráter de dividendos e para fins tributários assumiria o conceito de juros e que, portanto, não deveria ser caracterizada como nenhum deles, mas sim como um gênero específico, conforme a análise do professor titular de Direito Tributário da Faculdade de Direito da Universidade de São Paulo Luís Eduardo Schoueri[28].

O hibridismo de que tratam diversos autores tem como ponto de partida que os requisitos necessários para aferição e pagamento dos JCP seriam iguais aos dos dividendos e que os aspectos fiscais seriam assemelhados aos dos juros. Contudo, em nossa opinião, o hibridismo ocorre quando uma determinada figura assume características em uma ou outra circunstância, conforme as debêntures que, em regra são instrumentos de dívida, porém, em dadas circunstâncias podem ser instrumentos patrimoniais com todos os ônus e bônus desta classificação, o que não é o caso dos juros sobre o capital próprio.

Os JCP sempre são considerados um instrumento de remuneração com elementos iguais aos dos dividendos, sendo unicamente diferenciado em razão das regras para a sua dedutibilidade, seria o mesmo que dizermos que os dividendos preferenciais caso possuíssem uma tributação distinta daqueles obrigatórios não seriam mais considerados dividendos, mas sim uma figura híbrida.

Tal como exposto por Alberto Xavier[29], os JCP são resultados da companhia, tal como os dividendos, submetidos a um

[28] SCHOUERI, Luís Eduardo. Juros sobre capital próprio: natureza jurídica e forma de apuração diante da 'Nova Contabilidade'. In: Roberto Quiroga Mosquera; Alexsandro Broedel Lopes. (Org.). **Controvérsias Jurídico-Contábeis (Aproximações e Distanciamentos)**. São Paulo: Dialética, 2012, v. 3, p. 169-193.

[29] "O regime fiscal estabelecido pelo artigo 9º da Lei 9.249/95 é, pois, um regime fiscal opcional para os lucros distribuíveis que se enquadram no duplo

regime fiscal diferenciado, inclusive pelo fato de que a destinação do lucro somente pode se dar por meio de distribuição de dividendos ou capitalização dos resultados.

Por todo exposto, entendemos que a classificação como juros ou instrumento híbrido não se amolda ao conceito de JCP, uma vez que o tratamento tributário específico não pode, por si só, alterar a natureza jurídica de um instituto que não só possui as mesmas características de outro, como também possui regramento próprio de um órgão regulador (ie.: CVM), estabelecendo inclusive que ambos institutos devem ser considerados análogos para fins societário. Em outras palavras, não cabe ao Direito Tributário estabelecer a equivalência entre JCP e juros, tendo o Direito Societário tratado da matéria.

2. Temas Atuais dos Juros sobre o Capital Próprio

Após uma análise detida da figura dos juros sobre capital próprio avaliaremos, de formas distintas, as três principais implicações do tema na atualidade, quais sejam: (i) a dedutibilidade de juros pagos extemporaneamente; (ii) a aplicação em operações que envolvam jurisdições com as quais o Brasil possua acordos para evitar a dupla tributação; e, por fim, (iii) a aplicação do Acordo 2 do BEPS.

limite atrás referido. Se os lucros efetivamente distribuídos ou capitalizados não excederem o duplo limite atrás referido, a sua totalidade pode beneficiar-se da dedução fiscal, muito embora o contribuinte possa optar por submeter apenas parte ao regime de dedutibilidade, ficando a outra parte ao regime comum. Se os lucros efetivamente distribuídos ou capitalizados excederam o duplo limite, só poderão beneficiar da dedução fiscal até o referido limite, ficando no remanescente sujeitos ao regime tributário normal." XAVIER, Alberto. **Direito tributário internacional do Brasil**. 8. ed. Rio de Janeiro: Forense, 2015. p. 572.

2.1. Dedutibilidade de Juros sobre o Capital Próprio Pagos Extemporaneamente

Primeiramente, antes de analisarmos a questão dos JCP pagos extemporaneamente, há que se pontuar que a legislação contábil brasileira consagra o princípio da competência[30] e que, na esfera fiscal, tal princípio é utilizado como parâmetro ao cálculo do IRPJ, CSLL e reflexos[31].

Assim, temos que a legislação contábil brasileira consagra o princípio da competência[32]. Em algumas poucas circunstâncias[33], dita legislação atribui competência à CVM para regular o tratamento contábil de determinadas operações, bem como estabelece que as companhias abertas deveriam respeitar as normas expedidas por esse órgão, opção que pode ser adotada pelas companhias fechadas a seu critério.

Em todos os casos, as normas expedidas pela CVM deveriam observar os padrões internacionais de contabilidade adotados nos principais mercados de valores mobiliários[34].

No âmbito contábil internacional, foi editado o *International Accounting Standards 1* (IAS 1)[35], adotado no Brasil por meio do Pronunciamento Técnico 26 do Comitê de Pronunciamentos Contábeis (CPC 26)[36], aprovado em 02 de dezembro de 2011.

[30] Artigo 177 da Lei nº 6.404/1976.

[31] Artigo 6º, § 5º e 7º do Decreto-Lei nº 1.598/1977, regulamento pelos artigos 251 e 273 do RIR/99.

[32] Artigo 177 da Lei nº 6.404/1976.

[33] Vide artigo 184-A da Lei nº 6.404/1976, incluído pela Lei nº 11.941/2009, que atribuiu à CVM disciplinar metodologias de avaliação e contabilização aplicáveis a operações envolvendo a aquisição de controle, de participações societárias ou de negócios.

[34] A Lei nº 11.638/2007 trouxe essa prescrição mediante a inclusão do parágrafo 5º ao artigo 177 da Lei nº 6.404/1996.

[35] *International Accounting Standards.*

[36] A atual redação do CPC 26 foi aprovada pela CVM por meio da Deliberação CVM nº 676/2011.

Esse pronunciamento é expresso ao afirmar que as demonstrações contábeis devem ser elaboradas utilizando-se do regime de competência, no respectivo item 27.

Já no item 28 é estabelecido que o reconhecimento de lançamentos por meio do regime de competência deve seguir a metodologia prevista na Estrutura Conceitual para Elaboração e Divulgação de Relatório Contábil-Financeiro (0), encontrada no Pronunciamento 00 (CPC 00)[37], também aprovado no dia 02 de dezembro de 2011. Este diploma, em seu item 4.38, estabelece que:

> Um item que se enquadre na definição de um elemento deve ser reconhecido se:
>
> (a) for provável que algum benefício econômico futuro associado ao item flua para a entidade ou flua da entidade; e
>
> (b) o item tiver custo ou valor que possa ser mensurado com confiabilidade", assim entendida como a informação "completa, neutra e livre de erro.

Em resumo, o princípio da competência exige que a contabilização ocorra quando da certeza da existência de um reflexo econômico, e não quando da respectiva satisfação econômica/ financeira. Numa operação comercial, por exemplo, a contabilização deve ser promovida no nascimento da obrigação, e não quando da satisfação do direito subjetivo de crédito dela decorrente.

Conforme já abordado em obra escrita em conjunto com Thiago Medaglia[38], outra característica decorrente do princí-

[37] A atual redação do CPC 00 foi aprovada pela CVM por meio da Deliberação CVM nº 675/2011.

[38] MEDAGLIA, Thiago Rufalco; VISINI, Eric Simões. Estruturação de operações imobiliárias via Fundos de Investimento Imobiliários: análise das perspectivas contábil e tributária. Análise da temática envolvendo regime de caixa versus

pio da competência, que encontra base legal no artigo 187 da Lei das Sociedades Anônimas, é materializada no que se convencionou chamar de princípio da correlação entre receitas e o respectivo custo de produção. De acordo com esse princípio, a contabilização do custo de um bem ou serviço deve manter sincronia com a receita decorrente da respectiva comercialização.

Significa dizer que o elemento definidor se determinado "gasto" deve ser levado ao resultado não é encontrado no nascimento de uma obrigação ou numa saída de caixa, mas sim quando a receita decorrente da comercialização de um bem ou na prestação de determinado serviço, para qual aquele custo foi incorrido. Essa característica faz com que a definição do que é custo ser um dos temas mais complexos enfrentados pela doutrina contábil[39].

Muitas são as formas de apuração do custo, e ainda mais plurais são as metodologias de custeamento e avaliação de estoque. Dita complexidade foi potencializada quando da alteração legislativa trazida pelas Leis nº 11.638, de 28 de dezembro de 2007 e 11.941, de 27 de maio de 2009, que passou a exigir que estoques e outros ativos e/ou passivos fossem controlados a valor presente.

Portanto, para fins tributários, estabelece o artigo 273 do RIR/99, a infração ao regime de competência somente ensejará a constituição do crédito tributário via auto de infração se ocorrer: (i) a postergação do pagamento do imposto para período de apuração posterior ao em que seria devido; ou (ii) a redução indevida do lucro real em qualquer período de apuração.

regime de competência e Ofício-Circular CVM/SIN/SNC nº 1 de 2014. In: **Operações Imobiliárias: Estrutura e tributação.** Editora Saraiva: São Paulo. 2013. pp 661 a 685.

[39] IUDICIBUS, Sérgio de; MARTINS, Eliseu; GELBCKE, Ernesto Rubens; SANTOS, Ariovaldo dos. **Manual de Contabilidade Societária da Fundação Instituto de Pesquisas Contábeis Atuariais e Financeiras – FIPECAFI, FEA/USP**, Editora Atlas, São Paulo, 2010, p. 77.

Em outras palavras, as despesas, para que sejam dedutíveis, devem ser registradas no período base competente, conforme leciona o jurista Ricardo Mariz de Oliveira[40]:

> [...] elas devem ser deduzidas no lucro real no período-base competente, isto é, naquele em que jurídica ou economicamente elas se tornem devidas ou em que possam ser excluídas do lucro líquido para a determinação do lucro real segundo a lei tributária, quando esta permita ou determine a sua dedução em período diverso do contábil.
>
> [...]
>
> Não sendo custos que se debitam ao resultado com as receitas das vendas dos bens que representam, as despesas devem ser debitadas quando incorridas.
>
> Pela mesma razão, não é lícito à pessoa jurídica deixar despesas em ativo diferido, circulante ou realizável, para debitá-las aos resultados de períodos base futuros, sem que haja uma justificativa legal para tanto.

Neste sentido, um dos principais temas de discussão no CARF[41] é o período base de competência para a distribuição dos juros sobre capital próprio. E é justamente este pressuposto contábil (i.e.: competência) que é utilizado pelas autoridades para impossibilitar a dedutibilidade dos JCP em período distinto daquele em que foi apurado[42].

[40] OLIVEIRA, Ricardo Mariz. **Fundamentos do Imposto de Renda**. Ed. Quartier Latin. 2009. pp. 719 e 720.

[41] Acórdãos: 101-96.751; 107-08.941; 1101-01.186; 103-23.561; 1401-000.734; 1402-001.178; 1301-001.253; 1101-000.912; 1801-001.128; 1202-001.063; 108-07641; e 1401-000.901

[42] Solução de Consulta Cosit nº 329, de 27 de novembro de 2014, dotada de efeito vinculante no âmbito da RFB, na forma dos arts. 8º e 9º da aludida IN nº 1.396, de 2013, que esclarece

"27. Na distribuição de dividendos, o respectivo valor integra o saldo de contas do patrimônio líquido, de modo que a pessoa jurídica entrega aos destinatários uma parcela já registrada e incorporada ao grupo patrimonial, em nada afetando o resultado do exercício. Vale dizer que os lucros existentes no patrimônio líquido, em determinado exercício, podem ser distribuídos em períodos posteriores – a depender de deliberação e de recursos financeiros.
28. Por outro lado, o pagamento de valores com a natureza de despesa, como é o caso dos JCP, implica conseqüência diversa ao patrimônio da pessoa jurídica e, com efeito, tratamento contábil diferente.
29. Nessa situação, como visto, o correspondente valor pago ou creditado ao beneficiário representa despesa incorrida e, como tal, transita pelo resultado do exercício a que competir. Seu efeito imediato é a redução do resultado do exercício, e não a baixa direta de conta do patrimônio líquido.
30. Como despesa, sua existência contábil resume-se ao exercício social competente. É dizer: um valor estranho a qualquer área patrimonial em período posterior, de forma que os JCP somente podem ser levados ao resultado do exercício a que competir. 31. Significa que se a sociedade deixa de reconhecer como devidos os JCP no ano-calendário a que correspondem, terá considerado como inexistente a despesa para fins de apuração do lucro real, o que implica a impossibilidade de deduzi-la em períodos seguintes, estranhos que são ao da sua competência.
32. Cuida-se, pois, de dedutibilidade sujeita a um ato de manifestação de vontade a produzir-se no tempo oportuno, em respeito ao princípio da competência que rege a contabilização de despesas. Incumbe à pessoa jurídica decidir, em relação a cada período de apuração, se deve ou não reconhecer como incorrida a correspondente despesa de JCP.
[...]
35. Cabe ainda acrescentar que a indedutibilidade do pagamento dos juros sobre o capital próprio, em face da inobservância do regime de competência, decorre das próprias disposições do art. 9º e seu § 1º da Lei nº 9.249 de 1995. Mesmo que tais dispositivos não contenham vedação expressa ao registro do pagamento de juros relativos a períodos anteriores, sua interpretação deve guardar harmonia com a adoção do regime de competência para fins de reconhecimento de receitas e despesas.
[...]
37. Pelo exposto, conclui-se, em termos questionados pela consulente, que é vedado deduzir como despesa, na apuração do lucro real referente ao ano-calendário de 2013, juros sobre o capital próprio calculados sobre as contas do patrimônios líquido da sociedade do ano-calendário de 2008. Dito de forma

A celeuma existente parte de uma série de premissas equivocadas tanto dos contribuintes, que por inúmeras vezes procuram ampliar o contexto de dedutibilidade, quanto das autoridades fazendárias que, em sentido contrário, buscam reduzir ilegalmente a possibilidade de dedução.

Assim, parte dos contribuintes entende que a dedutibilidade não encontra limitações temporais legais, de tal sorte que a simples existência de lucros passíveis de distribuição ensejariam o direito à dedutibilidade, desde que excluídos no Livro de Apuração do Lucro Real (LALUR) e contabilizados no período subsequente, já que inexistiria prejuízo ao fisco a postergação da dedução de uma despesa.

Por outro lado, a fiscalização compreende que a simples ausência de distribuição/pagamento dos juros por meio de lucros auferidos em um dado exercício consistiria na automática renúncia de pagamento de JCP, conforme se depreende do acórdão 1101-001.186, da 1ª Câmara; 1ª Turma Ordinária da 1ª Seção:

> JUROS SOBRE O CAPITAL PRÓPRIO. PERÍODOS ANTERIORES. REGIME DE COMPETÊNCIA. A dedução de juros a título de remuneração do capital próprio está limitada, dentre outros aspectos, à variação da Taxa de Juros de Longo Prazo – TJLP verificada no período ao qual se referem os lucros destinados. *Ao deixar de segregar o resultado comum de sua atividade daquele atribuível à utilização do capital dos sócios, a sociedade designa integralmente o lucro apurado como remuneração deste capital, e somente pode destiná-los aos sócios mediante distribuição de dividendos. Inadmissível, portanto, a dedução posterior de juros sobre capital próprio tendo por referência a variação da TJLP em períodos passados.*

mais abrange, é vedado deduzir como despesas, na apuração do lucro real de um exercício, juros sobre o capital próprio calculados sobre as contas do patrimônio líquido da sociedade relativamente a períodos anteriores."

> MULTA ISOLADA. FALTA DE RECOLHIMENTO DE ESTIMATIVAS. O não-recolhimento de estimativas sujeita a pessoa jurídica à multa de ofício isolada, ainda que encerrado o ano-calendário.
>
> CUMULAÇÃO COM MULTA DE OFÍCIO. COMPATIBILIDADE. Ao menos a partir da vigência da Medida Provisória nº 351/2007, é compatível com a multa isolada a exigência da multa de ofício relativa ao tributo apurado ao final do ano-calendário, por caracterizarem penalidades distintas.
>
> (Grifos nossos)

Ocorre que a própria natureza dos JCP e a legislação comercial determinam a possibilidade de distribuição em anos subsequentes. Conforme analisado no item 1.3 do presente trabalho, os JCP possuem natureza de dividendos e como tanto podem ser acumulados, nos termos do artigo 201 da Lei das Sociedades Anônimas[43] e serem oportunamente distribuídos em exercícios subsequentes.

Por outro lado, a afirmação de parte dos contribuintes também não merece prosperar uma vez que o artigo 132 da mesma lei estabelece que:

> Art. 132. Anualmente, nos 4 (quatro) primeiros meses seguintes ao término do exercício social, deverá haver 1 (uma) assembléia-geral para:

[43] Art. 201. A companhia somente pode pagar dividendos à conta de lucro líquido do exercício, de lucros acumulados e de reserva de lucros; e à conta de reserva de capital, no caso das ações preferenciais de que trata o § 5º do artigo 17.
§ 1º A distribuição de dividendos com inobservância do disposto neste artigo implica responsabilidade solidária dos administradores e fiscais, que deverão repor à caixa social a importância distribuída, sem prejuízo da ação penal que no caso couber.
§ 2º Os acionistas não são obrigados a restituir os dividendos que em boa-fé tenham recebido. Presume-se a má-fé quando os dividendos forem distribuídos sem o levantamento do balanço ou em desacordo com os resultados deste.

> I – tomar as contas dos administradores, examinar, discutir e votar as demonstrações financeiras;
>
> *II – deliberar sobre a destinação do lucro líquido do exercício e a distribuição de dividendos;*
>
> III – eleger os administradores e os membros do conselho fiscal, quando for o caso;
>
> IV – aprovar a correção da expressão monetária do capital social (artigo 167).
>
> (Grifos nossos)

O período base para adimplemento do regime de competência no pagamento de juros sobre capital é aquele em que ocorre a deliberação, independentemente se o pagamento for referente a resultados obtidos em exercícios anteriores, até mesmo pela ausência de antecipação de despesas ou postergação de receitas, nos termos do artigo 273 do RIR/99, conforme acórdão do Conselho de Contribuintes[44]:

> NULIDADE – ENQUADRAMENTO LEGAL – Deve ser rejeitado o pedido de nulidade do auto de infração fundado na deficiência de enquadramento legal, quando os elementos contidos em termo, expressamente referido como parte integrante e indissociável da peça acusatória, e utilizado pela própria Impugnante em sua defesa, supre suficientemente falha porventura ocorrida. Se não há prejuízo para a defesa e o ato cumpriu sua finalidade, o enquadramento legal da exigência, ainda que incompleto, não enseja a decretação de sua nulidade. O cerceamento do direito de defesa deve se verificar concretamente, e não apenas em tese. O exame da impugnação evidencia a correta percepção do conteúdo e da motivação do lançamento.

[44] Acórdão 108-07.651, data da sessão 02 de dezembro de 2003; Relator Karem Juriendi.

> *INEXATIDÃO QUANTO AO PERÍODO DE APURAÇÃO E ESCRITURAÇÃO DE DESPESA – Só enseja lançamento pelo Fisco se verificada, como conseqüência, a postergação do pagamento do imposto ou a redução indevida da base de cálculo.*
>
> *[...]*
>
> *No que tange ao mérito, a controvérsia se instala na possibilidade de dedução na apuração do Lucro Real de valores pagos a título de juros sobre capital próprio referentes a períodos de competência anteriores.*
>
> Sobre este aspecto, alega a Recorrente que o artigo 9º da Lei nº 9249/1995 possibilitou às empresas deduzirem da apuração do Lucro Real valores creditados a título de juros sobre capital próprio referentes a períodos anteriores, observado o limite previsto no § 1º do aludido dispositivo legal. Neste tocante, alega que a suposta vedação a esta faculdade somente se encontra disposta no artigo 29 da Instrução Normativa da Secretaria da Receita Federal nº 11/1996.
>
> *Neste ponto especifico, parece estar com a razão a Recorrente.*
>
> (Grifos nossos)

Neste sentido mesmo sentido, importantes são as lições do professor Edmar Oliveira Andrade Filho[45]:

> A partir dos dispositivos legais e regulamentares transcritos ou referidos, é possível inferir que a dedutibilidade de despesa relativa a juros sobre o capital próprio está subordinada a critérios quantitativos objetivos. A existência desses critérios, em princípio, não impede que uma empresa remunere, da forma como melhor lhe aprouver, o capital de seus sócios ou acionistas.
>
> De fato, a remuneração do capital dos sócios ou acionistas é uma faculdade que depende apenas da decisão formal deles pró-

[45] ANDRADE FILHO, Edmar Oliveira. **Imposto de Renda das Empresas**. São Paulo: Atlas, 2006. pp. 240-242.

prios por intermédio de deliberação tomada em Assembléia de Acionistas ou Reunião de Quotistas, ou em virtude de cláusula estatutária ou contratual existente. Essa faculdade é garantida por um feixe de normas jurídicas que constituem a esfera particular de ação das pessoas. Nessa esfera as ações são governadas pelos princípios da livre iniciativa e da autonomia da vontade que são delimitados e orientados pelo ordenamento jurídico. Portanto, em princípio, uma sociedade pode – no presente – deliberar a respeito dos pagamento de juros sobre o capital para períodos passados, ou seja, pode adotar como marco inicial para a contagem dos juros o momento em que a empresa passou a utilizá-lo ou outro momento qualquer.

Há que se ter presente, todavia, que uma coisa é a possibilidade jurídica do pagamento dos juros e outra, completamente diferente, é o tratamento fiscal que deverá ser dispensado a tais juros. De fato, como visto, a dedutibilidade dos juros sobre o capital está sujeita à observância de limites quantitativos objetivos. Assim, há um primeiro limite que diz respeito à taxa de juros aceita como dedutível e um outro que diz respeito ao montante máximo do encargo que pode ser deduzido, e além desses critérios existem dúvidas se tais encargos têm a sua dedutibilidade subordinada ou não ao regime de competência.

O art. 29 da Instrução Normativa nº. 11/96 determina que a dedutibilidade dos juros sobre o capital será aferida de acordo com o regime de competência, o que está correto; o problema é saber quando surge a despesa e quando o atendimento ao regime de competência é exigível. Em outras palavras, há dúvida do momento em que a despesa se torna incorrida, ou seja, quando houve a formação da relação jurídica incondicional pela qual a pessoa jurídica torna-se devedora dos juros.

[...]

Tanto a Lei nº. 9.249/95, quanto a Lei nº. 9.430/96, não revogaram ou modificaram a regra geral do art. 6º do Decreto lei nº.

1.598/77. Embora posteriores ao Decreto-lei nº. 1 598/77, as referidas leis não revogaram expressamente ou tacitamente aquele diploma normativo.

[...]

O que determina a exigibilidade do pagamento ou do crédito é a existência de uma deliberação nesse sentido e que não imponha condição suspensiva para o aperfeiçoamento do direito e da correspondente obrigação. Antes da formalização do ato jurídico que determine o pagamento dos juros, os titulares do capital não têm nem mesmo um direito expectativo, a exemplo do que ocorre com os lucros e dividendos. Ora, se os dividendos, que estão previstos em norma de ordem pública, não existem como crédito antes de deliberação societária, o que se dirá dos juros sobre o capital que não ostentam essa mesma natureza jurídica? O pagamento ou crédito de juros sobre o capital é uma faculdade e, como tal, pode ou não ser exercida pelos próprios sócios, razão pela qual os juros não decorrem de um direito subjetivo inerente à condição de sócio ou acionista.

Portanto, o período da competência do encargo relativo aos juros sobre o capital é aquele em que ocorre a deliberação de seu pagamento ou crédito de forma incondicional. Sem essa deliberação a sociedade não se obriga (não assume a obrigação) e o sócio ou acionista nada pode exigir por absoluta falta de título jurídico que legitime a sua pretensão. Do ponto de vista fiscal, é no momento (período) em que o valor dos juros é imputado ao resultado do exercício que o sujeito passivo deverá observar os critérios e limites existentes segundo o direito aplicável. Portanto, é fora de dúvida que enquanto não houver o ato jurídico que determine a obrigação de pagar os juros não existe a despesa ou encargo respectivo e não há que se cogitar de dedutibilidade de algo ainda inexistente.

(Grifos nossos)

Como tal, a dedutibilidade está vinculada ao pagamento e/ou crédito dos juros. No mesmo sentido, não merece prosperar a afirmação de que deve ser considerada para limite de dedutibilidade a taxa menos "lesiva" ao erário, mas sim dever-se-ia adotar a taxa do período em que correu a deliberação, uma vez que, até aquele momento, não haveria que se falar em JCP, mas sim em lucros mantidos em reservas ou auferidos naquele determinado exercício. Em detrimento das decisões administrativas, é esta tese que vem prosperando nos tribunais do país, tal a Apelação Cível nº 0022341-72.2016.4.03.6100/SP, de 10 de maio de 2018, que assim decidiu:

> TRIBUTÁRIO. IRPJ E CSL. BASE DE CÁLCULO. JUROS SOBRE O CAPITAL PRÓPRIO PAGOS ACUMULADAMENTE, RELATIVOS A PERÍODOS ANTERIORES. DEDUÇÃO. POSSIBILIDADE.
>
> 1 – A Lei nº Lei nº 9.249/95 dispõe que a pessoa jurídica pode deduzir das bases de cálculo do IRPJ e da CSL os valores que tenham sido pagos ou creditados a seus sócios ou acionistas a título de juros sobre o capital próprio, condicionando o efetivo pagamento ou creditamento à existência de lucros, computados antes da dedução dos juros, ou de lucros acumulados e reservas de lucros, em montante igual ou superior ao dobro do valor dos juros a serem pagos ou creditados.
>
> 2 – A legislação de regência assegura à pessoa jurídica deliberar sobre o pagamento ou creditamento dos juros sobre o capital próprio, não lhe impondo qualquer restrição temporal ou a obrigação de que essa remuneração do capital seja efetuada no exercício em que apurados os lucros.
>
> 3 – Embora a IN/RFB nº 1.515/14 limite a dedução dos juros sobre o capital próprio ao ano-calendário a que os lucros se refiram, tal limitação, por não constar da Lei nº 9.249/95, deve ser desconsiderada, mormente porque é o regulamento que deve obediência à lei e não o contrário.

4 – Legítima a pretensão do contribuinte no sentido de deduzir das bases de cálculo do IRPJ e da CSL os juros sobre o capital próprio creditados em 2016, ainda que relativos a contas do patrimônio líquido de 2011.

5 – Apelação provida.

O assunto também já encontra posicionamento nos tribunais superiores de forma favorável ao contribuinte e na mesma linha daquela defendida por nós[46]. Ficando latente a ilegalidade da glosa pretendida pelas autoridades administrativas.

2.2. Planejamentos Tributários Internacionais

Outro tema não menos relevante e atual diz respeito à utilização e otimização dos JCP em planejamentos que envolvam uma ou mais jurisdições e qual a sua caracterização para estes fins.

[46] MANDADO DE SEGURANÇA. DEDUÇÃO. JUROS SOBRE CAPITAL PRÓPRIO DISTRIBUÍDOS AOS SÓCIOS/ACIONISTAS. BASE DE CÁLCULO DO IRPJ E DA CSLL. EXERCÍCIOSANTERIORES. POSSIBILIDADE.
I – Discute-se, nos presentes autos, o direito ao reconhecimento da dedução dos juros sobre capital próprio transferidos a seus acionistas, quando da apuração da base de cálculo do IRPJ e da CSLL no ano-calendário de 2002, relativo aos anos-calendários de 1997 a 2000, sem que seja observado o regime de competência.
II – A legislação não impõe que a dedução dos juros sobre capital próprio deva ser feita no mesmo exercício-financeiro em que realizado o lucro da empresa. Ao contrário, permite que ela ocorra em ano-calendário futuro, quando efetivamente ocorrer a realização do pagamento.
III – Tal conduta se dá em consonância com o regime de caixa, em que haverá permissão da efetivação dos dividendos quando esses foram de fato despendidos, não importando a época em que ocorrer, mesmo que seja em exercício distinto ao da apuração.
IV – "O entendimento preconizado pelo Fisco obrigaria as empresas a promover o creditamento dos juros a seus acionistas no mesmo exercício em que apurado o lucro, impondo ao contribuinte, de forma oblíquoa, a época em que se deveria dar o exercício da prerrogativa concedida pela Lei 6.404/1976".
V – Recurso especial improvido.
(REsp nº 1.086.752, Rel, Min. Francisco Falcão, Primeira Turma, DJe 11/03/09)

Preliminarmente, há que se distinguir países em com os quais o Brasil possua acordo para evitar a dupla tributação.

Para as jurisdições com as quais o Brasil não possua acordo, há que se ter em mente que, além da dedutibilidade local já mencionada exaustivamente, será devido o IRRF à alíquota de 15% (quinze por cento) e que estes deveriam seguir o tratamento de dividendos nos termos das leis do local de destino e, se não existir disposição em contrário na legislação da jurisdição, seria inconcebível a sua caracterização como juros, por todo exposto no item 1.3 deste trabalho.

Já nos casos que envolvam países com os quais o Brasil possua acordo, há que se fazer uma análise minuciosa dos tratados e das orientações dos organismos internacionais existentes.

A natureza jurídica das convenções internacionais para evitar a dupla-tributação é objeto de inúmeras discussões doutrinárias, não sendo esta a ocasião para enfrentá-las em virtude de sua pouca finalidade prática.

De toda forma, certo é que tais convenções nascem da percepção internacional de que a globalização e o aumento do comércio internacional resultaram no fim das fronteiras nacionais e do nascimento de grupos econômicos transnacionais. Como tal, as diferentes legislações aplicáveis para as sociedades e grupos com atuação em mais de um país podem resultar numa indevida e/ou artificial redução da carga tributária, bem como na super taxação de uma atividade.

As referidas convenções, nesse contexto, materializam-se como um dos mecanismos existentes à "racionalização" da carga tributária internacional, sendo que dois ou mais países comprometem-se, por meio dos aludidos acordos, a respeitar os termos convencionados e evitarem a dupla-tributação de uma mesma atividade.

O direito brasileiro é claro ao aceitar a celebração de tratados internacionais, sendo que o CTN estabelece que as prescrições neles contidas se sobreporão aos mandamentos da legislação infra-constitucional, nos exatos termos do artigo 98, abaixo transcrito para pronta referência:

> Art. 98. Os tratados e as convenções internacionais revogam ou modificam a legislação tributária interna, e serão observados pela que lhes sobrevenha.

As convenções para evitar a dupla-tributação têm por objetivo primordial evitar que uma mesma atividade seja tributada em duas jurisdições diferentes, resultando numa indevida sobre-taxação de uma única manifestação de riqueza, ou a ausência total de tributação. Como tal, as referidas convenções internacionais, dentre outras prescrições, estabelecem: (i) limites à tributação pelos signatários; e (ii) mecanismos para evitar e/ou anular o efeito da dupla-tributação.

A prática internacional demonstra que os países, na discussão quanto ao texto das Convenções, adotam modelos previamente estabelecidos. O modelo mais utilizado e mais adotado pelo Brasil é aquele sugerido pela Organização para Cooperação e Desenvolvimento dos Estados (OCDE), embora o Brasil não seja membro desta organização. Importante citar ainda o modelo representa mera sugestão, estando os Estados contratantes livres para alterar a redação, incluindo novos dispositivos, modificando ou suprimindo os existentes.

Tal modelo, em linhas gerais, lista uma série de rendimentos (e.g. *royalties*, dividendos, juros), determinando qual o país tem competência para tributá-los. Determina ainda que, para alguns rendimentos, é possível a simultânea tributação na fonte e no país do beneficiário.

Nestes casos, o tratado prescreve mecanismos para que o valor retido na fonte seja recuperado pelo destinatário do rendimento, evitando-se uma dupla taxação. Tal recomposição do valor retido na fonte é usualmente realizada mediante o reconhecimento do valor retido como crédito, que poderá ser utilizado para futuro abatimento do imposto devido pelo beneficiário em seu país de residência, ou mediante a isenção de rendimentos por um dos estados contratantes.

Adicionalmente, importante citar que alguns tratados, com o intuito de estimular o comércio entre os signatários, estabelecem "incentivos" fiscais que resultam numa redução da carga tributária global, conhecidas como cláusulas de "*matching credit*" e "*tax sparing*".

Assim a grande dúvida acerca do tratamento fica circunscrita a qual o artigo em que os JCP devem ser classificados, artigo 10 da Convenção Modelo da OCDE (dividendos) ou artigo 11 da Convenção Modelo da OCDE (juros)?

Isto representa uma significativa diferença para fins fiscais, pois, os dividendos e os juros, não incomumente recebem tratamentos distintos nas convenções, possuindo alíquotas limites distintas para cada figura (e.g.: a convenção com Canadá atribui uma alíquota máxima de 10% (dez por cento) para dividendos nos Estados que distribuem os lucros, enquanto os juros possuem uma alíquota máxima de 15%(quinze por cento)) e o método para eliminar as distorções e possibilitar a recuperação (ie.: isenção ou crédito) também poderá ser distinto.

Lembrando que as convenções assinadas se sobrepõem à legislação interna, assim caso o tratado disponha que a tributação máxima seja inferior aos 15% (quinze por cento) previstos na Lei nº 9.249/95, aplicar-se-á o disposto no tratado.

Em que pese a nossa conclusão como dividendos, diversos acordos possuem expressamente cláusula de equiparação dos JCP aos juros tradicionais, hipóteses em que a qualificação não poderia ser objeto de modificação ou receber o tratamento de dividendos e o tratamento dispendido deve ser aquele previsto no artigo 11 do tratado, sendo notória sua presença nos acordos com: África do Sul[47]; Chile[48]; Israel[49]; México[50]; Peru[51]; Portugal[52]; Rússia[53]; Trinidad e Tobago[54]; Turquia[55]; Ucrânia[56] e Venezuela[57].

Importante notar que as convenções mencionadas são as mais recentes celebradas pelo governo brasileiro, denotando uma tendência nesta classificação.

De modo diverso, temos que os outros 22 tratados ativos[58] e que não possuem equiparação, merecem atenção especial. Isto porque na ausência de dispositivo expresso, é necessário observar a legislação interna, que conduz à figura dos dividendos, conforme já explicitado.

Em que pese o acima exposto, também se faz importante avaliarmos minuciosamente os artigos dos tratados que tratam dos dividendos e dos juros, pois, em regra, os parágrafos estabelecem o que deve ser compreendido por cada instituto.

Assim, temos que os tratados estabelecem os dividendos como forma de rendimento proveniente de ações e direitos de participação nos lucros, com exceção de créditos, bem como proventos assemelhados aos rendimentos de ações pela legislação tributária do Estado Contratante.

[47] Item 2 do Protocolo (Decreto nº 5.922, de 03 de outubro de 2003.).
[48] Item 4 do Protocolo (Decreto nº 4.852, de 02 de outubro de 2003).
[49] Item 1 do Protocolo (Decreto nº 5.576, de 08 de novembro de 2005).
[50] Item 4 do Protocolo (Decreto nº 6.000, de 26 de dezembro de 2006).
[51] Item 3 do Protocolo (Decreto nº 7.020, de 27 de novembro de 2009).
[52] Item 4 do Protocolo (Decreto nº 4.012, de 13 de novembro de 2001).
[53] Item 2 do Protocolo (Decreto nº 9.115, de 31 de julho de 2017).
[54] Artigo 4 do Acordo (Decreto nº 8.335, de 12 de novembro de 2014).
[55] Item 2 do Protocolo (Decreto nº 8.140, de 14 de novembro de 2013).
[56] Item 1 do Protocolo (Decreto nº 5.799, de 07 de julho de 2006).
[57] Item 2 do Protocolo (Decreto nº 8.336, de 12 de novembro de 2014).
[58] Alguns tratados como com Paraguai, Suíça e Singapura já foram assinados pelos representantes do governo brasileiro, mas ainda carecem de ratificação pelo Congresso Nacional.

Já os juros são compreendidos como os rendimentos de créditos de qualquer natureza, bem como os rendimentos que pela legislação tributária do Estado de que provenham sejam assemelhados aos rendimentos de importâncias emprestadas e que o termo "juros" não abrange os rendimentos tratados no artigo dos dividendos, tais como os rendimentos de créditos que correspondam a uma participação nos lucros do devedor.

Em outras palavras, não há que se falar em hibridismo nos acordos, mas sim da clareza de que, se considerarmos os juros sobre capital próprio como instrumento de remuneração da participação nos lucros, que de fato são, devemos classificá-los como dividendos e adotar os limites e métodos de eliminação de dupla tributação próprios desta figura.

Em sentido contrário e ao arrepio do previsto nos acordos internacionais, a Receita Federal consolidou, via Solução de Divergência COSIT nº 16/01[59], o entendimento de que qualificação interna dos JCP para fins das convenções deveria ser igual aos juros (despesa/receita financeira), o que denota clara ilegalidade da Consulta.

Assim temos três possíveis cenários, sendo o primeiro aquele da ausência de acordo para evitar a dupla taxação, que representa a maior parte dos casos, onde o tratamento deve ser aquele adotado pelo Direito interno de cada localidade, sendo que no Brasil os pagamentos seriam dedutíveis da base de cálculo reais do IRPJ e da CSLL, observados os limites, e tributados na fonte à uma alíquota de 15% (quinze por cento). Ainda que o país destinatário possua total autonomia para estipular o tratamento deverá preferencialmente fazê-los como dividendos.

Para os países com os quais o Brasil possua acordo que preveja a equiparação dos JCP aos juros, que constituem o segundo

[59] A Solução de Divergência COSIT nº 16/01 trata especificamente da qualificação do pagamento de JCP em vistas de convenção contra dupla-tributação celebrada pelo Brasil e Japão.

grupo, invariavelmente deve ser observada a regra presente nos Protocolos, sendo classificados no artigo 11 dos tratados.

Por fim, para os países com que o Brasil possua tratado e não se encontram presentes cláusulas de equiparação, em que pese a tendência verificada e a presença de normas infralegais internas e específicas, deverá ser observada a classificação de dividendos, em razão dos elementos presentes nos tratados e pelos motivos já apresentados.

Neste sentido, o Tribunal Nacional (Audiencia Nacional) da Espanha, em decisão proferida em 27 de fevereiro de 2014[60], classificou os juros sobre o capital próprio como dividendo nos termos do direito interno espanhol, com base na sua característica típica de direito societário.

Frise-se que os tribunais espanhóis entenderam, em um primeiro momento, de modo diverso, prevalecendo classificação como dividendos apenas ao final do julgamento: (i) de ser forma de remuneração pela participação no capital social; (ii) ser calculado com base no patrimônio líquido e; (iii) depender de deliberação dos acionistas, conforme se depreende da sentença que analisou os mesmos pressupostos de tratamento da legislação interna brasileira e dos tratados:

> CUARTO: LOS "JUROS" EN LA LEGISLACIÓN BRASILEÑA. TRATAMIENTO CONTABLE, MERCANTIL Y FISCAL. El planteamiento de las partes sobre el objeto del presente recurso es puramente interpretativo, pues se trata de determinar la naturaleza jurídica de los "juros o capital propio" (JSCP), a los efectos de su tratamiento tributario en España, desde la perspectiva de nuestro ordenamiento interno, teniendo en consideración la normativa brasileña que los regula.
>
> [...]

[60] Id Cendoj: 28079230022014100094 – Nº de Recurso: 232/2011

De esta norma, se puede afirmar que los JSCP son denominados o identificados como "intereses", y que su distribución o pago exige la previa existencia de una "renta", estando sometido a la "tasa del Impuesto sobre la Renta en la fuente". Por otra parte, la fuente de estos "intereses" es la misma que la de los "dividendos", es decir, la existencia de unos "beneficios", pues "el importe de los intereses pagados" "puede atribuirse a la cantidad de dividendos", en la forma prevista en el art. 202, de la Ley N º 6.404.

Por lo tanto, los JSCP tienen el mismo "leit motiv" que los "dividendos", es decir, la existencia de beneficios y su distribución por acuerdo de la Junta de accionistas, pudiéndose entender que los JSCP cumplen una finalidad similar a la del reparto de "dividendos", sin equiparlos fiscalmente, dada la limitación que la norma fiscal establece y denominarlos como "intereses".

Sin embargo, ese concepto como "intereses" de los JSCP no es el equivalente del concepto de "intereses" como rendimientos del capital mobiliario, pues como se desprende de la norma brasileña, su fuente es la existencia de una renta y su título imputativo es la participación del socio en el capital social, asimilable a la "remuneración de capital". Los JSCP se distribuyen, no responden al pago por la existencia de un crédito y calculados sobre el principal pendiente, como consecuencia de la existencia anterior de un mecanismo de financiación de la sociedad por parte de los socios, sino de la existencia de una "renta previa", de un "beneficio" a cuyo cargo se "pagan" los "intereses" por el concepto de JSCP, al igual que la norma permite destinarlos a "reservas", si así lo decide la Junta de accionistas.

[...]

QUINTO: CONVENIO PARA EVITAR LA DOBLE IMPOSICIÓN SUSCRITO ENTRE ESPAÑA Y BRASIL. Esta norma se aprobó mediante INSTRUMENTO de Ratificación del Convenio entre el Estado Español y la República Federativa del Brasil para evitar la doble imposición y prevenir la evasión fiscal en materia de

> impuestos sobre la renta, hecho en Brasilia el 14 de noviembre de 1974. ("Boletín Oficial del Estado" de 31 de diciembre de 1975.).
>
> [...]
>
> En este precepto se pone de relieve, de forma clara, la característica principal del "dividendo", cual es permitir "participar de los beneficios" de una sociedad, excluyendo de este concepto, expresamente, los rendimientos derivado de los "créditos".
>
> [...]
>
> En este contexto jurídico, desde la perspectiva del Convenio para evitar la Doble Imposición, los JSCP no pueden incardinarse en el concepto que la norma da de los "intereses", sino que el más apropiado es en el de "dividendos", pues a la mecánica que responden los "juros" brasileños.

Igualmente ao caso acima narrado, existem julgados espanhóis posteriores reiterando esta natureza[61][62].

De modo similar, o Tribunal Federal Alemão das Finanças[63] ("Bundesfinanzhof") caracterizou também os juros sobre o capital próprio como dividendo, tanto ao abrigo do direito alemão como do tratado fiscal celebrado entre o Brasil e a Alemanha, que estava em vigor à data dos fatos, conforme abordado em brilhante análise do julgamento pela jurista Marta Oliveros Castelon[64]:

[61] Id Cendoj: 28079230022015100398 – Nº de Recurso: 463/2012; em 22/10/2015.

[62] Id Cendoj: 28079230022015100277 – Nº de Recurso: 282/2012; em 09/07/2015.

[63] BFH-Urteil vom 6.6.2012, I R 6, 8/11 (veröffentlicht am 19.9.2012)

[64] Castelon, Marta Oliveros. CASO JCP-ALEMANHA: **Qualificação de juros sobre o capital próprio pelo Tribunal Federal das Finanças na Alemanha (Bundesfinanzhof).** In: Castro, Leonardo Freitas de Moraes e. (Org.). Tributação internacional: análise de casos – volume 2. 1ed.São Paulo: MP, 2014, v. 2, p. 120.

> Na aplicação do acordo ao caso concreto, o Tribunal Federal das Finanças da Alemanha corrobora o entendimento da instância inferior (Tribunal Financeiro de Nurembergue) ao qualificar os JCP como dividendos, tendo sido esta qualificação embasada nos seguintes argumentos: (i) JCP são pagos em decorrência da participação dos acionistas no capital social, e não em virtude de empréstimos; (ii) interpretação do acordo de bitributação deveria ocorrer de forma autônoma; (iii) a mera dedutibilidade de parcelas pagas por uma sociedade não impede sua qualificação como dividendos; (iv) a Alemanha, enquanto Estado de residência, não estaria vinculada à qualificação dos JCP adotada pelo Brasil; (v) ainda que a ideia de qualificação harmônica de rendimentos (entscheidungsharmonie) requeresse da Alemanha qualificar os JCP em harmonia com o Brasil, o fato de não ter restado comprovado, perante o Juiz alemão, que o Brasil costumava qualificar esses rendimentos como juros ao aplicar o acordo de bitributação em rela permitira à Alemanha qualifica-los como dividendos.

As decisões espanholas e alemã se mostram harmônicas entre si e com o aqui disposto. Em outras palavras, os tribunais estrangeiros alemão e espanhol também reconhecem que os juros que remuneram o capital investido por acionistas são na verdade uma simples modalidade de dividendos, com tratamento tributário específico.

2.3. *Base Erosion and Profit Shifting* e seus Reflexos

Em termos gerais, a OCDE[65] com o objetivo de eliminar lacunas e conflitos nas legislações de diferentes jurisdições criou o programa denominado *Base Erosion and Profit Shifting* (BEPS),

[65] Frise-se que embora o Brasil tenha demonstrado interesse em se tornar membro da OCDE, até o momento, o país continua na condição de não membro, em que pese adotar seu modelo de tratado nos acordos celebrados.

composto de 15 "ações"[66]. O BEPS é um conjunto de medidas e documentos que visam eliminar a dupla tributação ou dupla não tributação gerada por sistemas distintos e não eliminadas por meio dos tratados propostos.

As 15 Ações[67] são documentos que contém as recomendações da OCDE para um tratamento tributário harmônico e globalizado. O tema, ainda pouco explorado pelos operadores do

[66] Tradução literal dos documentos denominados "Action".

[67] Ação 1 – Identificar os principais desafios proporcionados pela economia digital na aplicação das regras vigentes para tributação direta e indireta e sugerir meios para contorná-los;
Ação 2 – Neutralizar os efeitos dos instrumentos híbridos. Desenvolver modelos de acordos para evitar a dupla tributação e recomendações relativas à elaboração de normas nacionais para neutralizar os efeitos (exemplos: dupla não tributação, dupla dedução, diferimento dos impostos em longo prazo) dos instrumentos e entidades híbridos;
Ação 3 – Apresentar recomendações sobre o desenho de normas de transparência fiscal internacional;
Ação 4 – Estabelecer regras que previnam a erosão de bases imponíveis gerada pelo pagamento de juros ou outros gastos financeiros excessivos;
Ação 5 – Combater de maneira mais efetiva as práticas de concorrência fiscal lesiva, tomando em conta a transparência e substância;
Ação 6 – Impedir a utilização abusiva de Tratados Internacionais;
Ação 7 – Impedir comportamentos que evitam, de maneira artificial, a caracterização de Estabelecimento Permanente no país fonte da renda tributável;
Ações 8, 9 e 10 – Assegurar que os resultados dos Preços de Transferência estejam alinhados com a criação de valor;
Ação 11 – Estabelecer métodos de coleta e análise de dados sobre erosão da base imponível e a transferência de lucros;
Ação 12 – Exigir dos contribuintes a revelação de seus mecanismos de planejamento tributário agressivos;
Ação 13 – Reexaminar as regras sobre documentos relativos a preços de transferência;
Ação 14 – Tornar mais efetivos os mecanismos de resolução de conflitos;
Ação 15 – Desenvolver instrumento multilateral que ofereça um enfoque inovador para a fiscalização internacional e que reflita a natureza dinâmica da economia global.

direito, nasce em conjunto com outras medidas globais (e.g.: *Foreign Account Tax Compliance Act* – FATCA) que buscam eliminar as distorções ocasionadas por sistemas jurídicos autônomos e soberanos.

Para fins do presente trabalho, a análise mais detida da Ação 2, que objetiva a criação de normas anti-híbridas, se mostra relevante, uma vez que recorrentemente a doutrina, a despeito dos nossos comentários e conforme já tratado, classifica os juros remuneratórios do capital como uma figura hibrida.

A OCDE organizou o documento em questão em recomendações para legislação interna e para os tratados de tal modo, onde a sua aplicação demandaria: (i) a utilização de um instrumento financeiro pelo contribuinte; (ii) a existência de um pagamento efetivo; (iii) uma distorção efetiva no tratamento fiscal, caracterizado pela dedução do pagamento no Estado de origem sem a tributação do montante correspondente no Estado de residência, ou a tributação em ambos os Estados; e (iv) a presença de um elemento híbrido como causa do conflito na caracterização do pagamento sob dois sistemas fiscais diferentes.

A OCDE define o termo "pagamento" como "qualquer montante susceptível de ser pago, incluindo (mas não limitado a) uma distribuição, crédito, mas não se estende aos pagamentos que são considerados apenas para fins fiscais e que não envolvem a criação de direitos econômicos entre as partes".

Assim, a aplicação típica e também relatada no documento da OCDE seria para casos em que as sociedades deduziriam juros pagos em razão de instrumentos de dívidas e suas sociedades "mães", domiciliadas em outra jurisdição que considerem a utilização de sociedades transparentes.

Na mesma linha, tendo em vista o amplo escopo dessa definição, que atinge qualquer pagamento, distribuição, crédito, débito ou acumulação de moeda, diversas pessoas entendem que juros sobre capital próprio poderiam sujeitar-se à aplicação de uma regra anti-híbrida baseada na Ação 2, especialmente se o dividendo for um mecanismo isento no Estado destinatário dos JCP e ocorra a equiparação tratada no item anterior.

Na hipótese de remuneração por meio do JCP, em que pese a natureza de dividendos, o pagamento em tese preencheria as condições para a aplicação de regras anti-híbridas baseadas na Ação 2 do BEPS, uma vez que representa uma despesa dedutível de acordo com a legislação tributária brasileira e, ao mesmo tempo, um dividendo possivelmente isento de acordo a legislação do Estado de residência do beneficiário. No entanto, alguns elementos afastam a aplicabilidade do plano de Ação 2 para os JCP.

Primeiramente há que se ter em recordar que, conforme já discutido, não há hibridismo no instrumento analisado, mas um tratamento tributário especifico e que não justificaria um impeditivo da sua dedutibilidade local.

Outro elemento é que há tributação local, o que não justificaria a sua classificação como elemento hibrido evasivo. Não obstante, o JCP não é um instrumento utilizado com o objetivo de alocar lucros em outras jurisdições ou buscar lacunas legislativas, o que em tradução literal seria a erosão da base tributária de que trata o BEPS, sendo na verdade um mecanismo de política fiscal legalmente constituído e utilizado pelos contribuintes.

Por fim, não há que se falar da aplicabilidade da norma no Brasil sem a criação de uma regra específica prevista na legislação sob pena de afronta ao princípio da legalidade.

Conclusão

Diante de todos elementos analisado, é possível concluir que os JCP devem ser considerados como dividendos com tratamento tributário específico. Tal classificação decorre primordialmente dos seguintes elementos: (i) apenas os sócios e acionistas poderiam beneficiar-se desta figura; (ii) os valores de JCP não são calculados com base no capital disponibilizado, mas sim por meio do lucro auferido; (iii) a TJLP não define o montante a ser pago, mas sim o valor passível de dedução; (iv) decorrem de deliberação dos sócios, concentrando assim o poder pela remuneração e o efetivo benefício; (v) poderão ser imputado ao valor dos dividendos obrigatórios de que trata o artigo 202 da Lei nº 6.404/76, conforme texto da Lei nº 9.249/95; (vi) para a constituição de uma dívida capaz de prover frutos (juros) há que se ter a contabilização desta obrigação no passivo da companhia, ao passo que o capital disponibilizado pelo sócio e que serve para a proporcionalizarão dos JCP devidos é registrado na conta de capital social, componente do patrimônio líquido; e por fim (vi) não compõe os valores para aplicação das regras de subcapitalização e preços de transferência.

O contexto de criação como mecanismo de "compensação" da extinção da correção monetária e como forma indutora de incentivo da atividade empresária reforçam o fato de que não estaríamos diante de um instrumento de dívida.

Por outro lado, a similaridade com os elementos de patrimônio reforça a tese de que se trata de uma forma de dividendo com tratamento tributário diferenciado e que pode ser utilizado em diferentes contextos.

Deste modo, a dedutibilidade fica atrelada sempre à deliberação dos sócios, sendo possível a sua distribuição em períodos distintos aos do acúmulo dos resultados, sendo, portanto, possível dedutibilidade extemporânea.

Já nas operações envolvendo duas ou mais jurisdições, há que se verificar primeiramente a existência ou não de acordos para evitar a dupla tributação.

Nos casos em que inexistem tratados, deverá prevalecer a interpretação interna de que a figura é modalidade de dividendos, sem maiores repercussões.

Por sua vez, nos tratados com África do Sul; Chile; Israel; México; Peru; Portugal; Rússia; Trinidad e Tobago; Turquia;

Ucrânia e Venezuela temos, de modo expresso, a equiparação dos juros sobre capital próprio à figura dos juros, oportunidade em que não há margem para discussão, prevalecendo este entendimento e sendo assim tratado para fins de classificação no artigo 11 dos acordos.

Já na ausência de clausula de equiparação, somos da opinião de que os JCP deveriam ser considerados dividendos, nos termos do artigo 10, e assim serem tratados para a determinação da alíquota máxima e das regras de eliminação da dupla tributação.

Por fim, dada a inexistência de hibridismo, a tributação regular nas remessas e ao princípio da legalidade, os JCP não se encontram sujeitos ao disposto na Ação 2 do BEPS que objetiva mitigar a dupla tributação ou dupla não tributação de instrumentos híbridos.

Referências

ANDRADE FILHO, Edmar Oliveira. **Imposto de Renda das Empresas**. São Paulo: Atlas, 2006.

ALMEIDA, Carlos Otávio Ferreira de. **Tributação Internacional da Renda: A Competitividade Brasileira à Luz das Ordens Tributária e Econômica**. São Paulo: Quartier Latin, 2014.

BORGES, Antonio de Moura. **Meios de solução dos conflitos internacionais de dupla tributação. Direito Tributário Atual**. São Paulo: Resenha Tributária, v. 9, p. 2389- 2418, 1989.

CARVALHO, Luiz Nelson; FLORES, Eduardo. Instrumentos financeiros híbridos: possível conflito entre essência X forma?. In: Roberto Quiroga Mosquera e Alexsandro Broedel Lopes. (Org.). **Controvérsias jurídico-contábeis (aproximações e distanciamentos)**. São Paulo – SP: Dialética, 2014, v. 5, p. 313-324.

CARVALHO, Luiz Nelson. Instrumentos financeiros híbridos. In: Roberto Quiroga Mosquera e Alexsandro Broedel Lopes. (Org.). **Controvérsias jurídico-contábeis (aproximações e distanciamentos)**. São Paulo: Dialética, 2011, v. 2, p. 202-211.

CASTELON, Marta Oliveros. CASO JCP-ALEMANHA: Qualificação de juros sobre o capital próprio pelo Tribunal Federal das Finanças na Alemanha (Bundesfinanzhof). In: Castro, Leonardo Freitas de Moraes e. (Org.).

Tributação internacional: análise de casos – volume 2. São Paulo: MP, 2014, v. 2, p. 93-124.

CHARNESKI, Heron. **O regime de diferenças temporárias na tributação da renda das pessoas jurídicas e a questão da isenção dos lucros ou dividendos distribuídos**. Revista Direito Tributário Atual, São Paulo: Dialética, v. 32, p. 142-158, 2014.

COELHO, Fábio Ulhoa. **Curso de direito comercial: direito de empresa**. 17. ed. São Paulo: Saraiva, 2013.

DECARTES, Rene. **Discurso do método**. São Paulo: Saraiva. 2013.

HIGUCHI, Hiromi. **Imposto de renda das empresas: interpretação e prática: atualizado até 10-01-2015**. 40. ed. São Paulo, SP: IR Publicações Ltda, 2015.

IUDÍCIBUS, Sérgio de; MARTINS, Eliseu; GELBKE, Ernesto Rubens; SANTOS, Ariovaldo dos. FIPECAFI. **Manual de contabilidade societária: aplicável a todas as sociedades**. São Paulo: Atlas, 201. 794.

MEDAGLIA, Thiago Rufalco; VISINI, Eric Simões. Estruturação de operações imobiliárias via Fundos de Investimento Imobiliários: análise das perspectivas contábil e tributária. Análise da temática envolvendo regime de caixa versus regime de competência e Ofício-Circular CVM/SIN/SNC nº 1 de 2014. In: **Operações Imobiliárias: Estrutura e tributação**. Editora Saraiva: São Paulo. 2013. pp 661 a 685.

MONTEIRO, Alexandre Luiz Moraes do Rêgo. **As regras de subcapitalização adotadas pela Lei nº 12.249/10 e sua aplicação em situações abrangidas por acordos para evitar a dupla tributação celebrados pelo Brasil**. Revista Direito Tributário Atual, São Paulo: Dialética, v. 24, p. 136-156, 2010.

MOSQUERA, Roberto Quiroga. O regime jurídico tributário das participações societárias – ganho de capital, juros sobre o capital próprio e dividendos. In: **O direito tributário e o mercado financeiro e de capitais**. São Paulo: Editora Dialética, 2009.

OLIVEIRA, Matheus Bueno de. Os juros sobre Capital Próprio (JCP) e sua Qualificação nos Acordos Contra a Bitributação Firmados pelo Brasil. In: CASTRO, Leonardo Freitas de Moraes e. **Mercado Financeiro & de Capitais: Regulação e Tributação**. São Paulo: Editora Quartier Latin. 2015.

OLIVEIRA, Ricardo Mariz de. **Fundamentos do imposto de renda**. São Paulo: Quartier Latin, 2008.

OLIVEIRA, Ricardo Mariz de. **Juros de remuneração do capital próprio**. Direito Tributário Atual, São Paulo: Dialética, v. 15, p. 114-126, 1998.

OLIVEIRA, Ricardo Mariz de. **Juros sobre o capital próprio – momento de dedução da despesa**. Revista Direito Tributário Atual, São Paulo: Dialética, v. 28, p. 316-339, 2012.

REQUIÃO, Rubens. **Curso de direito comercial**. 28. ed rev. e atual. São Paulo: Saraiva, 2009.

ROCHA, Sérgio André. **El proyecto BEPS de la OCDE y el derecho fiscal internacional em Brasil**. Revista Direito Tributário Atual, São Paulo: IBDT, v. 35, p. 384-403, 2016.

ROCHA, Sergio André. **Interpretação dos Tratados para Evitar a Bitributação da Renda**. 2. ed. São Paulo: Quartier Latin, 2013. 335p .

ROCHA, Sergio André. **Tributação Internacional**. São Paulo: Quartier Latin, 2013. v. 1. 399p .

SANTOS, Ramon Tomazela. **A isenção outorgada aos dividendos e integração da tributação das pessoas jurídicas e das pessoas físicas: o pagamento de dividendos à conta de reserva de capital e a influência da recente edição da Lei nº 12.973/2014**. Revista Direito Tributário Atual, São Paulo: Dialética, v. 32, p. 297-320, 2014.

SANTOS, Ramon Tomazela. **Aspectos Controvertidos Atuais dos Juros sobre o Capital Próprio (JCP): o impacto das Mutações no Patrimônio Líquido, o Pagamento Acumulado e a sua Qualificação nos Acordos Internacionais de Bitributação**. Revista Dialética de Direito Tributário, v. 214, p. 108-124, 2013.

SANTOS, Ramon Tomazela. **O Pagamento de Juros sobre o Capital Próprio (JCP) será Afetado pela Ação 2 do Projeto BEPS (Base Erosion and Profit Shiifting)?**. Revista Dialética de Direito Tributário, v. 241, p. 115-139, 2015.

SCHOUERI, Luís Eduardo. Juros sobre capital próprio: natureza jurídica e forma de apuração diante da 'Nova Contabilidade'. In: Roberto Quiroga Mosquera; Alexsandro Broedel Lopes. (Org.). **Controvérsias Jurídico-Contábeis (Aproximações e Distanciamentos)**. São Paulo: Dialética, 2012, v. 3, p. 169-193.

TORRES, Heleno Taveira . Juros sobre capital próprio: autonomia privada nos investimentos societários e suas implicações em matéria tributária. In: Heleno Tavares Tôrres. (Org.). **Direito tributário internacional aplicado**. São Paulo: Quartier Latin, 2007, v. IV, p. 349-408.

TORRES, Heleno Taveira . **Pluritributação internacional sobre as rendas de empresas**. 2. ed. São Paulo: Revista dos Tribunais, 2001.

UCKMAR, Victor; GRECO, Marco Aurélio; ROCHA, Sergio André et al. **Manual de Direito Tributário Internacional**. São Paulo: Dialética, 2012.

XAVIER, Alberto. **Direito tributário internacional**. 2. ed.: Almedina, 2007.

XAVIER, Alberto. **Direito tributário internacional do Brasil**. 8. ed Rio de Janeiro: Forense, 2015.

Referências Legais e Juriprudênciais

Legislação

BRASIL. Ato Declaratório Normativo Coordenação-Geral de Tributação nº 13, de 27 de maio de 1996.

BRASIL. Decreto Legislativo nº 62, de 7 de agosto de 1975.

BRASIL. Decreto nº 5.922, de 03 de outubro de 2003.

BRASIL. Decreto nº 4.852, de 02 de outubro de 2003.

BRASIL. Decreto nº 5.576, de 08 de novembro de 2005.

BRASIL. Decreto nº 6.000, de 26 de dezembro de 2006.

BRASIL. Decreto nº 7.020, de 27 de novembro de 2009.

BRASIL. Decreto nº 4.012, de 13 de novembro de 2001.

BRASIL. Decreto nº 9.115, de 31 de julho de 2017.

BRASIL. Decreto nº 8.335, de 12 de novembro de 2014.

BRASIL. Decreto nº 8.140, de 14 de novembro de 2013.

BRASIL. Decreto nº 5.799, de 07 de julho de 2006.

BRASIL. Decreto nº 8.336, de 12 de novembro de 2014.

BRASIL. Decreto nº 1.041, de 11 de janeiro de 1994.

BRASIL. Decreto nº 3.000, de 26 de março de 1999.

BRASIL. Decreto nº 76.975, de 02 de janeiro de 1976.

BRASIL. Deliberação da Comissão de Valores Mobiliários nº 207, 13 de dezembro de 1996.

BRASIL. Deliberação da Comissão de Valores Mobiliários nº 683, de 30 de agosto de 2012.

BRASIL. Instrução Normativa da Secretaria da Receita Federal do Brasil nº 1.700, de 14 de março de 2017.

BRASIL. Instrução Normativa da Secretaria da Receita Federal do Brasil nº 14, de 15 de março de 1996.

BRASIL. Lei nº 9.249, de 26 de dezembro de 1995.

BRASIL. Lei nº 6.404, de 15 de dezembro de 1976.

BRASIL. Lei nº 11.638, de 28 de dezembro de 2007.

BRASIL. Lei nº 11.941, de 27 de maio de 2009.

BRASIL. Medida Provisória nº 684, de 31 outubro de 1994.

Jurisprudência

BRASIL. Acórdão nº 101-96.751 (CARF).

BRASIL. Acórdão nº 107-08.941 (CARF).

BRASIL. Acórdão nº 1101-01.186 (CARF).

BRASIL. Acórdão nº 103-23.561 (CARF).

BRASIL. Acórdão nº 1401-000.734 (CARF).

BRASIL. Acórdão nº 1402-001.178 (CARF).

BRASIL. Acórdão nº 1301-001.253 (CARF).

BRASIL. Acórdão nº 1101-000.912 (CARF).

BRASIL. Acórdão nº 1801-001.128 (CARF).

BRASIL. Acórdão nº 1202-001.063 (CARF).

BRASIL. Acórdão nº 108-07641 (CARF).

BRASIL. Acórdão nº 1401-000.901 (CARF).

BFH-Urteil vom 6.6.2012, I R 6, 8/11 (veröffentlicht am 19.9.2012) (Alemanha).

Id Cendoj: 28079230022014100094 – Nº de Recurso: 232/2011 (Espanha).

Id Cendoj: 28079230022015100398 – Nº de Recurso: 463/2012; em 22/10/2015 (Espanha).

Id Cendoj: 28079230022015100277 – Nº de Recurso: 282/2012; em 09/07/2015 (Espanha).

BRASIL. REsp 1104184/RS (STJ)

Diretrizes e Princípios do BEPS: Aplicabilidade do Plano de Ação nº 12 *Vis-à-Vis* Medida Provisória nº 685/2015

Felipe Nunes Ramos da Cunha

Introdução

O mundo está em constante mudança. A era da informação, com o avanço da tecnologia e da internet, derruba quaisquer barreiras e fronteiras geográficas. Com a conveniência mencionada, empresas multinacionais (*multinational enterprises* – MNEs) conseguiram criar mecanismos para diminuir a carga tributária dentro do país onde residem, com as remessas de capitais em direção aos com tributação favorecida ou com regime fiscal privilegiado, denominados paraísos fiscais. Neste mesmo sentido, é o que preconiza a Organização para Cooperação e Desenvolvimento Econômico:

> International tax issues have never been as high on the political agenda as they are today. The integration of national economies and markets has increased substantially in recent years, putting a strain on the international tax rules, which were designed more than a century ago. Weaknesses in the current rules create opportunities for base erosion and profit shifting (BEPS), requiring bold moves by policy makers to restore confidence in

> the system and ensure that profits are taxed where economic activities take place and value is created.[1]

Resta claro que o acesso à informação, rápida e democrática, tornou-se um direito do cidadão no Estado Democrático de Direito. Não menos importante que um único cidadão, o Poder Público (Estado), constituído para o interesse coletivo, também passou a reclamar seu direito ao acesso irrestrito de informações. É neste sentido que novos valores e conceitos são postos com a globalização/internacionalização. Cabe trazer menção ao que disse o Ministro Eros Grau[2]:

> A terceira revolução industrial determinou inúmeras transformações nos planos institucionais da sociedade (...). O fato, no entanto, é que as forças sociais hegemônicas produzidas por essa terceira revolução industrial efetivamente transformaram o direito posto pelo Estado e o próprio Estado. E tal é a grandeza daquela multiplicação e daquele exacerbamento que chega ao ponto de importar a atribuição de um novo nome, "globalização", ao processo de internacionalização econômica cuja prá-

[1] "As questões tributárias internacionais nunca foram tão importantes na agenda política como são hoje. A integração das economias e dos mercados nacionais aumentou substancialmente nos últimos anos, colocando uma pressão sobre as regras fiscais internacionais, que foram reguladas há um século atrás. As fraquezas nas regras atuais criam oportunidades para a erosão da base tributária (BEPS), exigindo movimentos ousados por decisores políticos para restaurar a confiança no sistema e assegurar que os lucros são tributados quando as atividades econômicas ocorrem e o valor é criado.". Disponível em: http://www.oecd.org/ctp/beps-explanatory-statement-2015.pdf Acesso em 10 junho 2017.

[2] Moreira *apud* GRAU. **Dupla imposição internacional – métodos unilaterais e multilaterais contra os excessos tributários.** Disponível: http://sachacalmon.com.br/wp-content/uploads/2010/10/Dupla-Imposicao-Internacional-metodos-unilaterais-e-multilaterais-contra-os-excessos-tributarios.pdf Aceso em: 25 novembro 2016.

tica remonta ao passado histórico. Ainda assim, a mudança não é apenas quantitativa. Pelo contrário, ela induz a reformulação de valores e conceitos.

O 'acesso irrestrito' à informação, mencionado no parágrafo anterior, foi trazido ao mundo real pela comunidade internacional de jornalistas investigativos, denominada *The International Consortium of Investigative Journalists* (ICIJ). Um dos mais conhecidos escândalos financeiros, envolvendo políticos, celebridades e grandes empresas, ficou conhecido como *Panama Papers*[3].

De acordo com o Diretor da OCDE, Pascal Saint-Amans, o escândalo demonstrou que mesmo com os notáveis avanços nos últimos sete anos dos padrões de transparência fiscal, a "*viel of secrecy*" continua causando danos para comunidade, ou evadindo divisas ou cometendo crimes como lavagem de dinheiro[4]. Em recente artigo, publicado pelo autor Joseph Pieth, denominado *Overcoming the Shadow Economy*, este sigilo é apontado como uma das principais dificuldades a serem combatidas, no que diz respeito à lavagem de dinheiro e evasão fiscal:

> There is a growing global consensus that the secrecy-havens – jurisdictions which undermine global standards for corporate and financial transparency – pose a global problem: they facilitate both money laundering and tax avoidance and evasion, contributing to crime and unacceptably high levels of global wealth inequality.[5]

[3] Disponível em: https://panamapapers.icij.org/ Acesso em 1 maio 2017.

[4] Saint-Amans, Pascal. **Global tax and transparency: We have the tools, now we must make them work**. Disponível em: http://www.oecd.org/forum/oecdyearbook/global-tax-transparency-we-have-the-tools.htm Acesso em: 27 maio 2016.

[5] "Existe um crescente consenso global de que as jurisdições secretas que minam os padrões globais de transparência corporativa e financeira representam

O resultado dos atos ilegais (lavagem/evasão), e também dos atos legais (elisão/elusão), demonstrados acima, é a perda de arrecadação dos países. A perda estimada anual gira em torno de USD 100 a 240 bilhões[6] com planejamentos tributários considerados 'agressivos' ("*aggressive tax planning strategies*"). Segundo a ONG *OXFAM International*, apenas no EUA, as 50 maiores empresas mantêm cerca de U$ 1,6 trilhão em paraísos fiscais, sendo que apenas a Apple tem mais de U$ 200 bilhões. O uso de paraíso fiscal neste caso evita o pagamento de, aproximadamente, U$ 135 bilhões, em impostos[7]. De acordo com a estimativa feita pelo auto Gabriel Zucman, estima que as perdas de receita dos governos equivalem à 1% do total de receita gerada pelos governos em todo o mundo, ou seja, U$ 200 bilhões[8].

Foi neste contexto que a OCDE, apoiada pelo G20, publicou, em fevereiro do ano de 2013, um relatório denominado "Addressing Base Erosion and Profit Shifting", onde demonstra estudos e dados que revelam a magnitude do assunto. Em setembro, no mesmo ano, membros de ambos grupos internacionais, identificaram e endossaram quinze pontos para endereçar o que viria a ser o BEPS, com base em três pilares chave, que serão tratados em momento oportuno: consistência; substância; e transparência. Por fim, em 2015, a Organização publicou seu final report, denominado de *Final BEPS package for reform of the international*

um problema global: facilitam tanto a lavagem de dinheiro quanto a evasão e evasão fiscais, contribuindo para o crime e níveis inaceitavelmente altos de desigualdade de riqueza global.". Disponível em: https://www.2030agenda.de/en/article/overcoming-shadow-economy Acesso em 10 junho 2017.

6 Disponível em: <http://www.oecd.org/tax/beps-2015-final-reports.htm> Acesso em: 12 abril 2017.

7 Disponível em: <https://economia.uol.com.br/noticias/afp/2017/04/12/oxfam-grandes-empresas-americanas-escondem-us-16-trilhao-em-paraisos-fiscais.htm> Acesso em 12 abril 2017.

8 ZUCMAN, Gabriel. ***The hidden wealth of nations: the scourage of tax haves***. University of Chicago Press, 2015. p. 47.

tax system to tackle tax avoidance[9], que, finalmente, introduz as quinze diretrizes, que veremos adiante.

O plano de ações endossado – em 2013 –, e publicado – em 2015 –, gera debate há alguns anos – e, provavelmente, não se esgotará tão cedo – dentro da comunidade internacional. Ainda não existem conclusões claras sobre alguns conceitos, ou sobre a aplicabilidade de algumas ações, as quais não trazem apenas recomendações, mas sim o dever de aplicação dos atos para uma variedade de países, cada qual com sua peculiaridade e sua legislação.

Diante deste cenário internacional, o Brasil, país que figura como uma das principais economias do mundo, verificou a necessidade de não apenas alinhar-se às novas diretrizes internacionais, sob o ponto de vista da transparência tributária, como também de tornar-se país membro da OCDE[10]. Esta participação tem respaldo, inclusive, na figura do Ministro da Fazenda, Henrique Meirelles, quando em recente entrevista defendeu a entrada na Organização, *por causa da questão de melhora do 'rating' brasileiro, pois mostra que a economia é sólida*[11]. Prova disto foi o recente envio à Organização com pedido expresso para ingres-

[9] Disponível em: < http://www.oecd.org/tax/beps-2015-final-reports.htm> Acesso em: 12 abril 2017.

[10] O Brasil, apesar de não fazer parte do quadro de membros da OCDE, atua, segundo página eletrônica do "Ponto de Contato Nacional das Diretrizes da OCDE para Empresas Multinacionais", em *Comitês que lhe são de interesse e que lhe servem de fontes de informações e de plataforma para a divulgação de suas posições.* Destaque também para participação em órgãos oficiais da Organização. Ainda de acordo com o site, *Não há pleito no sentido da plena adesão do Brasil à OCDE, cujos procedimentos preveem que o Conselho, como órgão supremo, convide formalmente um país a aderir, ao final de um processo de aproximação que costuma durar alguns anos.* Disponível em: http://www.pcn.fazenda.gov.br/assuntos/ocde/o-brasil-e-a-ocde Acesso em 12 maio 2017.

[11] Disponível em: http://www.em.com.br/app/noticia/economia/2017/03/18/internas_economia,855384/meirelles-sou-favoravel-a-adesao-do-brasil-a-ocde.shtml Acesso em 12 maio 2017.

sar como um de seus membros. De acordo com o jornal Folha, em matéria publicada no dia 30/05/2017: "*O Brasil apresentou à OCDE (Organização para a Cooperação e Desenvolvimento Econômico), nesta segunda (29), carta com pedido para iniciar o processo de adesão ao grupo que reúne as maiores economias do mundo.*[12]".

Esta movimentação é fruto da globalização e da internacionalização, que impõem aos países que almejam, principalmente, competitividade comercial através da transparência, investimento estrangeiro com segurança jurídica e elevação de *investiment grades* provenientes de empresas de consultoria especializadas.

É neste sentido que almejaremos apresentar o grupo de diretrizes publicadas pelo BEPS, com fulcro no Plano de Ação 12, comparando-o com a Medida Provisória nº 685/2015, uma tentativa, através de ato do Poder Executivo a ser referendado pelo Legislativo, de inserir no ordenamento jurídico pátrio a obrigação de declarar planejamentos tributários considerados agressivos, em desobediência com as normas – denominado de evasão fiscal –, e com princípios, a moral e a substância de determinada operação – neste caso, podendo ser intitulado de elisão ou elusão fiscal. Esta tentativa acabou sendo frustrada (caducidade), principalmente, seja pelo fato de não obedecer aos princípios balizadores do BEPS, seja pelo *modus operandi* do Poder Público (leia-se Fisco), que tem como regra, a culpa presumida, indo claramente de encontro ao princípio constitucional da inocência, previsto no inciso LVII, art. 5º da CF/88: "*LVII – ninguém será considerado culpado até o trânsito em julgado de sentença penal condenatória.*"[13]

[12] Disponível em: http://painel.blogfolha.uol.com.br/2017/05/30/brasil-envia-carta-com-pedido-para-ingressar-na-ocde-selo-do-grupo-seria-sinalizacao-a-investidores/ Acesso em 30 maio 2017.

[13] BRASIL. **Constituição (1988).** ***Constituição da República Federativa do Brasil.*** *Diário Oficial da República Federativa do Brasil*, Brasília, 1988. Disponível em:

Primeiramente, para contextualizar o tema disposto nesta introdução, é necessário traçar uma breve cronologia da legislação tributária internacional no ordenamento brasileiro. Para tanto, vislumbram-se as Leis publicadas a partir da década de 90 e de que forma seus artigos foram aplicados, ou na maioria das vezes, debatidos.

1. Da Lei nº 9.249/1995 à Lei nº 12.973/2014 e Tratados

1.1. Da Lei nº 9.249/1995 à nº Lei 12.973/2014

A regulação tributária concernente ao tema dos lucros obtidos no exterior, por pessoas controladas ou coligadas, foi trazida ao arcabouço jurídico brasileiro por meio da Lei nº 9.249/1995. Note-se que até então, adotava-se o sistema o princípio da territorialidade[14], pelo qual, segundo Alberto Xavier, *os sistemas fiscais tendem a impor uma obrigação tributária limitada (...) aos não residentes, submetendo a imposto apenas os rendimentos decorrentes de fonte localizadas no seu território*[15].

A referida norma, agora com base no princípio da universalidade ou da tributação em bases universais, onde, de acordo com o mesmo autor mencionado no parágrafo anterior, *sistemas fiscais modernos tendem, quando adoptam o elemento de conexão-residência, a estabelecer uma obrigação tributária ilimitada (...), no sentido de que o residente de um país, seja pessoa singular ou pessoa colectiva, é tributável por todos os seus rendimentos, tanto de forma interna, quando de fonte externa: é daí que se fale num princípio da universalidade ou do*

http://www.planalto.gov.br/ccivil_03/constituicao/ConstituicaoCompilado.htm Acesso em: 27 maio 2016.

[14] Conforme explicita o autor Alberto Xavier, naquela época o Brasil adotava um sistema misto, onde coexistia o princípio da territorialidade para as *pessoas colectivas*, com o princípio da universalidade, *vigente em relação às pessoas singulares* (Xavier, 2016, p. 232).

[15] Xavier, Alberto. ***Direito Tributário Internacional***. 2ª Ed. Editora Almedina: 2015, p. 231.

world-wide-income (...) que conduziria, assim, a uma extensão "extra--territorial" da lei interna[16], traz entre seus arts. 25 e 27[17] de que forma seriam tributados os lucros auferidos no exterior, com destaque para o *caput* e os §§ 2º e 3º, do art. 25:

> Art. 25. Os lucros, rendimentos e ganhos de capital auferidos no exterior serão computados na determinação do lucro real das pessoas jurídicas correspondente ao balanço levantado em 31 de dezembro de cada ano.
>
> [...]
>
> § 2º Os lucros auferidos por filiais, sucursais ou controladas, no exterior, de pessoas jurídicas domiciliadas no Brasil serão computados na apuração do lucro real com observância do seguinte:
>
> I – as filiais, sucursais e controladas deverão demonstrar a apuração dos lucros que auferirem em cada um de seus exercícios fiscais, segundo as normas da legislação brasileira;
>
> II – os lucros a que se refere o inciso I serão adicionados ao lucro líquido da matriz ou controladora, na proporção de sua participação acionária, para apuração do lucro real;
>
> § 3º Os lucros auferidos no exterior por coligadas de pessoas jurídicas domiciliadas no Brasil serão computados na apuração do lucro real com observância do seguinte:
>
> I – os lucros realizados pela coligada serão adicionados ao lucro líquido, na proporção da participação da pessoa jurídica no capital da coligada;
>
> II – os lucros a serem computados na apuração do lucro real são os apurados no balanço ou balanços levantados pela coligada no curso do período-base da pessoa jurídica;

[16] Idem.

[17] Importante mencionar que a legislação preocupou-se apenas com o IRPJ. A adoção, da mesma premissa, para CSLL foi trazida com a entrada em vigor da MP 1.858/99. (Rocha, Sérgio. 2014).

Não demorou muito para começarem os debates a respeito da norma, já considerada inconstitucional em seu nascimento. Impossível, à época, admitir que um lucro não disponibilizado fosse tributado, ou seja, que estive em clara desobediência à norma de incidência tributária ou à própria materialidade constitucional do IRPJ. Nestes termos, o autor Sérgio André Rocha traz os ensinamentos de Luís Eduardo Schoureri[18]:

> [...] malgrado a intenção do legislador federal – os lucros auferidos por controladas e coligadas de empresas brasileiras no exterior não podem ser acrescidos ao lucro real da sócia brasileira, enquanto não forem efetivamente distribuídos (desde que, obviamente, a legislação do país onde se situa a controlada ou coligada não exija a automática e integral distribuição dos lucros).

Em evidente tentativa de reconhecer seu equívoco, a Administração, através do Fisco, editou a Instrução Normativa nº 38/1996, com objetivo de determinar o momento da disponibilização dos lucros. Neste diapasão, no sentido de legitimar o Ato Executivo, foi editada e publicada a Lei nº 9.532/1997, para *diferir o recolhimento do imposto devido para o momento de sua distribuição*[19], conforme observado abaixo:

> Art. 1º Os lucros auferidos no exterior, por intermédio de filiais, sucursais, controladas ou coligadas serão adicionados ao lucro líquido, para determinação do lucro real correspondente ao balanço levantado no dia 31 de dezembro do ano-calendário em que tiverem sido disponibilizados para a pessoa jurídica domiciliada no Brasil.

[18] SCHOUERI, 1996, p. 145 apud ROCHA, 2014, p. 13.

[19] ANDRADE, 2008, p. 285 apud ROCHA, 2014, p. 16.

b) no caso de controlada ou coligada, na data do pagamento ou do crédito em conta representativa de obrigação da empresa no exterior.

§ 2º Para efeito do disposto na alínea "b" do parágrafo anterior, considera-se:

a) creditado o lucro, quando ocorrer a transferência do registro de seu valor para qualquer conta representativa de passivo exigível da controlada ou coligada domiciliada no exterior;

b) pago o lucro, quando ocorrer:

1. o crédito do valor em conta bancária, em favor da controladora ou coligada no Brasil;

2. a entrega, a qualquer título, a representante da beneficiária;

3. a remessa, em favor da beneficiária, para o Brasil ou para qualquer outra praça;

4. o emprego do valor, em favor da beneficiária, em qualquer praça, inclusive no aumento de capital da controlada ou coligada, domiciliada no exterior.

O problema parecia resolvido, salvo ainda algumas exceções. O Fisco e o governo brasileiro, sempre sedento por arrecadação, encontraram, digamos, uma forma de planejamento tributário agressivo/institucional. Veja: para não 'cair na armadilha' legal novamente, incluiu-se, por meio da Lei Complementar nº 204, de 2001, o §2º, ao artigo 43, prevendo que caberia à lei ordinária o momento da disponibilização dos lucros auferidos no exterior[20].

A partir desta modificação veio a público a MP nº 2158-35/ 2001, que prescreveu em seu art. 74, o seguinte:

Art. 74. Para fim de determinação da base de cálculo do imposto de renda e da CSLL, nos termos do *art. 25 da Lei no 9.249,*

[20] O §2º, art. 43, do CTN: "*Na hipótese de receita ou de rendimento oriundos do exterior, a lei estabelecerá as condições e o momento em que se dará sua disponibilidade, para fins de incidência do imposto referido neste artigo.*";

de 26 de dezembro de 1995, e do art. 21 desta Medida Provisória, os lucros auferidos por controlada ou coligada no exterior serão considerados disponibilizados para a controladora ou coligada no Brasil na data do balanço no qual tiverem sido apurados, na forma do regulamento.

Parágrafo único. Os lucros apurados por controlada ou coligada no exterior até 31 de dezembro de 2001 serão considerados disponibilizados em 31 de dezembro de 2002, salvo se ocorrida, antes desta data, qualquer das hipóteses de disponibilização previstas na legislação em vigor.

Para não alongar a discussão sobre a constitucionalidade do disposto acima – já que este não é o tema do texto -, citemos uma única passagem a respeito da autoria do mestre Ricardo Mariz de Oliveira, mencionado por Sergio André Rocha[21]:

> [...] o art. 74 da Medida Provisória nº 2.158-35 é ilegal, por contrariar o art. 43 do CTN, e é inconstitucional, por prescrever tributo em situação não contida no campo de incidência do imposto de renda previsto no art. 153, inciso III, da Constituição.

Finalmente, mesmo em voga as discussões acerca da constitucionalidade do referido acima, foi publicada em 13 de maio de 2014, a Lei nº 12.973/14, que passou a regular as disposições gerais sobre a tributação em bases universais, conforme expressa o art. 76:

> Art. 76. A pessoa jurídica controladora domiciliada no Brasil ou a ela equiparada, nos termos do art. 83, deverá *registrar em subcontas* da conta de investimentos em controlada direta no exterior, de forma individualizada, o resultado contábil na *variação do valor*

[21] Oliveira, 2003, p. 354 apud ROCHA, 2014, p. 17.

do investimento equivalente aos lucros ou prejuízos auferidos pela própria controlada direta e suas controladas, direta ou indiretamente, no Brasil ou no exterior, relativo ao ano-calendário em que foram apurados em balanço, observada a proporção de sua participação *em cada controlada, direta ou indireta.*

O grifo foi nosso para dar ênfase à nova sistemática normativa: (i) criação de subcontas para controle dos investimentos no exterior. A subconta será base para ajuste de adição na base de apuração do IRPJ/CSLL; (ii) referência à 'variação do valor do investimento equivalente aos lucros', com a clara intenção de afastar o art. 7º do acordo para evitar a dupla tributação[22]; (iii) a nova regra obriga a declaração dos investimentos diretos

[22] Art. 7º, Convenção Modelo OCDE: Article 7. *Business profits 1. Profits of an enterprise of a Contracting State shall be taxable only in that State unless the enterprise carries on business in the other Contracting State through a permanent establishment situated therein. If the enterprise carries on business as aforesaid, the profits that are attributable to the permanent establishment in accordance with the provisions of paragraph 2 may be taxed in that other State. 2. For the purposes of this Article and Article [23 A] [23 B], the profits that are attributable in each Contracting State to the permanent establishment referred to in paragraph 1 are the profits it might be expected to make, in particular in its dealings with other parts of the enterprise, if it were a separate and independent enterprise engaged in the same or similar activities under the same or similar conditions, taking into account the functions performed, assets used and risks assumed by the enterprise through the permanent establishment and through the other parts of the enterprise. 3. Where, in accordance with paragraph 2, a Contracting State adjusts the profits that are attributable to a permanent establishment of an enterprise of one of the Contracting States and taxes accordingly profits of the enterprise that have been charged to tax in the other State, the other State shall, to the extent necessary to eliminate double taxation on these profits. In determining such adjustment, the competent authorities of the Contracting State shall if necessary consult each other. 4. Where profits include items of income which are dealt with separately in other Articles of this Convention, then the provisions of those Articles shall not be affected by the provisions of this Article."*. Disponível em: http://www.keepeek.com/Digital-Asset-Management/oecd/taxation/model-tax-convention-on-income-and-on-capital-condensed-version-2014_mtc_cond-2014-en#.WULbDYWcHIU#page30 Acesso em 10 junho 2017.

e indiretos (visualização horizontal dos investimentos), salvo possibilidades de consolidação, previstos em lei.

Finda a perspectiva cronológica da legislação, falemos brevemente sobre a importância dos tratados no sistema pátrio, como fonte internacional do Direito Tributário[23].

1.2. Tratados

Conforme o ilustre autor Alberto Xavier, em obra sobre Direito Tributário Internacional, tratados devem ser considerados fonte primordial desta matéria[24]. A evolução histórica, desta fonte, intensifica-se após a Segunda Guerra Mundial, como consequência dos seguintes fatos: (i) evolução, e início da construção, do Estado Democrático de Direito, caracterizando, por um lado, a eliminação da dupla tributação, como garantia fundamental do contribuinte e, por outro, o fim da evasão fiscal, como garantia do Estado; (ii) surgimento e/ou maior relevância às Organizações Internacionais, principalmente quanto à ONU e OCDE; (iii) expansão do capitalismo liberal e, consequente, internacionalização de empresas; (iv) globalização *in lato sensu*.

Diferentemente das convenções, que em sua maioria são celebrados por diversos países e tem caráter de recomendação, os tratados, em regra, são bilaterais, estabelecidos a partir do interesse mútuo entre dois Estados e tem relevância jurídica[25]. Veremos adiante, no entanto, que uma das diretrizes do BEPS

[23] XAVIER, Alberto. **Direito Tributário Internacional**. 2a Ed. São Paulo: Almedina, 2016.

[24] Idem.

[25] De acordo com Alberto Xavier, quanto à aplicação do Tratado Internacional de Direito Tributário na ordem jurídica interna, existem duas questões distintas a tratar: "*a de saber quais as condições em que as normas internacionais ganham relevância na ordem interna; e a de determinar qual o valor na ordem interna das normas internacionais que aí ganharam relevância, ou seja, se valem na ordem interna como normas internacionais ou como simples normas de direito interno.*" (XAVIER, 2016, p. 112).

– *Action 15* -, recomenda a celebração de um único acordo multilateral, denominado *multilateral instrument ('MLI')* entre seus países membros. Importante citar que, em junho de 2017, quase 70 países assinaram este acordo regulado em mínimos padrões e recomendações de melhores práticas, baseados em: (i) neutralização dos efeitos de instrumentos híbridos, conforme *Action 2*; (ii) garantir que a concessão de benefícios em tratados obedeçam padrões mínimos (*Action 6*); (iii) alterações na definição de Estabelecimento Permanente (PE), recomendado pelo *Action 7*; (iv) facilitação ao acesso e à resolução de conflitos em procedimentos de comum acordo (*Action 14*)[26].

Diante do progresso mundial pós-guerra, o Brasil, *player* notadamente subdesenvolvido e protecionista, engajou-se, na celebração de tratados, apenas a partir da década de 70. Com fulcro na política desenvolvimentista, na época comandada pelo regime militar, buscou-se atrair capital estrangeiro através de acordos junto a países como Alemanha, França, Itália. Nos dias de hoje, o Brasil possui pouco mais de 30 tratados internacionais – abalizado pelo modelo convencionado pela OCDE, denominado 'Convenção Modelo da OCDE' -, que visam evitar a dupla tributação[27]. Não podemos deixar de lembrar que o Acordo com a Alemanha perdeu sua vigência (sem efeitos) desde 1º de janeiro de 2006[28].

[26] Disponível em: http://news.pwc.ch/34216/oecd-beps-multilateral-instrument-signed-switzerland-67-countries/?utm_campaign=5769550873a6a3026a03cde6&utm_content=593a643194a326616e01229c&utm_medium=smarpshare&utm_source=linkedin Acesso em 10 junho 2017.

[27] Disponível em: https://idg.receita.fazenda.gov.br/acesso-rapido/legislacao/acordos-internacionais/acordos-para-evitar-a-dupla-tributacao/acordos-para-evitar-a-dupla-tributacao Acesso 10 junho 2017.

[28] Disponível em: https://idg.receita.fazenda.gov.br/acesso-rapido/legislacao/acordos-internacionais/acordos-para-evitar-a-dupla-tributacao/acordos-para-evitar-a-dupla-tributacao#alemanha Acesso em 10 junho 2017.

O entendimento, visto como imprescindível, a respeito da evolução histórica da legislação internacional, no arcabouço jurídico-tributário brasileiro, e uma breve passagem sobre os tratados internacionais para evitar dupla tributação, expostos acima, são suficientes para contextualizar o tema em análise. Passemos, assim, a conceituar o BEPS, movimento que teve como principal objetivo eliminar a erosão das bases tributárias, para em seguida tratarmos dos temas específicos deste trabalho.

2. *Base Erosion and Profit Shifting* – BEPS

2.1. Conceito e Princípios

Preliminarmente, é imperioso conceituar, demonstrar as atribuições e responsabilidades, além de seus membros, da Organização para Cooperação e Desenvolvimento Econômico.

A Organização em comento, com sede em Paris, foi criada oficialmente em 1961 – evolução da Organização para Cooperação Econômica Europeia (OCEE), criada para reconstrução do continente pós-guerra, a partir do Plano Marshall –, tem a missão de *desenvolver políticas que aprimorem e melhorem o bem-estar econômico e social das pessoas em todo mundo, focados e m ajudar os governos a: (i) restauração de confiança nos mercados e instituições; (ii) reestabelecer as finanças para o crescimento sustentável; (iii) apoio à 'economia verde' e o desenvolvimento de países emergentes; (iv) garantir que as pessoas de todas as idades habilitem-se para os empregos do futuro*[29]. Atualmente são 35 países membros[30] e o número deve crescer com a inclusão de países que despontam no cenário

[29] Disponível em: http://www.oecd.org/about/ Acesso em 10 junho 2017.

[30] Austrália, Áustria, Bélgica, Canadá, Chile, República Tcheca, Dinamarca, Estônia, Finlândia, França, Alemanha, Grécia, Hungria, Islândia, Irlanda, Israel, Itália, Japão, Coréia do Sul, Letônia, Luxemburgo, México, Holanda, Nova Zelândia, Noruega, Polônia, Portugal, Eslováquia, Eslovênia, Espanha, Suécia, Suíça, Turquia, Reino Unido e Estados Unidos. Disponível em: http://www.oecd.org/about/membersandpartners/#d.en.194378 Acesso em 10 junho 2017.

econômica mundial, como potências emergentes, tais como o Brasil que terá, inclusive, seu pedido de adesão analisado em julho de 2017[31].

Conceitos, atribuições e responsabilidades postas, passemos ao estudo do BEPS.

Conforme mencionamos no começo deste trabalho, o arcabouço tributário nacional e internacional não acompanhou a evolução tecnológica – tema, inclusive, do Plano de Ação 1, que trata da economia digital –, nem a complexidade dos assuntos do mundo globalizado que se apresentam nos dias de hoje.

Ainda com receio acerca de um padrão internacional de tributação, muito em função da soberania de cada Estado, os países participantes do G20 – ávidos por justiça, entendendo que a redução significativa da carga tributária prejudicava tanto governo, como contribuinte e o padrões outrora estabelecidos para o livre comércio e livre concorrência – solicitaram à OCDE que desenvolvesse um Plano de Ação com a finalidade de resolver a erosão da base tributária e a transferência de lucros de maneira coordenada e abrangente[32]. Do relatório, temos o seguinte:

> Especificamente, o objetivo do Plano de ação seria dotar os países de instrumentos domésticos e internacionais para uma melhor harmonização dos poderes de imposição tributária com as atividades econômicas. Tal como requerido no recente relatório da OCDE 'Combate à erosão da base tributária e à transferência de lucros (OCDE, 2013a), este plano de ação (i) identifica ações

[31] Disponível em: http://www.valor.com.br/brasil/4996000/ocde-decide-em-julho-sobre-adesao-do-brasil Acesso em 10 junho 2017.

[32] Disponível em: http://www.keepeek.com/Digital-Asset-Management/oecd/taxation/plano-de-acao-para-o-combate-a-erosao-da-base-tributaria-e-a-transferencia-de-lucros_9789264207790-pt#.WTiQ44WcHIV#page15 Acesso em 01 junho 2017.

necessárias para enfrentar a erosão da base tributária e a transferência de lucros; (ii) estabelece prazos para a implementação dessas ações; (iii) identifica os recursos necessários e a metodologia adequada para implementar as ações.

Com a publicação do *final report*, a OCDE tratou de conceituar o movimento internacional que lograra êxito em razoável celeridade:

> *BEPS* refers to tax planning strategies that exploit *gaps and mismatches in tax rules* to artificially shift profits to low or no-tax locations where there is little or no economic activity. Although some of the schemes used are illegal, most are not. This undermines the fairness and integrity of tax systems because businesses that operate across borders can use BEPS to gain a competitive advantage over enterprises that operate at a domestic level. Moreover, when taxpayers see multinational corporations legally avoiding income tax, it undermines voluntary compliance by all taxpayers. [33]

Há quem diga que as diretrizes e os princípios estabelecidos não são suficientes, como o Professor de Economia na Escola de Londres, Gabriel Zucman, quando afirma: *"(...) we need to rethink the taxation of companies. The fixes recently proposed by the*

[33] "O BEPS refere-se a estratégias de planejamento tributário que exploram lacunas e descasamentos nas regras fiscais para transferir artificialmente os lucros para locais com baixa ou nenhuma tributação, onde há pouca ou nenhuma atividade econômica. Embora alguns dos esquemas utilizados sejam ilegais, a maioria não é. Isso prejudica a justiça e a integridade dos sistemas tributários, porque as empresas que operam fora de suas fronteiras podem usar o BEPS para obter uma vantagem competitiva em relação às empresas que operam em nível doméstico. Além disso, quando os contribuintes veem corporações multinacionais legalmente evitando o imposto de renda, isso mina o cumprimento voluntário por todos os contribuintes.". Disponível em: < http://www.oecd.org/tax/beps/beps-about.htm> Acesso em: 12 abril 2017.

Organisation for Economic Cooperation and Developmente (OECD) are unlikely to enable much progress[34]", ou ainda: "*As the recente work of the OECD on automatic information exchange shows, sanctions are not always necessary: diplomacy can go a long way in securing formal commitments. But not all tax havens are on board; and in the absence of well-defined penalties, history suggests that formal commitments may not translate into real change: threats may be necessary to foster effective cooperation.*[35]". Percebe-se que o autor busca a sanção como única e exclusiva forma de se obter o resultado desejado, não somente por meio da diplomacia, como prevê algumas indicações do plano de alinhamento internacional.

Todavia, a verdade é que o movimento, sustentado por três amplos princípios, tem demonstrado grande poder de força perante a comunidade mundial. Os pilares que apoiam as diretrizes trazidas pela OCDE/G20, são os seguintes: consistência (*coherence*); substância (*substance*); e transparência (*transparency*).

2.1.1. Consistência do Sistema Tributário Internacional (*Coherence*)

Este alicerce respalda os planos que cuidam da neutralização dos instrumentos híbridos (*Action 2*), das regras mais eficientes de CFC (*Action 3*), dos limites de dedução para juros e outros pagamentos (*Action 4*) e das formas mais eficientes a combater práticas fiscais prejudiciais (*Action 5*). Segundo o relatório publicado pela OCDE, *os novos padrões internacionais devem ter por*

[34] "[...] temos que repensar a tributação sobre as companhias. As soluções recentes, propostas pela Organização para a Cooperação e Desenvolvimento Econômico (OCDE) provavelmente não permitirão muito progresso." (ZUCMAN, 2015, p. 5).

[35] "[...] temos que repensar a tributação sobre as companhias. As soluções recentes, propostas pela Organização para a Cooperação e Desenvolvimento Econômico (OCDE) provavelmente não permitirão muito progresso." (ZUCMAN, 2015, p. 5).

objeto garantir a coerência na tributação dos rendimentos das pessoas jurídicas a nível internacional[36].

As lacunas encontradas pelas grandes empresas multinacionais (MNEs) espalham os prejuízos, principalmente, em países em desenvolvimento. Estudo elaborado pela PwC traz que *as ações com foco na "coerência" do sistema tributário internacional vistam neutralizar lacunas e 'black holes' (buracos negros) nas legislações domésticas que gerem assimetria no tratamento tributário d e determinadas operações que levem ao BEPS – questões abrangendo entidades e instrumentos híbridos, juros e outros deduções financeiras, 'Controlled Foreign Companies' (CFC) e práticas tributárias danosas ('Harmful Tax Pratices')*[37].

2.1.2. Substância (*Substance*)

Sobre os planos de ação que tratam de garantir e prevenir que os tratados sejam feitos de forma diligente pelos Estados, sem abusos (*Action 6*), observar e revisar conceitos de Estabelecimento Permanente (PE), para fins de evitar evasão fiscal (*Action 7*) e que trazem novas diretrizes para preço de transferência a fim de garantir que as receitas dos grupos econômicos sejam alocadas de acordo com a criação de valor de seus intangíveis, dos riscos e capital investidos e das transações de alto risco (*Action 8-10*), impera o princípio da substância. Neste caso, a OCDE lembra que *é necessário um reajustamento da tributação e substância relevante, para restaurar os efeitos pretendidos e benefícios dos padrões internacionais (...)*[38].

[36] Disponível em: http://www.keepeek.com/Digital-Asset-Management/oecd/taxation/plano-de-acao-para-o-combate-a-erosao-da-base-tributaria-e-a-transferencia-de-lucros_9789264207790-pt#.WTiQ44WcHIV#page15 Acesso em 01 junho 2017.

[37] Disponível em: < http://www.pwc.com.br/pt/eventos-pwc/assets/arquivo/bulletin-beps.pdf> Acesso em 01 junho 2017.

[38] Disponível em: http://www.keepeek.com/Digital-Asset-Management/oecd/taxation/plano-de-acao-para-o-combate-a-erosao-da-base-tributaria-

Este princípio visa coibir práticas sem propósito ou com mera, e única, expectativa de erosão da base tributável. Segundo a PwC, *as ações com foco em "substância" buscam alinhar o poder de tributar com a respectiva atividade geradora de valor ao negócio, abrangendo questões relacionadas ao abuso no uso de tratados, à consistência entre alocação de riscos e a efetiva conduta realizada em Preços de Transferência (TP, na sigla em inglês), a caracterização e o tratamento de Estabelecimentos Permanentes (PE, na sigla em inglês)*[39].

2.1.3. Transparência (*Transparency*)

Finalmente, entre os planos de ação que visam monitorar e mensurar as práticas de erosão das bases tributárias (*Action 11*), obrigar o contribuinte a divulgar planejamentos tributários considerados agressivos (*Action 12*), detalhar as documentações de preço de transferência (revisão) e instituição do relatório país-a-país, denominado *Coutrny-by-Country Reporting* (*Action 13*) e tornar os mecanismos de resolução de conflitos mais eficientes (*Action 14*), reina o princípio da transparência. Este princípio rege as ações voltadas à divulgação de *reports*, dotados com informações sobre receitas, número de funcionários, atividades etc. Tem o cunho de prover a interação entre as autoridades administrativas de diversos países, tornando a fiscalização mais célere e eficiente.

Para encerrar o entendimento dos princípios, trazemos, novamente, o relatório elaborado pela PwC, o qual afirma que as ações focadas em 'transparência', por sua vez, buscam estimular a divulgação de informações adicionais relevantes sobre as operações das empresas – elaboração de relatórios por país para serem entregue às autoridades tributárias (*Country-by-Country*

e-a-transferencia-de-lucros_9789264207790-pt#.WTiQ44WcHIV#page15 Acesso em 01 junho 2017.

[39] Idem.

Report ou CbCR), documentação de TP local e global (*local file* e *master file*) e divulgação de planejamentos tributários[40].

2.2. Planos de Ação[41]

Os planos de ação foram divididos em quinzes diretrizes. Para fins de contextualizar o tema proposto, faremos um breve resumo sobre cada um (com exceção do plano de ação 12, que será tratado em capítulo específico) e seus efeitos. Cabe advertir que diante do escopo abrangente e das imensas possibilidades existentes dentro de cada diretriz, o presente trabalhão não tem a finalidade de exaurir o tema. Vejamos um breve resumo do que representa cada um:

a) Action 1: Addressing the tax Challenges of the digital economy

Em tradução livre, lê-se algo como "Endereçando os desafios tributários na Economia Digital". Os grandes líderes globais e a sociedade têm percebido que as empresas multinacionais (MNEs) estão se aproveitando dos avanços tecnológicas com o precípuo fim de evadir seus lucros e fugir da tributação ordinária. Para este tipo de situação foi criado um comitê especial, denominado "*The Task Force on the Digial Economy*", para endereçar os assuntos relevantes e as possíveis soluções encontradas.

Sabe-se que a economia digital ditará os caminhos da própria economia de forma geral. A enorme variedade dos modelos desta economia – baseados principalmente em comércio eletrônicos, aplicativos, base de dados na nuvem e pagamentos virtuais –, e a velocidade e volatilidade com que se apresentam

[40] Idem.

[41] O capítulo foi elaborado com base no resumo dos planos de ação, disponibilizado no site da OCDE. Todo o conteúdo abaixo pode ser visualizado em: http://www.oecd.org/ctp/beps-reports-2015-executive-summaries.pdf. Acesso em 01 junho 2017.

novas tecnologias são encarados como o grande desafio de adequação aos propósitos fiscais.

Para solução do que foi mencionado acima, algumas propostas foram acordadas: (i) modificar a lista de exceção para definição de estabelecimento permanente (PE); (ii) modificar a definição de estabelecimento permanente (PE); (iii) os resultados devem ser atribuídos a quem assume os funções, ativos e riscos econômicos; e (iv) inclusão de receitas típicas da economia digital nas regras de CFC para que sejam tributadas na jurisdição da empresa matriz (*ultimate parent company*).

Cabe destacar, por último, os desafios que serão enfrentados na forma pela que se tributará de forma direta (*income/corporate tax*) e de forma indireta (*VAT*) as transações com bens, serviços e intangíveis dentro da economia digital. Neste caso também foram analisados alguns pontos, com destaque para a criação de *VAT/GST* nas transações caracterizadas como *cross-border*, que seriam guiadas pelos princípios internacionais do tributo de valor agregado.

b) Action 2: Neutralising the effects of hybrid mismatch arrangements

A função deste plano, que diz respeito à neutralização dos efeitos de instrumentos híbridos, consiste na correção de planejamentos tributários onde, por exemplo, certa despesa é considerada dedutível em duas jurisdições distintas, ou seja, enquanto os países fazem acordos para evitar a dupla tributação, as empresas multinacionais (MNEs) fazem planejamentos agressivos com a intenção de proceder com a dupla dedução. Resta claro que este fim prejudica *a competição, a eficiência, a transparência e a justiça*[42].

[42] Disponível em: http://www.oecd.org/ctp/beps-reports-2015-executive-summaries.pdf Acesso em 7 junho 2017.

Este enunciado está divido em duas partes: (i) recomendações para alterações das leis domésticas, que prevê até a inclusão de cláusulas defensivas, onde um país requer a inclusão na base tributável de pagamento dedutível em outra jurisdição ou que se negue a considerar uma dupla dedução, a depender do instrumento; e (ii) recomendações para alterações do modelo de acordo para evitar dupla tributação, elaborado pela OCDE, que verificará a dupla residência da empresa multinacional (MNE), para encontrar qual tratado fiscal seria aplicado e, enfim, endereçar quais riscos foram encontrados com base no item (i).

c) Action 3: Designing effective Controlled Foreign Company (CFC) rules

A tradução literal deste item tem a ver com a elaboração de regras mais eficientes para controle de companhias estrangerias, também conhecido como *CFC Rules*. Por definição, temos que:

> Controlled foreign company (CFC) rules respond to the risk that taxpayers with a controlling interest in a foreign subsidiary can strip the base of their country of residence and, in some cases, other countries by shifting income into a CFC. Without such rules, CFCs provide opportunities for profit shifting and long-term deferral of taxation. [43]

Para cumprir com seus objetivos, foram construídas seis estratégias: (i) definição de qual companhia tem o controle e a influência significativa do grupo econômico; (ii) isenções e requisitos de sua obtenção das empresas controladas situadas no exterior; (iii) definição de receita, assunto, inclusive, debatido

[43] Disponível em: http://www.oecd.org/ctp/beps-reports-2015-executive-summaries.pdf Acesso em 7 junho 2017.

pela justiça nacional há mais de 20 anos; (iv) reconhecimento da receita e aproveitamento de prejuízo acumulado – cabe mencionar que a legislação brasileira já indica que o prejuízo acumulado pela controlada, domiciliada no exterior, poderá ser compensado com lucros futuros da mesma pessoa que lhes deu origem, conforme expressa art. 77, §2º, Lei nº 12.973/14; (v) atribuição de receita, com base na proporção e influência, ou seja, uma clara tentativa de reduzir a alocação de receitas em companhias estrangeiras não operacionais; (vi) por último, a elaboração mais eficaz das de novas diretrizes, para fins de *CFC Rules*, deve priorizar a prevenção e eliminação da dupla tributação.

d) Action 4: Limiting base erosion involving interest deductions and other financial payments

No caso em questão, o foco é limitar a erosão de bases em transações relacionadas aos pagamentos de juros dedutíveis. A recomendação para se evitar essa erosão estará amparada na adoção de uma alíquota fixa, de limitação da dedução e do pagamento de juros de uma mesma entidade, baseada no EBITDA da entidade. Em função da discrepância entre os países, esta alíquota poderia estar entre 10 % e 30 %. Válido mencionar que as diretrizes relacionadas ao preço de transferência também tratam desta limitação na dedutibilidade de juros. No âmbito nacional, além das regras de preço de transferência, temos as limitações de subcapitalização (*Thin Capitalization*), encontradas entre os arts. 24 e 26, da Lei nº 12.249/2010 e regulada pela IN RFB nº 1.154/2011.

e) Action 5: Countering harmful tax practices more effectively, taking into account transparency and substance

Temos aqui a diretriz que recomenda o combate mais eficaz às práticas fiscais prejudiciais, com base na transparência e substância. Para encaminhar os principais assuntos, foi designado o

Forum on Harmful Tax Practices (FHTP), que atentou, principalmente, com os regimes fiscais privilegiados, em como definir o conceito de atividade preponderante – que recebe o privilégio –, e em como aprimorar a transparência através de trocas de informações espontâneas destes regimes especiais.

Os países concordaram que: (i) o conceito de atividade substancial (preponderante) deve ter uma conexão com o respectivo regime privilegiado, para que tenha sua benesse fortalecida contra a erosão da base tributária; (ii) para o aprimoramento da transparência deve-se criar uma estrutura única de informações, que abarque todos os regimes privilegiados; e (iii) revisão dos regimes privilegiados.

f) Action 6: Preventing the granting of treaty benefits inappropriate circumstances

O assunto deste item está relacionado à prevenção quanto ao uso abusivo dos tratados que evitam a dupla tributação. Esta diretriz é considerada como uma das fontes mais importantes para prevenção da erosão das bases tributáveis.

As novas regras, para evitar o abuso (ou uso impróprio) em tratados, seguem as seguintes recomendações: (i) evitar que determinado Estado preveja, em seu tratado tributário, a não tributação ou a tributação reduzida a partir de atos de evasão fiscal; (ii) regra de limitação em benefícios (LOB), com base, principalmente, nas atividades da empresa que busca o benefício junto ao Estado; (iii) incluir recomendações gerais, que não estão previstas no item anterior, com fulcro no propósito negocial (*Principal Purposes of Transactions – PPT*).

g) Action 7: Preventing the artificial avoidance of permanent establishment status

A recomendação acima tem a intenção de prevenir a descaracterização artificial do *status* de Estabelecimento Permanente

(PE). Isto ocorre pelo simples fato de alguns tratados preverem que os lucros de uma empresa estrangeira serão tributáveis em um Estado somente quando uma entidade tem, neste Estado, um PE, onde os lucros são atribuíveis[44].

Este plano está conectado à tantos outros, dentro do BEPS, tais como: *Action 6*, onde a garantia do fim de tratados abusivos (LOB, por exempo), trará coesão aos conceitos de PE; *Action 1*, que detalhará atividades outrora consideradas auxiliares, como principais, revestindo o que antes era uma mera representação de uma empresa em PE; *Action 15*, o qual conterá as novas definições de PE nos acordos e tratados multinacionais.

h) Action 8-10: Aligning Transfer Pricing outcomes with value creation

As regras de preço de transferência foram cunhadas com base no princípio do *arm's length*, que prevê:

> The principle requires that transactions between associated enterprises are priced as if the enterprises were independent, operating at arm's length and engaging in comparable transactions under similar conditions and economic circumstances. Where the conditions of the transaction are different to those between third parties in comparable circumstances, adjustments to the profits may be needed for tax purposes. [45]

[44] "*Tax treaties generally provide that the business profits of a foreign enterprise are taxable in a State only to the extent that the enterprise has in that State a permanent establishment (PE) to which the profits are attributable*". Disponível em: http://www.oecd.org/ctp/beps-reports-2015-executive-summaries.pdf Acesso em 7 junho 2017.

[45] "O princípio requer que as transações entre empresas coligadas devem ser precificadas como se as empresas fossem independentes, operando na mesma proporção e de igual forma sob as mesmas condições e circunstâncias. Caso as condições, entre as coligadas, forem diferentes das transações com terceiros, será necessário ajustar o lucro para fins fiscais.". Disponível em: http://www.

As condições de preço pareciam ser suficientes para proteger-se contra a erosão tributária, contudo a nova e complexa economia, fruto da globalização já aludida acima, trouxe lacunas ao sistema até então adotado pela OCDE. A mera alocação de funções, ativos e riscos provou ser vulnerável às manipulações que transferem receita para países com baixa tributação, onde o grupo econômico tem presença, mas que não gera valor algum, não produz os bens atrelados à sua atividade econômica. Assim, os idealizadores, deste conjunto de diretrizes, perceberam a necessidade de revisar algumas práticas sobre o instituto do preço de transferência, com a intenção de esclarecer e fortalecer o princípio do *arm's length*.

A ideia basilar desta diretriz consiste em assegurar que a receita gerada, por determinado grupo econômico, deve estar alocada onde há criação de valor. Assim está disposto nas 3 ações criadas para evitar e/ou prevenir a erosão da base tributável: *Action 8 – Intangibles*, quando da alocação de intangíveis entre membros de um mesmo grupo econômico, deve-se assegurar que os lucros associados à transferência e ao uso dos intangíveis estejam em acordo com a criação de valor (produção + atividade econômica); *Action 9 – Risks and capital*, quando da alocação de riscos, ou excesso de capital, entre membros de um mesmo grupo econômico, deve-se adotar como critério o alinhamento do retorno do capital com a criação de valor (produção + atividade econômica); e *Action 10 – Other high-risk transactions*, quando da ocorrência de transações que não ocorreriam, ou que raramente ocorreriam, entre terceiros, observando, principalmente, a divisão de lucros, em contexto com cadeias de valor global[46].

oecd.org/ctp/beps-reports-2015-executive-summaries.pdf Acesso em 10 junho 2017.

[46] Disponível em: http://www.oecd.org/ctp/BEPSActionPlan.pdf Acesso em 10 junho 2017.

i) Action 11: Measuring and monitoring BEPS

Criou-se um plano de ação específico para mensurar e monitorar ações que resultem em erosão da base tributária e a transferência de lucros e, também, para encontrar a melhor forma de manter seu controle.

Para a consecução deste plano observou-se alguns indicadores de atividades de erosão, dos quais temos: (i) a taxa de lucro das empresas multinacionais (MNEs) localizadas em países com tributação favorecida são maiores que da média de seus grupos ao redor do mundo; (ii) a taxa efetiva, paga pela grande maioria das empresas multinacionais (MNEs), está estimada entre 4 a 8,5 pontos percentuais menor que empresas similares que tem somente operações domésticas; (iii) o investimento estrangeiro direto (IED) está cada vez mais concentrado; (iv) separação do lucro de onde se produz para local onde registra-se determinado intangível da empresa multinacional (MNE), como por exemplo, recebimento por *royalties* em países com baixa tributação; (vi) dívidas *intercompanies* e entre terceiros está concentrada em empresas multinacionais (MNEs) residentes em países com maior taxa de tributação nominal[47].

[47] O parágrafo traz menção à parte do resumo do Plano de Ação 11, que deve ser entendido da seguinte maneira: "*(i) the profit rates of MNE affiliates located in lower-tax countries are higher than their group's average worldwide profit rate; (ii) the effective tax rates paid by large MNE entities are estimated to be 4 to 8$^{1}/^{2}$ percentage points lower than similar enterprises with domestic-only operations; (iii) foreign direct investment (FDI) is increasingly concentrated; (iv) the separation of taxable profits from the location of the value creating activity is particularly clear with respect to intangible assets, and the phenomenon has grown rapidly; (v) debt from both related and third-parties is more concentrated in MNE affiliates in higher statutory tax-rate countries.* Disponível em: http://www.oecd.org/ctp/beps-reports-2015-executive-summaries.pdf Acesso em 7 junho 2017.

j) Action 13: Guidances on Transfer Pricing documentation and Country-by-Country Reporting

Diz respeito às diretrizes para exame das documentações de preço de transferência e, inédito, relatório país-a-país. Esta declaração país-a-país, inclusive, foi inserida no contexto brasileiro por meio da IN RFB nº 1.681/2017, que detalha a obrigação em declarar as informações no Bloco W, da Escrituração Contábil Fiscal (ECF), já a partir do ano-calendário 2016.

Em linhas gerais, tem o intuito de aperfeiçoar a transparência fiscal, com o escopo de desenvolver regras que tratam da documentação de preço de transferência, onde as empresas multinacionais (MNEs), constituídas em grupos econômicos com receita superior a € 750 milhões, proverão, em uma visão global, todas as informações sobre receitas, atividades e impostos pagos.[48]

As informações prestadas serão divididas em três relatórios: (i) *master file*, que diz respeito às informações gerais referente às atividades (visão global) das empresas multinacionais e sua política com preço de transferência; (ii) *local file*, onde deverá conter a informação das operações relevantes com partes relacionadas. No caso, trata-se de relatório específico para cada país; (iii) e o *Country-by-Country Reporting*, denominada de 'Declaração País-a-País', que será um relatório com maiores detalhes, onde a empresa multinacional (MNE) deverá fornecer à autoridade específica (jurisdição), anualmente, informações a respeito de receita, número de empregados, capital social entre outros.

[48] Breve passagem do resumo do Plano de Ação 13: *"Action 13 (...) requires the development of 'rules regarding transfer pricing documentation to enhance transparency for tax administration, taking into consideration the compliance costs for business. The rules to be developed will include a requirement that MNEs provide all relevant governments with needed information on their global allocation of their income, economic activity and taxes paid among countries according to a common template"*. Disponível em: http://www.oecd.org/ctp/beps-reports-2015-executive-summaries.pdf Acesso em 7 junho 2017.

Como já aludido, o Fisco nacional já tornou o relatório obrigatório, por meio de Instrução Normativa, e regulamentou, em seu art. 9º, a 'Declaração País-a-País'. Vejamos:

> Art. 9º A Declaração País-a-País consiste:
>
> I – em informações agregadas por jurisdição na qual o grupo multinacional opera relativas:
>
> *a)* aos montantes de receitas total e das obtidas de partes relacionadas e não relacionadas;
>
> *b)* ao lucro ou prejuízo antes do imposto sobre a renda;
>
> *c)* ao imposto sobre a renda pago;
>
> *d)* ao imposto sobre a renda devido;
>
> *e)* ao capital social;
>
> *f)* aos lucros acumulados;
>
> *g)* ao número de empregados, trabalhadores e demais colaboradores; e
>
> *h)* aos ativos tangíveis diversos de caixa e equivalentes de caixa;
>
> II – na identificação de cada entidade integrante do grupo multinacional, mediante a indicação:
>
> *a)* da sua jurisdição de residência para fins tributários e, quando diferente desta, da jurisdição sob cujas leis a entidade integrante está estabelecida; e
>
> *b)* da natureza de suas principais atividades econômicas; e
>
> III – em informações em texto livre, para prestação de esclarecimentos adicionais, a critério do grupo multinacional.
>
> § 1º Nas informações relativas ao Brasil, os valores constantes das alíneas "c" e "d" do inciso I do caput abrangem a Contribuição Social sobre o Lucro Líquido (CSLL).
>
> § 2º As informações de valores constantes da Declaração País-a-País deverão ser prestadas:
>
> I – em uma única moeda, que deve ser a moeda do controlador final do grupo multinacional;

II – considerando-se a totalidade das entidades integrantes, ou seja, independentemente da proporção de participação do controlador final do grupo multinacional em suas controladas; e

III – de maneira agregada, isto é, somam-se os valores relativos a todas as entidades integrantes residentes na mesma jurisdição tributária.

§ 3º As informações em texto livre, conforme previsto no inciso III do caput, deverão ser fornecidas em um único idioma, a ser escolhido pela entidade declarante dentre as opções de português, inglês e espanhol.

§ 4º As informações da Declaração País-a-País devem ser prestadas considerando-se as definições e instruções contidas no Manual de Orientação do Leiaute da ECF, divulgado pela Coordenação-Geral de Fiscalização por meio de Ato Declaratório Executivo (ADE) publicado no Diário Oficial da União (DOU).

k) Action 14: Making dispute resolution mechanisms more effective

A tradução do título já revela a intenção deste plano: tornar mais eficientes os mecanismos de resolução de conflito. A indicação sugere que este relatório visa dar maior eficácia e eficiência à base de acordo-mútuo (*mutually-agreed basis* – MAP), que seria peça fundamental para resolução de conflitos, tanto na interpretação de tratados, como em sua correta aplicação.

Os países concordaram em adotar os seguintes padrões mínimos para a resolução dos conflitos ocorrerem de forma mais eficiente: (i) garantir a boa-fé do acordo mútuo; (ii) garantir a implementação de processos administrativos que promovam resoluções céleres; (iii) garantir, ao contribuinte, o acesso à base de acordo-mútuo (MAP).

l) Action 15: Multilateral convention to implement tax treaty measures to prevent BEPS

Por último, e não menos importante, o plano de ação 15 encontra a necessidade de estabelecer um acordo tributário multilateral entre os países com o precípuo fim de evitar a erosão da base tributária. É sabido que os tratados, em regra, tratam de relações bilaterais e miram, entre outras coisas, evitar a dupla tributação em cima do contribuinte. Acontece que, nos dias de hoje, esta metodologia não é mais interessante. Busca-se, em linha com a globalização, padrões globais, multinacionais.

Desta forma, temos que:

> Action 15 of the BEPS Action Plan provides for an analysis of the tax and public international law issues related to the development of a multilateral instrument to enable countries that wish to do so to implement measures developed in the course of the work on BEPS and amend bilateral tax treaties. On the basis of this analysis, interested countries will develop a multilateral instrument designed to provide an innovative approach to international tax matters, reflecting the rapidly evolving nature of the global economy and the need to adapt quickly to this evolution. The goal of Action 15 is to streamline the implementation of the tax treaty-related BEPS measures.

Após rápida passagem por cada um dos planos de ação discutidos, elaborados, publicados e endossados pela OCDE, pelo G20 e respectivos países, passemos esmiuçar a diretriz que é objeto deste trabalho.

3. Action 12 – *Mandatory Disclosure Rules*

Após um breve resumo sobre cada plano de ação, passemos à instrução que circunda nossa tese. Demonstraremos o principal objetivo da declaração de planejamentos fiscais, a quem e como se aplica e suas regras de divulgação.

O principal objetivo das regras de divulgação obrigatórias (*mandatory disclosure rules*), sustentado pelo princípio da transparência, é fornecer às autoridades tributárias informações antecipadas de potenciais planejamentos tributários considerados abusivos ou agressivos e identificar o beneficiário destes planejamentos. Antecipar tais informações favorecem as autoridades tributárias ao efetivo cumprimento das atividades de *compliance* e é considerado um dos cernes desta instrução. Não custa lembrar que as informações podem ser reportadas após a implementação do planejamento, pelo contribuinte.

A comunidade internacional, sabendo que as regras podem variar de país a país, estabeleceu princípios basilares a serem considerados. Dessa forma as regras de divulgação devem: (1) ser claras e de fácil entendimento; (2) não devem gerar altos custos adicionais para os contribuintes no atendimento ao *Compliance*. Existe a premissa de que informações adicionais e desnecessárias aumentarão os custos para o contribuinte e podem minar a eficiência das autoridades tributárias; (3) deve ser eficiente para atender aos objetivos estipulados e ter exatidão para identificar planejamentos relevantes; e (4) as informações coletadas devem ser usadas de maneira eficiente[49].

A obrigação em divulgar poderá ser imposta para os contribuintes e/ou para a Administração Pública, sobre assuntos específicos e genéricos, onde cada tema desencadeará determinado requisito para divulgação. Para isso será estabelecido um mecanismo para rastrear e comunicar as divulgações, que deverão contar com prazo específico (*timeframe linked to availability of a scheme or to implementation*[50]). Por fim, para assegurar

[49] *Action Plan 12*. Disponível em: <http://www.keepeek.com/Digital-Asset-Management/oecd/taxation/mandatory-disclosure-rules-action-12-2015-final-report_9789264241442-en#page1> Acesso em: 27 maio 2016.

[50] Raad, Kees Van. ***Materials on International, TP & EU Tax Law. Volume 1.*** 15ª Ed. Holanda: International Tax Center Leiden, 2015.

o cumprimento das divulgações, em acordo com as leis internas, serão introduzidas sanções, incluindo as não pecuniárias[51].

4. Medida Provisória nº 685/2015

Neste capítulo abordaremos os arts. 7 ao 12, da Medida Provisória nº 685, publicada no dia 21 de julho de 2015, que dispõem em resumo, entre outras coisas, sobre a necessidade de se declarar, por parte do sujeito passivo, operações que envolvam atos ou negócios jurídicos que acarretem supressão, redução ou diferimento do tributo.

Antes de adentrarmos nos pormenores do disposto acima, é primordial estabelecer, sem a intenção de esgotar o tema, o conceito dos atos ou negócios jurídicos citados. Importante mencionar os ensinamentos do professor Marco Aurélio Greco sobre a sua interessante analogia do 'conceito jurídico' a um 'mapa'[52]:

> Como 'representação', o conceito assemelha-se a um mapa cartográfico e, por isso, não apresenta todas as qualidades e elementos que o objeto possui. Assim como não se exige que o mapa indique todas as características tal como existem, também não se pode pretender que o conceito indique a realidade em sua plenitude. Aliás, um mapa geográfico que retratasse com exatidão a realidade só poderia ser do tamanho da própria realidade com todos seus pormenores; e para ter um mapa desse tamanho e com essa exatidão ninguém precisaria do mapa, bastaria olhar a realidade!

Logo após esta brilhante reflexão, e ainda sob a tutela do professor, analisar-se-ão os atos e negócios jurídicos, previstos no art. 7º, MP nº 685/2015, como fruto de atos de planejamento tri-

[51] Disponível em: http://www.oecd.org/ctp/beps-reports-2015-executive-summaries.pdf Acesso em 7 junho 2017.
[52] Greco, 2011, p. 73.

butário ou elisão fiscal, classificada como conduta que antecede o fato gerador, que está dentro dos limites impostos pela Lei, sem vício de simulação e que almeja a economia tributária, em linha, quando Pessoa Jurídica, com o princípio da perpetuidade.

Note que, a evasão fiscal, ato praticado após o fato gerador, que não respeita a legislação, com *animus* doloso de sonegar e causar prejuízo ao erário, não será assunto deste artigo. Isto porque a referido instituto não deve ser considerado como planejamento, mas tão somente como ato ilegal, simples assim.

Seguida a delimitação do objeto, o planejamento e a elisão diferenciam-se quanto ao referencial e à matéria. Enquanto o primeiro tem atenção à conduta de alguém, envolvido na liberdade contratual, por exemplo, a segunda se relaciona *à incidência e à cobrança do tributo*, analisando princípios do Direito Tributário, como da capacidade contributiva (GRECC, 2011).

Para encerrar esta compreensão introdutória, vejamos quais efeitos do planejamento na visão clássica trazida, novamente, pelo Doutor Marco Aurélio Greco:

> [...] figura vista como organização da vida com base na liberdade para diminuir a carga tributária independentemente de haver uma razão extratributária que o justifique. Às vezes, até a única razão que motiva a operação é a tributária, de diminuir o ônus do tributo.
>
> O planejamento visto desta perspectiva clássica provoca:
>
> *a)* perda de arrecadação e não atingimento da capacidade contributiva manifestada ou embutida naquela situação; e
>
> *b)* criação de situações que quebram a neutralidade da tributação perante o universo de contribuintes e, em especial, perante os competidores do Mercado.

Visto o conceito dos atos e negócios jurídicos expressos no Ato Executivo em comento, passemos à sua concepção. Foi em julho de 2015, que o então Ministro da Fazenda Joaquim Levy, apresentou à Presidente da República a Exposição de Motivos nº 00080/2015 – fundamento da Medida Provisória nº 685/2015 – que tinha como uma das providências a necessidade de *revelação de estratégias de planejamento tributário na linha do Plano de Ação sobre Erosão da Base Tributária e Transferência e Lucros*[53], desenvolvido pela OCDE em conjunto com o G20, afirmando, por último, que *a medida estimula postura mais cautelosa por parte dos jurisdicionados antes de fazer uso de planejamentos tributários agressivos*[54].

O objeto desta Medida constituiu-se em ato do executivo que almejava, especialmente, a legalização do planejamento já implementado – o art. 8º, da referida norma, remete à formulação de consulta para os atos ou negócios jurídicos ainda não ocorridos -, através da sua declaração às autoridades fiscais. Dispunha o seguinte:

> Art. 7º O conjunto de operações realizadas no ano-calendário anterior que envolva atos ou negócios jurídicos que acarretem supressão, redução ou diferimento de tributo deverá ser declarado pelo sujeito passivo à Secretaria da Receita Federal do Brasil, até 30 de setembro de cada ano, quando:
>
> I – os atos ou negócios jurídicos praticados não possuírem razões extratributárias relevantes;
>
> II – a forma adotada não for usual, utilizar-se de negócio jurídico indireto ou contiver cláusula que desnature, ainda que parcialmente, os efeitos de um contrato típico; ou
>
> III – tratar de atos ou negócios jurídicos específicos previstos em ato da Secretaria da Receita Federal do Brasil.

[53] Exposição de Motivos (EM) nº 00080/2015. Disponível em: http://www2.camara.leg.br/legin/fed/medpro/2015/medidaprovisoria-685-21-julho-2015-781288-exposicaodemotivos-147659-pe.html. Acesso em: 27 maio 2016.

[54] Idem.

> Parágrafo único. O sujeito passivo apresentará uma declaração para cada conjunto de operações executadas de forma interligada, nos termos da regulamentação.

A sanção atribuída ao contribuinte que não declarasse tal conjunto de operações, ou que fizesse de forma ineficaz, fora prevista da seguinte forma:

> Art. 11. A declaração de que trata o art. 7º, inclusive a retificadora ou a complementar, será ineficaz quando:
> I – apresentada por quem não for o sujeito passivo das obrigações tributárias eventualmente resultantes das operações referentes aos atos ou negócios jurídicos declarados;
> II – omissa em relação a dados essenciais para a compreensão do ato ou negócio jurídico;
> III – contiver hipótese de falsidade material ou ideológica; e
> IV – envolver interposição fraudulenta de pessoas.
> Art. 12. O descumprimento do disposto no art. 7º ou a ocorrência de alguma das situações previstas no art. 11 caracteriza omissão dolosa do sujeito passivo com intuito de sonegação ou fraude e os tributos devidos serão cobrados acrescidos de juros de mora e da multa prevista no § 1º do art. 44 da Lei nº 9.430, de 27 de dezembro de 1996.

Veremos adiante as principais diferenças entre o Plano de Ação 12, estabelecido pelo BEPS, e os arts. 7º à 11, da Medida Provisória nº 685/2015, e por qual razão esta nova medida não foi convertida em lei.

5. Medida Provisória nº 685/2015 X Action Plan 12

Apesar de participar na consecução dos Planos de Ação, o Brasil não se constitui como membro da OCDE, conforme citado algumas vezes, de modo que não se vê 'obrigado' a seguir suas recomendações. Ainda assim, invocou as diretrizes desenhadas pela Organização para justificar a propositura da MP nº 685/2015, quando afirma que *no âmbito do BEPS, há recomendações relacionadas com a elaboração de tais regras quanto a operações, arranjos ou estruturas agressivos ou abusivos*[55]. No mínimo, tal invocação deveria vincular a legislação doméstica proposta, às características-chave e aos princípios, que sustentaram o plano de ações publicado pela OCDE. Não foi o que aconteceu.

O embate entre as duas espécies – que anseiam em colocar em um mesmo gênero – consiste, sobretudo, na diferença em:

a) Características-chave, tais como: (i) falta de denominação, e característica específica, do que seria planejamento tributário considerado agressivo, que desencadearia um requisito para divulgação. Não há regras claras de *disclosure*. A abrangência do art. 7º não permite ao contribuinte ser *eficiente para atender aos objetivos estipulados e ter exatidão para identificar planejamentos relevantes*; (ii) a abstração, do referido artigo, resulta em altos custos para o contribuinte, no cumprimento da obrigação; (iii) de modo que a informação não será apurada de forma eficiente; (iv) e sanções desproporcionais ao descumprimento da obrigação.

b) Princípios, dos quais: (i) afronta ao princípio da inocência e o direito ao silêncio, quando previsto que o mero descumprimento da declaração caracteriza *omissão dolosa do sujeito passivo com intuito de sonegação ou fraude*. O legislador esqueceu que existem fatos reportáveis que não ensejam, necessariamente, evasão fiscal[56]; (ii) afronta ao princípio

[55] Exposição de Motivos (EM) nº 00080/2015. Disponível em: http://www2.camara.leg.br/legin/fed/medpro/2015/medidaprovisoria-685-21-julho-2015-781288-exposicaodemotivos-147659-pe.html. Acesso em: 27 maio 2016.

[56] *"It is important to note that the fact that a transaction is reportable does not necessarily mean that it involves tax avoidance"*. RAAD, 2015, p. 2.184.

da legalidade, pois tipifica fato novo, como crime, através Medida Provisória; (iii) por último, não menos importante, está a diferença que rege cada espécie. A OCDE prima pelo princípio da transparência para justificar o sentido da ação, o Fisco brasileiro preza pela persecução fiscalizatória e inquisitória. Enquanto o primeiro um meio para justificar um fim, o segundo busca o fim para justificar o meio.

c) A desobediência e o não alinhamento, por parte do legislador pátrio, às características e aos princípios que norteiam o Plano de Ação 12, e toda a política diretiva do BEPS, resultou em decadência da Medida Provisória.

6. Conclusão

A criação do movimento, de comum acordo entre os países membros (ou não) do G20 e da OCDE, visou eliminar a evasão fiscal entre fronteiras e uma eficiente prevenção para que se evitasse a dupla tributação, com o propósito de construir um crescimento econômico sustentável e formar uma economia global resiliente[57].

O conteúdo é recente e suas discussões, no Brasil, ainda embrionárias. As diretrizes estabelecidas no BEPS são de extrema importância ao que se projeta no futuro do direito internacional. As implicações já começam a ser refletidas em âmbito nacional, como se pode na publicação da IN nº 1.681/2017, que regulamente o *Action 13*, condizente ao *Country-by-Country*

[57] Citação do resumo das ações do BEPS: *"Eliminating opportunities for cross-border tax avoidance and evasion and the effective and efficient prevention of double taxation are critical to building an international tax system that supports economic growth and a resilient global economy. Countries agree that the introduction of the measures developed to address base erosion and profit shifting pursuant to the Action Plan on Base Erosion and Profit Shifting (BEPS Action Plan, OECD, 2013) should not lead to unnecessary uncertainty for compliant taxpayers and to unintended double taxation.*

Reporting (CbCR). É possível perceber a intenção do regulador, em parametrizar o sistema tributário brasileiro às novas práticas internacionais, na medida em que, à época, a consulta pública aos contribuintes dizia o seguinte:

Declaração País-a-País é um dos compromissos assumidos pelo Brasil no Projeto BEPS. Consiste num relatório anual por meio do qual esses grupos deverão fornecer à administração tributária da jurisdição de residência de seu controlador final diversas informações e indicadores relacionados à localização de suas atividades, à alocação global de renda e aos impostos pagos e devidos. A declaração também deverá identificar as jurisdições nas quais os grupos multinacionais operam, bem como todas as entidades integrantes do grupo localizadas nessas jurisdições, incluindo estabelecimentos permanentes, e as atividades econômicas que desempenham.[58]

Com a publicação e a obrigação em voga, torna-se cada vez mais clara a iminência de edição legislativa a respeito do alinhamento tributário global. Este alinho no Brasil, contudo, perpassa pela obrigação do Fisco modernizar sua visão quanto à relação com o contribuinte. O que se percebe é a tentativa de incriminar o sujeito passivo a qualquer custo, alegando *animus* doloso em todo e qualquer tipo de planejamento tributário, ou mesmo sobre erros na entrega de obrigações acessórias, por exemplo. De acordo com o Banco Mundial[59], são necessárias quase 3.000 horas por ano para a apuração, declaração e pagamento de impostos no Brasil. Esse dispêndio afugenta o investimento nacional e estrangeiro, ou seja, se o alinhamento com a OCDE tem a intenção de atrair investimentos para o país, de

[58] Disponível em: http://idg.receita.fazenda.gov.br/noticias/ascom/2016/novembro/receita-federal-abre-consulta-publica-sobre-declaracao-pais-a-pais Acesso em: 23 novembro 2016.

[59] Disponível em: http://www.doingbusiness.org/data/exploretopics/paying-taxes Acesso em 17 junho 2017.

nada adiantará se a Administração Pública continuar com sua filosofia ultrapassada.

A edição da MP nº 685/2015 demonstra que os princípios (inexistentes) da culpabilidade e da ilegalidade (abrangência em conceitos, tipificação de fatos novos) estão implícitos na persecução fiscalizatória da Administração Pública nacional, quase que como militares em busca de civis à época da ditadura militar. Prova disto foi a caducidade observada da referida medida provisória em clara desobediência ao seu 'espelho', o Plano de Ação 12.

Para que se possa adotar as diretrizes que tanto se almeja, a mudança do comportamento supracitado deve vir, obrigatoriamente, à risca dos princípios propostos. Como visto, em desrespeito ao que se prega na comunidade internacional, não há transformação.

Por parte do contribuinte, cabe também frisar, haverá mudança, comportamental ou não. A partir de agora, por exemplo, a instrumentalização de determinado instrumento híbrido (coerência), deve ter robustez e atender aos critérios de criação de valor, para fins de preço de transferência (substância) e devem estar declarados, demonstrados, para as autoridades tributárias de forma ampla e irrestrita (transparência).

Finalmente, sabe-se que o bojo da norma caducada ainda persiste nos corredores do Fisco, sob a alegação de ser essencial para avanços do sistema fiscal brasileiro e da imagem do país para o estrangeiro. A propositura de legislação específica sobre o tema é questão de tempo. Que recomeço seja feito de forma diligente, zelosa e inteligente, sob a tutela dos princípios trazidos neste trabalho, com a finalidade de internalizar as diretrizes do BEPS. Como disse Henry Ford: *o fracasso é a oportunidade de se começar de novo, com inteligência.*

7. Referências

BRASIL. **Constituição (1988).** ***Constituição da República Federativa do Brasil.*** *Diário Oficial da República Federativa do Brasil,* Brasília, 1988. Disponível em: http://www.planalto.gov.br/ccivil_03/constituicao/Constituicao-Compilado.htm Acesso em: 27 maio 2016;

BRASIL. **Lei 5.172, de 25 de outubro de 1996**. Dispõe sobre o Sistema Tributário Nacional e institui normas gerais de direito tributário aplicáveis à União, Estados e Municípios. *Diário Oficial da República Federativa do Brasil,* Brasília, 25 de outubro de 1996. Disponível em: http://www.planalto.gov.br/ccivil_03/leis/L5172.htm Acesso em: 06 março 2016;

BRASIL. **Lei 12.973, de 13 de maio de 2014**. Altera a legislação tributária federal relativa ao Imposto sobre a Renda das Pessoas Jurídicas – IRPJ, à Contribuição Social sobre o Lucro Líquido – CSLL, à Contribuição para o PIS/Pasep e à Contribuição para o Financiamento da Seguridade Social – Cofins; revoga o Regime Tributário de Transição – RTT (...). *Diário Oficial da República Federativa do Brasil,* Brasília, 13 de maio de 2014. Disponível em: < http://www.planalto.gov.br/ccivil_03/_ato2011-2014/2014/Lei/L12973.htm> Acesso em: 06 março 2016;

BRASIL. **Lei 9.430, de 27 de dezembro de 1996**. Dispõe sobre a legislação tributária federal, as contribuições para a seguridade social, o processo administrativo de consulta e dá outras providências. *Diário Oficial da República Federativa do Brasil,* Brasília, 27 de dezembro de 1996. Disponível em: < http://www.planalto.gov.br/ccivil_03/leis/L9430.htm> Acesso em: 27 de maio 2016;

BRASIL. **Decreto 3.000, de 26 de março de 1999**. Regulamenta a tributação, fiscalização, arrecadação e administração do Imposto sobre a Renda e Proventos de Qualquer Natureza. *Diário Oficial da República Federativa do Brasil,* Brasília, 26 de março de 1999. Disponível em: < http://www.planalto.gov.br/ccivil_03/decreto/d3000.htm> Acesso em: 27 de maio 2016;

BRASIL. **MP 685, de 21 de julho de 2015**. Institui o Programa de Redução de Litígios Tributários – PRORELIT, cria a obrigação de informar à administração tributária federal as operações e atos ou negócios jurídicos que acarretem supressão, redução ou diferimento de tributo e autoriza o Poder Executivo federal a atualizar monetariamente o valor das taxas que indica. *Diário Oficial da República Federativa do Brasil,* Brasília, 21 de julho de 2015. Disponível em: http://www.planalto.gov.br/ccivil_03/_Ato2015-2018/2015/Mpv/mpv685.htm Acesso em: 27 maio 2016;

Exposição de Motivos (EM) nº 00080/2015. Disponível em: http://www2.camara.leg.br/legin/fed/medpro/2015/medidaprovisoria-685-21-julho-2015-781288-exposicaodemotivos-147659-pe.html. Acesso em: 27 maio 2016;

Action Plan 12. Disponível em: <http://www.keepeek.com/Digital-Asset-Management/oecd/taxation/mandatory-disclosure-rules-action-12-2015-final-report_9789264241442-en#page1> Acesso em: 27 maio 2016.

Amaro, Luciano. ***Direito Tributário Brasileiro***. 21a Ed. São Paulo: Editora Saraiva, 2016;

Bianco, João. ***Transparência Fiscal Internacional***. São Paulo: Editora Dialética, 2007;

Bobbio, Norberto. ***Teoria do ordenamento jurídico***. 2ª Ed. São Paulo: Editora Saraiva, 2014;

Britto, Carlos Ayres. ***Teoria da Constituição***.1ª Ed. Rio de Janeiro: Editora Forense, 2006;

Ferraz Jr., Tercio Sampaio. ***Teoria da Norma Jurídica***. 4ª Ed. São Paulo: Editora Saraiva, 2006;

Greco, Marco Aurélio. ***Planejamento Tributário***. 3a Ed. São Paulo: Dialética, 2011;

Grau, Eros Roberto. ***Ensaio e Discurso sobre a Interpretação – Aplicação do Direito***. 5ª Ed. São Paulo: Editora Saraiva, 2009;

Kelsen, Hans. ***Teoria Pura do Direito***. 8ª Ed. São Paulo: Editora Saraiva, 2009;

Prodanov, Cleber Cristiano. **Metodologia do trabalho científico: métodos e técnicas da pesquisa e do trabalho acadêmico**. Cleber Cristiano Prodanov, Ernani Cesar de Freitas. – 2. ed. – Novo Hamburgo: Feevale, 2013. Disponível em: http://www.faatensino.com.br/wp-content/uploads/2014/11/2.1-E-book-Metodologia-do-Trabalho-Cientifico-2.pdf Acesso em: 25 novembro 2016;

Raad, Kees Van. ***Materials on International, TP & EU Tax Law. Volume 1***. 15ª Ed. Holanda: International Tax Center Leiden, 2015;

Rocha, Sérgio André. ***Tributação Internacional***. São Paulo: Quartier Latin, 2013;

Uckmar, Victor; Corasaniti, Giuseppe; Vimercate, Paolo de' Capitani di; Oliva, Caterina Corrado; Greco, Marco Aurélio; Rocha, Sérgio André. ***Manual de Direito Tributário Internacional***. São Paulo: Dialética, 2012;

Xavier, Alberto. ***Direito Tributário Internacional***. 2a Ed. São Paulo: Almedina, 2014;

______, Alberto. ***Direito Tributário Internacional***. 2ª Ed. Editora Almedina: 2016.

Lang, M. (Org.). ***Introduction to European Tax Law on Direct Taxation***. 4ª Ed. Linde Verlag: Linde, 2016;

Zucman, Gabriel. ***The hidden wealth of nations: the scourage of tax haves***. University of Chicago Press, 2015;

About Base Erosion and Profit Shifting (BEPS). Disponível em: http://www.oecd.org/ctp/beps-about.htm Acesso em: 06 março 2016;

Analisar e agir, preparando o futuro. Implementar o BEPS Action Plan. Disponível em: < http://www.pwc.pt/pt/eventos/imagens/2015/pwc-beps-conferencia.pdf> Acesso em: 27 maio 2016;

BEPS – Frequently Asked Questions. Disponível em: < http://www.oecd.org/ctp/beps-frequentlyaskedquestions.htm> Acesso em: 27 maio 2016;

BEPS Developments Action Status. Disponível em: < http://www.ey.com/GL/en/Services/Tax/ey-beps-developments-tracker> Acesso em: 27 maio 2016;

BEPS 2015 Final Reports. Disponível em: < http://www.oecd.org/ctp/beps-2015-final-reports.htm> Acesso em: 27 maio 2016;

Executive Summaries. Disponível em: < http://www.oecd.org/ctp/beps-reports-2015-executive-summaries.pdf> Acesso em: 27 maio 2016;

10 Minutes on the OECD's BEPS project. Disponível em: http://www.pwc.com/gx/en/tax/pdf/pwc-10minutes-oecd-beps-global-tax-reform.pdf Acesso em: 27 de maio 2016;

For ways to tackle international tax competition. Independent Comission for The Reformo of International Corporate Taxation. Disponível em: http://www.icrict.org/ Acesso em: 25 novembro 2016;

Avi-Yonah, Reuven S.;XU, Haiyan. ***Evaluating BEPS.*** Disponível em: < http://papers.ssrn.com/sol3/papers.cfm?abstract_id=2716125> Acesso em: 27 maio 2016;

Bird, Richard. ***Improving Tax Administration in Developing Countries.*** Disponível em: < http://www.iticnet.org/images/RichardBird_ImprovingTaxAdministrationinDevelopingCountries_May2015.pdf> Acesso em: 27 maio 2016;

Estrada, Roberto. ***Princípio da legalidade da tributação como limite constitucional das ações do BEPS.*** Disponível em: < http://www.conjur.com.br/2015-out-28/consultor-tributario-principio-legalidade-tributacao-limite-acoes-beps> Acesso em: 27 maio 2016;

Lummertz, Henry. ***MP 685 contraria diversas recomendações do Plano de Ação BEPS.*** Disponível em: < http://www.conjur.com.br/2015-set-01/henry-lummertz-mp-685-contraria-recomendacoes-plano-acao-beps> Acesso em: 27 maio 2016;

Moreira, André Mendes. **Dupla imposição internacional – métodos unilaterais e multilaterais contra os excessos tributários.** Disponível: http://sachacalmon.com.br/wp-content/uploads/2010/10/Dupla-Imposicao-Internacional-metodos-unilaterais-e-multilaterais-contra-os-excessos-tributarios.pdf Acesso em: 25 novembro 2016;

Nobrega, João Henrique Saldo; Coelho, Renato Souza. ***A proposta de declaração obrigatória de planejamentos fiscais: compatibilidade com o projeto BEPS e com a legislação brasileira.*** Disponível em: http://www.abdf.com.br/index.php?option=com_content&view=article&id=2166:a-proposta-de-declaracao-obrigatoria-de-planejamentos-fiscais-compatibilidade-com-o-projeto-beps-e-com-a-legislacao-brasileira&catid=28 Acesso em 27 maio 2016;

Rathke, Alex Augusto Timm. ***Transfer pricing e income shifting: evidências de empresas abertas brasileiras.*** 2014. Dissertação (Mestrado em Controladoria e Contabilidade: Contabilidade) – Faculdade de Economia, Administração e Contabilidade, University of São Paulo, São Paulo, 2014. Disponível em: http://www.teses.usp.br/teses/disponiveis/12/12136/tde-22012015-113125/ Acesso em: 06 março 2016;

Saint-Amans, Pascal. ***Global tax and transparency: We have the tools, now we must make them work.*** Disponível em: http://www.oecd.org/forum/oecdyearbook/global-tax-transparency-we-have-the-tools.htm Acesso em: 27 maio 2016;

Torres, Heleno. ***O planejamento tributário abusivo é o novo alvo do Fisco Global.*** Disponível em: http://consultor-juridico.vlex.com.br/vid/planejamento-tributario-abusivo-novo-579126594 Acesso em: 27 maio 2016;

Utumi, Ana et al. ***Observatório do CARF: planejamento tributário.*** Disponível em: < http://jota.uol.com.br/observatorio-carf-planejamento-tributario> Acesso em: 27 maio 2016

Obras Complementares

Cardoso, Daniel. **A "CFC Legislation" Brasileira e os Impactos na Competitividade Internacional.** Vol. I – Tributário, Constitucional e Administrativo. Ed. IOB, 2006;

Castro, Leonardo Freitas de Moraes. **Planejamento Tributário Internacional.** 1ª Ed. Quartier Latin / Atlântico Pacífico, 2015;

Coelho, Sacha Calmon Navarro, **1940 – Evasão e elisão fiscal: o parágrafo único do art. 116, CTN, e o direito comparado / Sacha Calmon Navarro Coelho** – Rio de Janeiro : Forense, 2006;

JANCZESKI, Célio Armando. **Cláusula Antielisiva à Luz da Interpretação da Lei Tributária.** In: PEIXOTO, Marcelo Magalhães (coord.). Planejamento Tributário – São Paulo : Quartier Latin, 2004.

FOUCAULT, Michel. **Vigiar e Punir: nascimento da prisão**. Trad. Lígia M. Ponde Vassalo. Petrópolis: Vozes, 1987;

HUCK, Hermes Marcelo. **Evasão e Elisão: Rotas Nacionais e Internacionais do Planejamento Tributário**. São Paulo: Saraiva, 1997;

PANZARINI FILHO, Clóvis; e RUSSO, Raffaela. ***A Compatibilidade entre as regras de CFC e os Tratados Internacionais*. Revista de Direito Tributário Internacional nº 3.** São Paulo: Quartier Latin, junho de 2006;

PIETH, Joseph. **Overcoming the shadow economy**. International Policy Analysis. Disponível em: http://library.fes.de/pdf-files/iez/12922.pdf Acesso em: 25 novembro 2016;

SA.38374 State aid implemented by the Netherlands to Starbucks. Disponível em: http://ec.europa.eu/competition/elojade/isef/case_details.cfm?proc_code=3_SA_38374 Acesso em: 25 novembro 2016;

State aid: Ireland gave illegal tax benefits to Apple Worth up to €13 billion. Disponível em: http://europa.eu/rapid/press-release_IP-16-2923_en.htm Acesso em: 25 novembro 2016;

TORRES, Heleno Taveira. **Direito Tributário Internacional – Volume IV**. 1ª Ed. Quartier Latin, 2007;

XAVIER, Alberto. **Direito Tributário Internacional – Tributação das operações internacionais**. Coimbra : Almedina, 1993.

A Alternativa do Financiamento de Sociedades Anônimas Via Emissão de Títulos e Valores Mobiliários: Análise da Tributação e das Vantagens Dela Decorrentes da Captação de Recursos no Mercado de Capitais Brasileiro

José Mário Neves David

Introdução

Uma das grandes dificuldades das empresas brasileiras, de todos os portes e segmentos da economia, é a obtenção de recursos para financiamento de seus projetos, operações e atividades.

Não obstante haja redução do montante disponibilizado para concessão de crédito pelas instituições do ramo em momentos de crise e recessão da atividade – o que se observa na presente situação macroeconômica do País –, a tomada de empréstimos bancários tem se mostrado uma opção cara e juridicamente arriscada para as empresas interessadas em reforçar o caixa, seja para aplicação em capital de giro, seja para realização de investimentos, projetos e aquisições.

Cara, no sentido de que os juros praticados pelas instituições financeiras no Brasil para concessão de empréstimos são bastante elevados e, em algumas situações, proibitivos sob o ponto de vista da manutenção e perenidade do negócio, posto que a tomada de recursos de terceiros sob condições custosas para a saúde financeira da empresa pode inviabilizar a existência da tomadora a médio e longo prazos.

Arriscada juridicamente, na medida em que a obtenção de empréstimos pode muitas vezes demandar o oferecimento de garantias pela empresa tomadora de recursos, o que pode representar um risco ao patrimônio da entidade caso ocorram alterações macroeconômicas não previstas no momento da concretização da operação de financiamento que inviabilizem o cumprimento das obrigações da empresa tomadora para com a instituição bancária financiadora, o que poderia resultar na execução da garantia e no consequente desfalque do patrimônio da pessoa jurídica tomadora do empréstimo.

Há que se considerar, ainda, a dificuldade enfrentada pelas empresas para obtenção de capital de terceiros. Os bancos exigem garantias e saúde financeira da tomadora para liberar recursos, e o empreendimento, ainda que promissor, no geral não possui patrimônio suficiente para fazer frente às demandas do mercado financeiro para liberação de empréstimos.

Nesse sentido, o tema proposto para a realização do trabalho de conclusão de curso se volta para as alternativas legalmente válidas existentes no mercado brasileiro para financiamento de sociedades anônimas, as quais difiram do lugar-comum dos empréstimos bancários.

Mais precisamente, o presente estudo tem por objetivo analisar os aspectos tributários relacionados às alternativas que serão apresentadas para financiamento corporativo através da oferta pública de distribuição de títulos e valores mobiliários, notadamente a emissão de **(i)** ações em abertura de capital, **(ii)** debêntures, e **(iii)** notas promissórias comerciais ou *commercial papers*.

Tendo em vista o potencial subutilizado (demanda reprimida) do mercado de capitais brasileiro e as diversas opções e alternativas de obtenção de recursos neste segmento, a análise aqui empreendida focará as alternativas de investimento para as sociedades anônimas via mercado de capitais.

Será empreendida uma análise pormenorizada da tributação atinente aos supramencionados títulos e valores mobiliários passíveis de emissão pelas sociedades anônimas, seja sob a ótica do emissor (ainda que o ingresso de recursos, por si só, não esteja sujeito à tributação), seja pelo viés do potencial investidor, análise esta realizada sob a ótica do mercado e das condições macroeconômicas do País.

Serão tratados também o funcionamento e os aspectos jurídicos inerentes ao mercado brasileiro de capitais, um segmento da economia ainda tímido e em desenvolvimento em nosso País. A emissão de títulos e valores mobiliários se mostra uma alternativa recorrente de captação de recursos, no exterior, por empresas de todos os portes e estágios de maturidade, porém, no Brasil, a junção de variados fatores, dentre os quais desinformação de investidores em potencial e a fiscalização pouco efetiva das agências reguladoras, ainda retarda o desenvolvimento do mercado no Brasil.

O mercado de capitais pode ser um valioso canal de financiamento para empresas, as quais poderiam encontrar neste segmento novas formas para captação dos recursos que tanto necessitam para investir e prosperar, estimulando, por consequência, a atividade econômica brasileira.

Nesse contexto, o presente trabalho abordará diferentes conceitos envolvendo temas afeitos ao direito tributário, societário e de mercado de capitais, buscando: **(i)** analisar a tributação e os aspectos inerentes à oferta e aos títulos e valores mobiliários em si, especialmente em relação ao Imposto sobre a Renda ("IR"), o Imposto sobre Operações Financeiras envolvendo Títulos e Valores Mobiliários ("IOF-TVM") e o Imposto sobre Operações Financeiras de Câmbio ("IOF-Câmbio"), **(ii)** fornecer aos empresários e investidores (atuais e potenciais) ferramentas para decisões, **(iii)** debater a questão do financiamento corporativo voltado às sociedades anônimas e as alternativas encontradas na legislação e no mercado para captação de recursos por sociedades anônimas, bem como **(iv)** identificar as principais características do mercado de capitais brasileiro.

Assim, a análise do tema buscará trazer luz a novas alternativas de captação de recursos por sociedades anônimas, mostrando, sob o enfoque da tributação, que tais ferramentas e instrumentos de levantamento de capital podem ser muito úteis para as companhias brasileiras, na medida em que poderão representar um custo financeiro menor aos emissores de valores mobiliários.

1. Breves Considerações Sobre o Mercado de Capitais no Brasil

1.1. Conceito

Trata-se o mercado de capitais de ambiente onde tomadores de recursos (sociedades anônimas de capital aberto ou fechado) buscam capital, no geral, de longo prazo, junto aos poupadores pessoas físicas e jurídicas, visando o financiamento de suas operações[1].

Para NETO e outros (2010, p. 13), o mercado de capitais "compreende o conjunto de operações com valores mobiliários, ou seja, ações, debêntures, notas promissórias [comerciais] (*commercial papers*) [...] essas operações se realizam predominantemente em bolsas e mercados de balcão organizados, sendo que os principais participantes são, de um lado, os chamados investidores institucionais (fundos de investimento, de previdência e seguradoras), os investidores de varejo (pessoas físicas e jurídicas) e os investidores não residentes e, de outro lado, os emis-

[1] PORCHAT, Décio. "*Mercados Financeiro e de Capitais: Investimentos em Renda Fixa*" In: DE SANTI, Eurico Marcos Diniz e CANADO, Vanessa Rahal et al. (coord.). *Tributação dos Mercados Financeiro e de Capitais e dos Investimentos Internacionais.* São Paulo: Saraiva, 2011. p. 37.

sores de valores mobiliários [...] [tendo] a Comissão de Valores Mobiliários (CVM) como órgão regulador."

Dessa forma, o mercado de capitais, no Brasil e em outros países, representa o conjunto de operações realizadas em ambiente definido e regulado, envolvendo, de um lado, sociedades anônimas que desejam captar recursos para os mais variados fins e que atendam a determinadas condições e observem determinadas regras, e de outro, investidores, sejam eles pessoas físicas ou jurídicas, que desejam alocar seus recursos no mercado primário ou secundário, de forma que possam obter alguma vantagem financeira e/ou de participação societária.

Compõem o mercado de capitais brasileiro: **(i)** a Comissão de Valores Mobiliários ("CVM"), **(ii)** a bolsa de valores[2] e mercados de balcão organizados, **(iii)** as sociedades corretoras, **(iv)** as sociedades distribuidoras de títulos e valores mobiliários, **(v)** os bancos múltiplos e os bancos de investimento, **(vi)** os administradores de carteiras de investimentos, **(vii)** os agentes autônomos de investimento, **(viii)** os investidores institucionais, **(ix)** os fundos de investimentos, **(x)** os clubes de investimentos, **(xi)** os investidores estrangeiros, e **(xii)** as entidades autorreguladoras.

1.2. Contexto Histórico

Conforme leciona RULLO (2011, P. 61 et seq.), com a edição da Lei nº 4.595/1964, o Sistema Financeiro Nacional ("SFN") foi reconfigurado no Brasil, mediante a criação do Conselho Monetário Nacional ("CMN")[3], investido de amplos poderes de regulação do setor, e o Banco Central do Brasil ("BACEN"),

[2] Atualmente, há apenas uma bolsa de valores em atividade no Brasil: a B3, antiga BM&FBovespa.

[3] Atualmente composto pelo Ministro da Fazenda, pelo Ministro do Planejamento, Orçamento e Gestão e pelo presidente do BACEN (art. 8º, I a III da Lei nº 9.069/1995).

bem como pela regulamentação do funcionamento das instituições financeiras.

Nesse âmbito, as bolsas de valores, que até então eram constituídas sob a forma de Câmara Sindical, abrangendo desde corretores de fundos públicos até pessoas físicas aptas a realizar, de forma vitalícia, operações com títulos, câmbio e metais preciosos, passaram, com a edição da Lei nº 4.728/1965, a ser disciplinadas quanto à organização, constituição e funcionamento, sendo juridicamente consideradas associações civis sem fins lucrativos com capital social dividido em títulos patrimoniais.

As medidas implementadas pelas Leis nº 4.595/1964 e 4.728/1965 visavam, dentre outros objetivos, desenvolver o mercado de capitais no Brasil, face à crescente demanda por crédito pelas companhias em um ambiente macroeconômico castigado pela inflação. Porém o mercado de capitais ainda enfrentava problemas estruturais.

Nesse sentido, alguns anos após a edição das supramencionadas leis, a CVM foi criada pela Lei nº 6.385/1976, e, ainda em 1976, a Lei das Sociedades Anônimas foi editada, bem como foi publicada a Lei nº 6.435/1976, que regulou as entidades de previdência privada. Tais medidas, uma vez mais, buscavam institucionalizar as regras do mercado de capitais no Brasil, visando a atração perene e crescente dos investidores e suas poupanças. A CVM passou, então, a regulamentar e fiscalizar o mercado de capitais no País, o que conferiu ao BACEN a função de regulador do mercado financeiro.

As negociações no mercado futuro e de opções, iniciadas no Brasil em 1979, foram regulamentadas pelas Instruções CVM nº 14/1980 e 19/1981, e, com a implementação do Plano Real em 1994, que estabilizou o cenário econômico, os poupadores brasileiros, que até então lutavam contra a perda do poder aquisitivo, passaram a buscar alternativas de investimento, o que alavancou as negociações via mercado de capitais, inclusive pela entrada de capitais estrangeiros, em clara mostra de confiança nas medidas econômicas implementadas.

Em tempos mais recentes, três eventos contribuíram de forma substancial para o aumento das operações realizadas via mercado de capitais – e o consequente aumento no número de investidores dispostos a alocar capital em tais operações: **(i)** a adoção de segmentos diferenciados de listagem de empresas no mercado de bolsa[4], mais rigorosos em relação à transparência e governança, **(ii)** a adoção de regras internacionais e padronizadas de contabilidade e demonstrações financeiras, bem como **(iii)** a criação de órgão voltado à padronização e consolidação da interpretação contábil no País conforme as normas internacionais, qual seja, o Comitê de Pronunciamentos Contábeis ("CPC").

1.3. Administração e Fiscalização

No Brasil, a administração, supervisão e controle do mercado de capitais são realizados pela CVM, autarquia criada pela Lei nº 6.385/1976 e vinculada ao Ministério da Fazenda, e pelo BACEN, de forma localizada, baseados nas diretrizes traçadas pelo CMN[5].

Caberá à CVM, bem como ao CMN: **(i)** estimular a formação de poupança e sua aplicação em valores mobiliários, **(ii)** promover a expansão e o funcionamento eficiente e regular do mercado de ações e estimular as aplicações permanentes em ações do capital social das companhias abertas, **(iii)** assegurar o funcionamento eficiente e regular dos mercados de bolsa e de balcão, **(iv)** proteger os titulares de valores mobiliários contra emissões irregulares e atos ilegais de administradores e acionis-

[4] Novo Mercado e Níveis Diferenciados de Governança Corporativa – Nível 1 e Nível 2.

[5] Coelho, Fábio Ulhoa. *Manual de direito comercial*. 26. ed. São Paulo: Saraiva, 2014. p. 222.

tas controladores de companhias ou de administradores de carteiras de valores mobiliários, **(v)** evitar ou coibir modalidades de fraude ou manipulação destinadas a criar condições artificiais de demanda, oferta ou preço de valores mobiliários negociados no mercado, **(vi)** assegurar o acesso do público a informações sobre valores mobiliários negociados e às companhias que os tenham emitido, e **(vii)** assegurar a observância de práticas comerciais equitativas no mercado de valores mobiliários[6].

Ademais, dispõe o art. 1º da Lei nº 6.385/1976 que serão disciplinadas e fiscalizadas, pela CVM e, em menor grau, pelo BACEN, as atividades de: **(i)** a emissão e distribuição de valores mobiliários no mercado, **(ii)** a negociação e intermediação no mercado de valores mobiliários, **(iii)** a negociação e intermediação no mercado de derivativos, **(iv)** a organização, o funcionamento e as operações de bolsa de valores e de mercadorias e futuros, **(v)** a administração de carteiras e a custódia de valores mobiliários, **(vi)** a auditoria de companhias abertas, e **(vii)** os serviços de consultor e analista de valores mobiliários.

No geral, pode-se afirmar que a CVM, principal órgão regulador e fiscalizador do mercado de capitais, tem por função "criar procedimentos para que o maior número de informações esteja à disposição do investidor, para que ele [investidor] tenha condições de decidir, reduzindo se grau de incerteza no negócio"[7], bem como implementar dispositivos de controle e fiscalização visando conferir maior segurança aos investidores, potenciais e atuais.

[6] Art. 4º da Lei nº 6.385/1976.

[7] RULLO, Carmine. "*Mercados Financeiro e de Capitais: Investimentos em Renda Variável*" In: DE SANTI, Eurico Marcos Diniz e CANADO, Vanessa Rahal et al. (coord.). *Tributação dos Mercados Financeiro e de Capitais e dos Investimentos Internacionais*. São Paulo: Saraiva, 2011. p. 67.

1.4. Títulos e Valores Mobiliários

São considerados títulos e valores mobiliários os instrumentos de investimento que as sociedades anônimas (companhias) emitem para obtenção de recursos necessários à sua atividade, operação ou projeto[8].

Nos termos do art. 2º da Lei nº 6.385/1976, são considerados valores mobiliários: **(i)** as ações, debêntures e bônus de subscrição, **(ii)** os cupons, direitos, recibos de subscrição e certificados de desdobramento relativos aos valores mobiliários indicados no item anterior, **(iii)** os certificados de depósito de valores mobiliários, **(iv)** as cédulas de debêntures, **(v)** as cotas de fundos de investimentos em valores mobiliários ou de clubes de investimentos em quaisquer ativos, **(vi)** as notas promissórias comerciais ou *commercial papers*, **(vii)** os contratos futuros, de opções e demais derivativos, cujos ativos subjacentes sejam valores mobiliários, **(viii)** outros contratos derivativos, quaisquer que sejam os ativos subjacentes, e **(ix)** quando ofertados publicamente, quaisquer outros títulos ou contratos de investimento coletivo, que gerem direito de participação, de parceria ou de remuneração, inclusive resultante de prestação de serviços, cujos rendimentos advêm do esforço do empreendedor ou de terceiros.

Foram expressamente excluídos do conceito de títulos e valores mobiliários: **(i)** os títulos da dívida pública federal, estadual ou municipal, tais como os títulos emitidos pelo Tesouro Nacional, e **(ii)** os títulos cambiais sob responsabilidade de instituição financeira, salvo as debêntures, tal como asseverado no art. 2º, parágrafo 1º da Lei nº 6.385/1976.

1.5. A Oferta Pública de Distribuição de Valores Mobiliários

Considera-se uma oferta pública de distribuição de valores mobiliários a operação em que a companhia emissora ou os

[8] COELHO, Fábio Ulhoa. *Manual de direito comercial.* Op cit., p. 228.

detentores de tais valores promovem a colocação de títulos mobiliários no mercado de capitais mediante apelo público, em oferta primária (companhia emissora acessa o mercado pela primeira vez) ou secundária (companhia emissora que já possui seus valores mobiliários admitidos à negociação no mercado). Realizada a operação, o ofertante transfere o valor mobiliário ao investidor adquirente, que deverá subscrever ou adquirir o título, sendo o preço da transação revertido para o ofertante[9].

Para Eizirik e outros (2008, p. 135), considera-se oferta pública de distribuição de títulos e valores mobiliários a "operação pela qual a companhia ou titulares de valores mobiliários de sua emissão promovem, mediante apelo ao público, a colocação de [...] valores mobiliários no mercado de capitais".

As ofertas públicas destinam-se à investidores indeterminados, de modo que o legislador entendeu prudente definir no parágrafo 3º do art. 19 da Lei nº 6.385/1976[10] quais circunstâncias caracterizariam estas operações de natureza livre e universal, as quais deveriam observar rígidas regras de registro e divulgação, e, por consequência, teriam custos substanciais de colocação no mercado.

Nos termos do art. 19, parágrafo 1º da Lei nº 6.385/1976, a distribuição de títulos e valores mobiliários é caracterizada pela venda, promessa de venda, oferta à venda ou subscrição, aceitação do pedido de venda ou subscrição de valores mobili-

[9] Eizirik, Nelson; Gaal, Ariádna B.; Parente, Flávia; Henriques, Marcus de Freitas. Mercado de capitais: regime jurídico. Rio de Janeiro: Renovar, 2008. p. 139.

[10] "Art. 19. Nenhuma emissão pública de valores mobiliários será distribuída no mercado sem prévio registro na Comissão. [...] § 3º – Caracterizam a emissão pública: I – a utilização de listas ou boletins de venda ou subscrição, folhetos, prospectos ou anúncios destinados ao público; II – a procura de subscritores ou adquirentes para os títulos por meio de empregados, agentes ou corretores; III – a negociação feita em loja, escritório ou estabelecimento aberto ao público, ou com a utilização dos serviços públicos de comunicação."

ários, praticados pela companhia emissora, seus fundadores ou pessoas a ela equiparadas[11], em ambiente público e adequado à oferta, por meio do sistema de distribuição de valores mobiliários.

Alternativamente, há a possibilidade de realização da oferta de valores mobiliários sem a necessidade de observação das regras inerentes à oferta pública. Para tanto, a oferta deverá ser formulada diretamente a um número restrito de ofertados pelo próprio ofertante ou por seus representantes[12].

A caracterização da oferta como não pública é, em parte, subjetiva, e deverá ser efetivada pela CVM quando do pedido de registro da oferta ao órgão pela companhia interessada, ato obrigatório[13] para todas as emissões públicas de valores mobiliários. Se não caracterizada a oferta como pública, o emissor terá menores custos de colocação de títulos e valores no mercado, porém estará restrito à um número limitado de interessados em adquirir tais papéis.

2. Sociedades Anônimas

2.1. Conceito e Classificação

A sociedade anônima ou "companhia" é a sociedade de natureza empresária cujo capital social é dividido em ações (*i.e.* valores mobiliários). Os detentores das ações – e, consequentemente, sócios da companhia – são chamados "acionistas", e respondem

[11] De acordo com o art. 19, parágrafo 2º da Lei nº 6.385/1976: **(i)** o acionista controlador e as pessoas por ela controladas, **(ii)** os coobrigados nos títulos, **(iii)** as instituições financeiras e demais sociedades que tenham por objeto a distribuição de valores mobiliários emitidos, por conta própria ou na condição de agentes da companhia emissora, **(iv)** quaisquer pessoas que tenham subscrito ou adquirido valores de emissão, com o fim de coloca-los no mercado.

[12] EIZIRIK, Nelson; GAAL, Ariádna B.; PARENTE, Flávia; HENRIQUES, Marcus de Freitas. Mercado de capitais: regime jurídico. Op. cit., p. 149.

[13] Art. 19, *caput* da Lei nº 6.385/1976.

pelas obrigações da sociedade até o limite do preço de emissão das ações do qual são proprietários[14].

No Brasil, as sociedades anônimas encontram fundamentação e são regradas pela Lei nº 6.404/1976 ("Lei das Sociedades Anônimas" ou "LSA"), sendo típica sociedade de capital[15] com livre circulação e negociação de ações.

As sociedades anônimas podem ser classificadas conforme duas denominações: **(i)** as abertas, as quais admitem a negociação dos valores mobiliários de sua emissão em ambiente de bolsa de valores ou mercado de balcão[16], e as **(ii)** fechadas, que não admitem a negociação em ambiente público de oferta. Para COELHO (2014, p. 222), para que se apresente como companhia aberta, basta que a sociedade admita a negociação de seus títulos em mercado de valores mobiliários, sendo irrelevante se as ações de fato são negociadas nesse ambiente.

2.2. Função Econômica

De acordo com REQUIÃO (2015, p. 29), a sociedade anônima tornou-se eficaz instrumento do capitalismo, posto ter permitido à poupança popular participar, via financiamento, de projetos e investimentos sem que o investidor, independentemente de sua capacidade financeira, **(i)** contraia responsabilidades que

[14] COELHO, Fábio Ulhoa. *Curso de direito comercial: direito de empresa*. Vol. 2. 19. ed. São Paulo: Saraiva, 2015. p. 87.

[15] A relação entre os sócios é irrelevante, de modo que prevalece a busca pelo fim social da empresa.

[16] Para FORTUNA (2011, pp. 582 e 631), a bolsa de valores é o local propriamente instituído e mantido para negociação de valores mobiliários em mercado livre e aberto, organizado pelas corretoras e autoridades estatais. Por sua vez, o mercado de balcão é aquele em que são negociados títulos sem local físico determinado para as transações, onde, no geral, são negociadas ações de empresas não registradas em bolsa de valores, bem como outras espécies de títulos, dentre os quais, inclusive, as NPC. Diz-se organizado o mercado de balcão quando administrado por entidade autorizada pela Comissão de Valores Mobiliários – CVM.

extrapolem a quantia investida, bem como **(ii)** possa, a qualquer momento, se desfazer do investimento mediante negociação do título ou valor mobiliário que lhe confere participação na companhia emissora.

Assim, a sociedade anônima passou a ser uma estrutura empresarial interessante sob o ponto de vista do investimento, na medida em que possibilitou o financiamento das empresas por terceiros interessados no negócio.

Nesse contexto, foi possível à poupança popular ingressar nos negócios de todos os portes, transformando a sociedade anônima em importante e crucial instrumento do capitalismo, fundamental ao predomínio desta corrente econômica no mundo desenvolvido e em desenvolvimento.

2.3. Contexto Histórico no Brasil

As sociedades anônimas são utilizadas no País desde o período colonial, findo em 1822. Neste período, assim como no início do Império, as companhias se constituíam por ato de outorga do poder real ou imperial[17].

O Código Comercial de 1850 positivou a definição e a necessidade de autorização governamental, *in verbis*:

> Art. 295. As companhias ou sociedades anônimas, designadas pelo objeto ou empresa a que se destinam, sem firma social e administradas por mandatários revogáveis, sócios ou não sócios, só podem estabelecer-se por tempo determinado *e com autorização do governo*, dependente da aprovação do corpo legislativo quando hajam de gozar de algum privilégio; e devem provar-se por escritura pública ou pelos seus estatutos e pelo ato do poder que as houver autorizado (g.n.)

[17] Coelho, Fábio Ulhoa. *Curso de direito comercial: direito de empresa*. Op. cit. p. 86.

Note-se, pois, que não apenas era necessária a aprovação do governo para criação das sociedades anônimas, como também se fazia necessário determinar o prazo de duração da companhia.

Somente em 1822, com a edição do Decreto nº 8.821, foi instituída a plena liberdade de constituição das sociedades anônimas, salvo para determinados segmentos, tais como o financeiro, de seguros e de financiamento, que ainda hoje necessitam da prévia e expressa autorização governamental para funcionar[18].

Ato contínuo, as sociedades anônimas foram reguladas por distintos atos normativos, dentre os quais destacam-se: **(i)** o Decreto nº 434/1891, que consolidou a legislação e os regulamentos esparsos sobre o tema existentes à época, **(ii)** o Decreto-Lei nº 2.627/1940, que revogou a norma de 1891 e trouxe novas disposições sobre o tema, **(iii)** a Lei nº 4.728/1965, a qual regulou o mercado de capitais e introduziu melhorias nas companhias, tais como a instituição da modalidade aberta, e **(iv)** a Lei nº 6.404/1976, a Lei das Sociedades Anônimas, que reformou todo o sistema normativo sobre o tema e consolidou em uma legislação única as disposições acerca das sociedades anônimas, estando vigente, com posteriores alterações pontuais, até os dias atuais.

2.4. Características Gerais

Tal como supra asseverado, as sociedades anônimas são sociedades de capital, cujo capital propriamente dito é dividido em unidades denominadas ações, as quais são de livre negociação e podem ou não ser comercializadas em ambiente de ilimitada negociação, compra e venda de papéis.

Os acionistas (*i.e.* os detentores das ações) possuem responsabilidade pelas obrigações da companhia até o limite do valor

[18] REQUIÃO, Rubens. *Curso de Direito Comercial.* 2. Ed. São Paulo: Saraiva, 2015, p. 31.

que falta para integralização das ações de que sejam proprietários, e a sociedade anônima terá sempre natureza empresária, nos termos do art. 2º, parágrafo 1º da LSA.

Para que uma companhia aberta disponibilize ações para negociação em bolsa de valores ou mercado de balcão, necessária será a obtenção de autorização por órgão federal competente para tanto, o qual, no Brasil, é representado pela CVM, autarquia vinculada ao Ministério da Fazenda.

As companhias serão consideradas nacionais se forem constituídas conforme a legislação brasileira e, cumulativamente, tenham sede administrativa localizada em território brasileiro, sendo, para este fim, irrelevantes a nacionalidade dos acionistas e a origem do capital aportado na empresa[19]. Há que ressaltar, contudo, que as sociedades com sede no exterior – consideradas, assim, estrangeiras – submeter-se-ão a controle estatal específico.

Importante ressaltar que as ações podem ser classificadas conforme os objetivos da avaliação, isto é, se: **(i)** pelo seu valor nominal, que corresponde à divisão do valor do capital social pelo número de ações existentes, podendo ser ou não estabelecido um valor de referência no estatuto social, **(ii)** pelo seu valor patrimonial, decorrente da divisão do patrimônio líquido da companhia pelo número de ações em que se divide o capital social, **(iii)** pelo seu valor de negociação, qual seja, o valor de mercado, variável conforme inúmeros fatores econômicos, políticos, sociais, etc., **(iv)** pelo seu valor econômico, definido por avaliadores de ativos através de métricas específicas, e **(v)** pelo seu preço de emissão, mensurando a contribuição que o acionista deu ao capital social da companhia[20].

[19] COELHO, Fábio Ulhoa. *Manual de direito comercial.* Op. cit., p. 224.
[20] COELHO, Fábio Ulhoa. *Manual de direito comercial.* Op. cit., pp. 219 e 220.

No que concerne ao financiamento das atividades, projetos e investimentos da companhia, tal capitalização poderá se dar sob a forma de emissão de valores mobiliários (*e.g.* ações, debêntures e notas promissórias comerciais). Especificamente em relação à captação de recursos via emissão de ações, os acionistas deverão suportar a chamada "diluição"[21] do valor patrimonial de seus títulos, salvo se os recursos puderem ser obtidos sob outra forma mais benéfica à companhia e seus acionistas.

Será obrigatório às sociedades anônimas adotar referência que expresse seu tipo societário, seja pela utilização da expressão "sociedade anônima", seja pela utilização do termo "companhia", por extenso ou de forma abreviada (*i.e.* S/A, S.A. e Cia.). Caso se opte pela utilização do termo "companhia", este deverá, necessariamente, ser alocado no início ou na metade do nome empresarial adotado pela sociedade.

2.5. Constituição

Conforme leciona Coelho (2014, p. 224 *et seq.*), toda sociedade anônima deve observar três requisitos para sua constituição: **(i)** a necessidade da subscrição da totalidade do capital social por, ao menos, duas pessoas, de forma irretratável, **(ii)** para início, a realização de, ao menos, 10% (dez por cento) do preço de emissão das ações subscritas em dinheiro[22], e **(iii)** o depósito das entradas em dinheiro em estabelecimento bancário autorizado pela CVM.

A subscrição pública de ações, quando os fundadores buscam recursos em investidores, deverá, na emissão, ser caracterizada pela utilização de anúncios públicos (*e.g.* lista de vendas,

[21] Ocorre diluição quando, por meio de eventos societários, dentre os quais, a emissão de ações, a participação do acionista no capital social da companhia é reduzida sem que haja alteração na quantidade de seus papéis.

[22] Se a sociedade anônima for instituição financeira, a realização mínima será de 50% (cinquenta por cento).

boletins de subscrição, prospectos, etc.), pelo emprego de intermediários para busca de subscritores, tais como agentes e corretores, e pela negociação pública dos papéis.

A constituição terá início com o pedido de registro da companhia perante a CVM, munido de estudo de viabilidade econômica, sendo mandatório, ao(s) fundador(es), contratar instituição financeira para intermediar a colocação dos papéis no mercado[23].

No que cabe em relação à subscrição particular de ações, sem a participação de investidores estranhos à ideia de formação da companhia, o processo se mostra mais simples, na medida em que pode ser efetivado por meio de deliberação dos subscritores em assembleia específica para fundação ou por escritura pública.

2.6. Capital Social

O capital social da companhia poderá ser integralizado pelos acionistas **(i)** em dinheiro, **(ii)** por bens, corpóreos ou incorpóreos, hipótese em que será necessária a avaliação prévia de tais bens e a disponibilização do laudo para votação de aprovação em assembleia geral, ou **(iii)** via créditos das mais variadas naturezas, observada a responsabilidade do subscritor em relação à validade do crédito e pela solvência do devedor.

Relativamente aos bens, estes, quando aprovados pela assembleia, poderão ser integralizados mediante transferência de propriedade (mais comum), ou, se devidamente documentado, por outras formas de transmissão permitidas juridicamente (*e.g.* usufruto).

Importante destacar que, nos ensinamentos de Coelho (2014, p. 235), o capital social poderá ser aumentado via: **(i)** emissão de ações, quando há efetivo ingresso de recursos novos

[23] Coelho, Fábio Ulhoa. *Manual de direito comercial.* Op. cit., p. 226.

ao patrimônio da sociedade emissora, **(ii)** valores mobiliários, tal como a conversão de debêntures em ações, e **(iii)** capitalização de lucros e reservas, através da destinação de parcela do lucro líquido do exercício ou de reservas contabilizadas para reforço de capital social.

Especificamente em relação ao aumento do capital social via emissão de ações, este deverá ser deliberado em assembleia geral extraordinária ("AGE"), com aprovação de ao menos ¾ do capital social existente ao tempo da deliberação. A deliberação em questão, que visa agilizar o processo decisório nas companhias, poderá ser realizada também pelo Conselho de Administração ("CA") ou por assembleia geral, desde que observados os limites do capital autorizado[24].

Da mesma forma que o capital pode ser aumentado, este pode ser reduzido, nas hipóteses em que verificado excesso de capital (superdimensionamento de capital) ou quando observada a falta de adequação do capital social, nas hipóteses de prejuízo patrimonial[25]. Há possibilidade da imputação de responsabilidade ao controlador, se verificada a constituição de sociedade anônima sem que tenha havido subscrição e integralização dos recursos necessários à sua existência.

2.7. Órgãos Sociais

Compõem a sociedade anônima, necessariamente, os seguintes órgãos:

I. a assembleia geral, órgão máximo da sociedade anônima, a qual reúne a totalidade dos acionistas da companhia, tenham eles direito ou não a voto, nessa última

[24] Limite estatutário para aumento do capital social de uma empresa, de competência da assembleia geral ou do CA.

[25] Coelho, Fábio Ulhoa. *Manual de direito comercial*. Op. cit., p. 236.

hipótese, exercendo o direito de voz nas discussões de pauta[26]. Deverá ser realizada nos quatro meses imediatamente seguintes ao término do exercício social, que poderá ou não coincidir com o ano civil (1º da janeiro a 31 de dezembro), designada "ordinária". O *quórum* de instalação é de ao menos ¼ do capital social votante[27] em primeira convocação, sendo instalada com qualquer número de acionistas em segunda convocação. O *quórum* de aprovação das matérias é de ao menos metade do total de ações com direito a voto presentes à reunião daquele órgão, podendo, em algumas situações, ser qualificado[28]. Prescreve em 2 (dois) anos a ação para anulação das deliberações havidas em assembleia;

II. o Conselho de Administração ou "CA", colegiado formado por, ao menos, 3 (três) conselheiros pessoas físicas, com mandato renovável de até 3 (três) anos, de natureza deliberativa, o qual poderá tratar sobre determinadas matérias de competência da assembleia geral, no intuito de conferir agilidade à tomada de decisões sobre temas e matérias sensíveis e de interesse da companhia. Em regra, é um órgão facultativo, sendo obrigatório, dentre outras hipóteses, às companhias de capital aberto[29]. Os conselheiros deliberam por maioria de votos, caso *quórum* mais qualificado não seja designado em estatuto. É eleito e pode ser destituído pela assembleia geral;

III. a diretoria, formada por, ao menos, 2 (duas) pessoas físicas com mandato renovável de até 3 (três) anos, as quais

[26] Art. 125, parágrafo único da LSA.

[27] Podendo ser de 2/3, quando proposta reforma do estatuto.

[28] Metade das ações com direito a voto para as matérias indicadas no art. 136 da LSA.

[29] Arts. 138, parágrafo 2º e 139 da LSA.

representarão legalmente a companhia[30] e executarão as deliberações havidas na assembleia geral e no CA. A diretoria é eleita pelo CA, ou, na sua falta, pela assembleia geral, e até 1/3 dos integrantes do CA poderão compô-la; e

IV. o Conselho Fiscal ("CF"), de existência obrigatória e funcionamento facultativo, composto por 3 (três) a 5 (cinco) conselheiros, sejam eles acionistas ou não. Não poderá ser eleito conselheiro integrante do CF: *(iv.a)* o membro de órgão de administração da companhia, *(iv.b)* o cônjuge ou parente de até 3º grau de administrador da companhia, nem *(iv.c)* o colaborador da companhia ou de sociedade controlada por esta, ou de empresa pertencente ao grupo do qual faz parte a companhia que está elegendo seu CF. Aqui, um importante detalhe diz respeito aos titulares de ações preferenciais sem direito a voto e aos acionistas minoritários representantes de, ao menos, 10% (dez por cento) do capital votante, os quais, individualmente, poderão eleger um conselheiro adicional que os represente, levando o colegiado a ter até 7 (sete) integrantes.

Não obstante os órgãos das sociedades anônimas acima mencionados, o estatuto social da companhia poderá estabelecer outros órgãos considerados necessários ou de grande importância para a perpetuidade e funcionamento da empresa.

2.8. Administração e Demonstrações Financeiras

Nos termos dos arts. 145 a 160 da LSA, os quais definem a as regras aplicáveis aos membros do CA e da diretoria, foram esta-

[30] Um dos membros será designado em estatuto, conforme sua função, para a representação, cabendo individual e separadamente a todos a representação de cunho legal da companhia no caso de silêncio do estatuto sobre a questão.

belecidas regras pelo legislador visando delimitar os deveres e as responsabilidades inerentes aos administradores das companhias.

Sobre o tema, Coelho (2014, pp. 242-244) destaca os deveres impostos pela legislação aos mandatários de cargos de administração das sociedades: **(i)** dever de diligência, pelo qual os administradores deverão desempenhar seu papel social com vistas aos cuidados e diligências necessários que, sendo o caso, empregariam em seus próprios negócios, **(ii)** dever de lealdade, o qual destaca que os administradores não poderão usar, em proveito próprio ou para benefício de terceiros, as informações de interesse da companhia às quais têm acesso, devendo ser leais à sociedade a qual administram, e **(iii)** dever de informar, isto é, a obrigatoriedade do administrador de companhias abertas de informar ao mercado, via imprensa, e à instituição intermediadora da negociação de seus papéis (*e.g.* bolsa de valores) a respeito de deliberações ou fatos ocorridos que possam influir na decisão dos investidores interessados na companhia.

Os administradores, aqui entendidos como os integrantes do CA e da diretoria, não serão responsabilizados por atos ou obrigações assumidas pela companhia[31] decorrentes da gestão regular desta, salvo se praticarem atos lesivos à companhia ou com violação da lei ou estatuto com culpa ou dolo, no que responderão pessoal e civilmente pelos prejuízos que causarem.

Vale destacar que: **(i)** a abertura, pela companhia, de ação de responsabilização judicial do administrador deverá ser previamente deliberada em assembleia geral, podendo ser efetivada por qualquer acionista (se retardadas as medidas judiciais pelos órgãos diretivos por mais de 3 meses) ou pelos acionistas que perfaçam 5% (cinco por cento) ou mais do capital social, se a assembleia geral entender indevida a abertura da ação, **(ii)** pres-

[31] Art. 158 da LSA.

creve em 3 (três) anos o direito de propositura de ação para responsabilização dos administradores, e **(iii)** os administradores, se praticarem atos de forma lesiva aos interesses da companhia, estarão sujeitos à responsabilização nas esferas civil, criminal (sendo o caso) e administrativa (perante a CVM).

No que cabe em relação às demonstrações financeiras, estas deverão ser obrigatoriamente preparadas pelas companhias, seja as de capital fechado, seja as de capital aberto, ao final de cada exercício social, o qual, na maioria dos casos, coincide com o ano civil (1º de janeiro a 31 de dezembro), sendo definido em estatuto.

As demonstrações financeiras têm por objetivo demonstrar "um conjunto de demonstrações contábeis, com vistas a possibilitar o conhecimento, pelos acionistas e por terceiros, de sua situação patrimonial, econômica e financeira, bem como dos resultados positivos ou negativos alcançados pela empresa"[32].

São de preparo obrigatório as seguintes demonstrações financeiras: **(i)** o Balanço Patrimonial, retratando os bens, direitos e obrigações da companhia, **(ii)** a Demonstração de Lucros ou Prejuízos Acumulados, que indica o lucro auferido não distribuído aos acionistas ou o prejuízo não suportado pelas receitas, **(iii)** a Demonstração do Resultado do Exercício, a qual indica se houve lucro ou prejuízo no exercício com base na confrontação de receitas e despesas, **(iv)** a Demonstração do Fluxo de Caixa[33], que reflete as disponibilidades líquidas da sociedade, e **(v)** a Demonstração de Valor Adicionado, que mede a riqueza contábil gerada pela companhia. As demonstrações dos itens **(i)** a **(iv)** são obrigatórias para todas as companhias, e a do item **(v)**, apenas para as companhias de capital aberto.

[32] Coelho, Fábio Ulhoa. *Manual de direito comercial*. Op. cit., p. 251.

[33] Demonstração financeira não obrigatória para companhias fechadas com patrimônio líquido inferior a R$ 2.000.000,00 (dois milhões de reais).

2.9. Acionista e Remuneração

O acionista, isto é, o detentor de ações de uma companhia, terá direito assegurado aos seguintes benefícios legais[34]: **(i)** participação nos resultados da companhia, via recebimento de dividendos, **(ii)** fiscalização da gestão dos negócios da sociedade, **(iii)** direito de preferência, consubstanciado na prerrogativa de prioridade na subscrição de ações e de valores mobiliários conversíveis em ações (*e.g.* debêntures conversíveis), e **(iv)** direito de retirada, com o consequente reembolso de suas ações, na hipótese de dissidência em relação a algumas deliberações da assembleia geral e de desapropriação do controle da companhia.

Assim como detém os direitos acima elencados, os acionistas terão, também, deveres e obrigações, tais como o dever de pagar o preço de emissão das ações por ele subscritas[35], sendo que, no descumprimento deste dever, a companhia estará apta a promover ação judicial de cobrança contra o acionista remisso ou a renegociar as ações deste acionista em bolsa de valores.

Vale reiterar que o direito à voto não é universal, podendo inexistir ou ser limitado aos acionistas detentores de ações preferenciais. Quando existente esse direito, eventuais votos abusivos (que causem danos à companhia ou a terceiros, ou confiram vantagens ao acionista que exerce o voto) ou conflitantes (votação em matérias de interesse pessoal do acionista, tal como na assembleia que delibera sobre o bem por ele oferecido para integralização ao capital da companhia) serão anuláveis, sem prejuízo da aplicação de sanções ao acionista na esfera civil.

Em relação à remuneração dos acionistas, esta será efetivada, dentre outras formas admitidas em lei, por meio da distribuição de dividendos obrigatórios[36], de valores fixos ou mínimos, os

[34] Art. 109 da LSA.

[35] Art. 106 da LSA.

[36] Correspondente à parcela do lucro líquido da sociedade cuja distribuição é obrigatória, com base no art. 202 da LSA.

quais serão definidos em estatuto social, ou, se silente o documento sobre o tema, de ao menos 50% (cinquenta por cento) do lucro líquido ajustado da companhia. Só não serão distribuídos os dividendos nas hipóteses de situação financeira incompatível com a distribuição (mediante manifestação nesse sentido dos órgãos de administração à assembleia geral) ou, exclusivamente para companhias fechadas, se houver deliberação nesse sentido pela assembleia geral, sem que haja oposição dos acionistas presentes.

Importante reiterar que a distribuição de dividendos obedecerá uma ordem, tendo preferência no recebimento os titulares de ações preferenciais (caso existentes), e que a existência de débitos de natureza previdenciária não suspensos impede a distribuição de dividendos pela companhia, tal como asseverado no art. 52 da Lei nº 8.212/1991[37].

3. Principais Títulos e Valores Mobiliários Para Financiamento de Companhias

3.1. Ações

3.1.1. Conceito e Especificidades

As ações correspondem a valores mobiliários e representam a unidade do capital social de uma sociedade anônima, de capital aberto ou fechado[38]. Ao detentor da ação ou do conjunto de ações (acionista) será conferido o direito de participar no capital social da companhia emissora destes papéis.

[37] "Art. 52. Às empresas, enquanto estiverem em débito não garantido com a União, aplica-se o disposto no art. 32 da Lei no 4.357, de 16 de julho de 1964." [...] "Art 32. As pessoas jurídicas, enquanto estiverem em débito, não garantido, para com a União e suas autarquias de Previdência e Assistência Social, por falta de recolhimento de impôsto, taxa ou contribuição, no prazo legal, não poderão: *a)* distribuir ... (VETADO) ... quaisquer bonificações a seus acionistas [...]."

[38] Coelho, Fábio Ulhoa. *Manual de direito comercial.* Op. cit., p. 231.

Nas companhias abertas, as ações podem ser adquiridas: **(i)** em oferta primária, quando os papéis são emitidos, subscritos e integralizados pelos investidores interessados em participar do capital social da empresa, sendo os recursos captados revertidos para o financiamento das atividades e projetos da companhia emissora, ou **(ii)** em oferta secundária, quando os acionistas promovem a alienação em mercado de suas ações, via oferta pública. Neste caso, não há que se falar em instrumento de financiamento corporativo da companhia emissora, posto que os recursos obtidos na negociação das ações não são destinados à sociedade emissora dos papéis[39]. A oferta secundária tem grande importância, pois confere liquidez às ações e, por consequência, atrai investidores tanto na oferta primária como na secundária.

O acionista, ao participar do capital social da companhia, detém direitos e obrigações, os quais poderão ser limitados ou estendidos conforme a característica das ações que possua em seu portfólio, conforme será demonstrado a seguir.

Nas companhias de capital fechado, as ações são adquiridas pelos sócios com a subscrição das mesmas – e consequente integralização –, de modo que, por se tratarem de associação de natureza empresarial fechada, restrita, isto é, em que as ações que representam seu capital social não são negociadas em ambiente público, não há óbices para que tais valores mobiliários sejam negociados livremente entre os interessados, respeitados os limites e condições legais para ingresso e retirada da sociedade.

[39] BENTO, Paulo Marcelo de Oliveira; MALHEIRO, Rafael Macedo; CASTILHO, Ramon Machado; BATISTON, Renato Reis; COELHO, Renato Souza. Manual de tributação no mercado financeiro. São Paulo: Saraiva, 2011. p. 291.

3.1.2. Critérios de Classificação

De acordo com COELHO[40], as ações podem ser classificadas conforme os seguintes critérios, distintos entre si: **(i)** pela espécie, **(ii)** pela classe, e **(iii)** pela forma.

No que concerne à espécie, as ações poderão ser segregadas em:

a) *ordinárias*, sendo as que conferem ao titular os direitos e deveres que a lei confere ao acionista comum. São de emissão obrigatória, seja nas companhias abertas, seja nas fechadas. O principal direito conferido ao detentor de uma ação ordinária é o direito a voto[41];
b) *preferenciais*, as quais conferem ao titular determinadas vantagens e preferências em relação às ações ordinárias, como, por exemplo, prioridade na distribuição de dividendos. Tais vantagens e preferências devem estar definidas expressamente no estatuto social. As ações preferenciais podem ou não conferir direito a voto aos seus detentores; e
c) *de fruição*, pouco comuns no mercado, atribuídas aos acionistas cujas ações foram totalmente amortizadas, mantendo os mesmos direitos e obrigações das ações ordinárias e/ou preferenciais amortizadas.

Nos termos do art. 15, parágrafo 2º da LSA, no máximo 50% (cinquenta por cento) das ações emitidas poderão ser preferenciais sem direito a voto (ou sujeitas a restrições para este direito social).

Relativamente às classes, as ações poderão ser livremente segregadas, observadas os direitos e vantagens atinentes a cada

[40] Coelho, Fábio Ulhoa. *Manual de direito comercial*. Op cit., p. 231.
[41] Art. 110 da Lei nº 6.404/1976 ("Lei das Sociedades Anônimas" ou "LSA").

uma[42]. As ações preferenciais poderão sempre ser divididas em classes, variáveis conforme o complexo de direitos e restrições previstos no estatuto social que se queira conferir aos seus titulares. As ações ordinárias, por sua vez, comportam variadas classes apenas quando representarem a unidade do capital social de companhias fechadas[43], tal como indicado no art. 16 da LSA.

Há, ainda, a possibilidade de instituição das *golden shares*, introduzidas na LSA pela Lei nº 10.303/2001, as quais correspondem à mecanismo encontrado pelo Estado para manutenção do controle público sobre sociedades privatizadas, podendo ser adotadas pelos entes públicos desestatizantes das esferas federal, estaduais, distrital e municipais[44]. Por óbvio, as *golden shares* não serão abordadas neste estudo.

Por fim, a diferenciação das ações quanto à forma se dará de forma dicotômica: serão **(a)** nominativas[45], quando a propriedade do título se presumirá pela inscrição do nome do titular em livro próprio[46] da companhia emissora, ou, ainda, pelo extrato fornecido pela instituição custodiante do papel, como asseverado pelo art. 31 da LSA, ou **(b)** escriturais[47], as quais, por determinação do estatuto social, serão mantidas em registros contábeis de escrituração das instituições financeiras depositárias, sem que ocorra emissão de certificado de titularidade.

[42] Eizirik, Nelson; Gaal, Ariádna B.; Parente, Flávia; Henriques, Marcus de Freitas. Mercado de capitais: regime jurídico. Op. cit., p. 64.

[43] Classes em função da **(i)** conversibilidade em ações preferenciais, **(ii)** exigência de nacionalidade brasileira do acionista, e **(iii)** eleição, em separado, de membros dos órgãos de administração.

[44] Eizirik, Nelson; Gaal, Ariádna B.; Parente, Flávia; Henriques, Marcus de Freitas. Op cit., p. 65.

[45] Art. 20 da LSA.

[46] Livro de Registro de Ações Nominativas.

[47] Arts. 34 e 35 da LSA.

A forma escritural foi instituída no intuito de permitir a difusão da propriedade das ações entre grande número de pessoas[48].

3.1.3. Circulação das Ações

Prevalece, nas sociedades anônimas, a regra da livre circulação das ações, podendo o titular do valor mobiliário transferi-las livremente conforme seu *bel* prazer. Nas companhias abertas, tal regra é absoluta, não cabendo qualquer disposição contrária em estatuto, a qual, se existente, será considerada nula. Sobre as companhias fechadas, no entanto, o tratamento das ações comporta alterações.

As sociedades anônimas de capital fechado poderão, com base no art. 36 da LSA, limitar a circulação das ações nominativas, desde que não impeçam a negociação do papel e tampouco sujeitem os acionistas às determinações dos órgãos de administração ou da maioria dos acionistas da companhia emissora das ações. Como exemplo, tem-se a possibilidade de instituição do direito de preferência aos sócios para, na eventualidade de um acionista querer deixar a companhia, poderem adquirir as ações deste preferencialmente a terceiros[49].

3.1.4. Remuneração

Os titulares de ações de companhias, abertas ou fechadas, poderão ser remunerados por variados meios[50], porém, dentre todas as opções, destaca-se a remuneração via recebimento de dividendos, os quais serão pagos com base no retorno do capital contribuído direta ou indiretamente pelo acionista à sociedade. Dessa forma, os acionistas nada mais são do que credores da companhia.

[48] Eizirik, Nelson; Gaal, Ariádna B.; Parente, Flávia; Henriques, Marcus de Freitas. Op cit., p. 67 e 68.

[49] Eizirik, Nelson; Gaal, Ariádna B.; Parente, Flávia; Henriques, Marcus de Freitas. Op cit., p. 67.

[50] *e.g.* Juros sobre Capital Próprio e bonificações, dentre outras.

Há, ainda, como os acionistas obterem lucro com a alienação dos papéis das companhias no livre mercado (se emitidos por companhia aberta), se alienarem, no mercado secundário, o valor mobiliário ou o conjunto de ações por preço superior ao da aquisição. Neste caso, haverá implicações de ordem tributária, conforme se verá adiante.

3.1.5. Resumo

- As ações são valores mobiliários representativos da unidade do capital social de uma companhia, seja de capital aberto, seja de capital fechado;
- nas companhias abertas, as ações poderão ser negociadas em oferta primária pela própria emissora dos papéis (quando se concretiza o objetivo de captação de recursos para financiamento de projetos e atividades da companhia), ou em oferta secundária, pelos acionistas, com a negociação das ações em mercado via oferta pública;
- as ações podem ser classificadas quanto: (i) à espécie, sendo (i.a) ordinárias, que conferem ao titular os direitos e deveres dos acionistas comuns; (i.b) preferenciais, as quais podem possuir vantagens e preferências previstas em estatuto social, em comparação às ações ordinárias; ou (i.c) de fruição, atribuídas aos acionistas titulares de ações totalmente amortizadas, (ii) à classe, livremente aplicável às ações preferenciais e, às ações ordinárias, apenas quando representarem a unidade do capital social de companhias fechadas, e (iii) à forma, podendo ser (iii.a) nominativas, quando a propriedade da ação se dá pela inscrição do nome do titular em livro próprio da companhia emissora, ou (iii.b) escriturais, se mantidas em registros contábeis de escrituração da instituição financeira depositária;

- em regra, as ações são de livre circulação. Para companhias abertas, essa regra é absoluta; para as companhias fechadas, limitações de circulação poderão ser imputadas em estatuto social, desde que não impeçam a negociação e sujeitem os acionistas às decisões da administração ou da maioria dos demais acionistas; e
- titulares de ações poderão ser remunerados por variadas formas, destacando-se o recebimento de dividendos.

3.2. Debêntures

3.2.1. Conceito e Características Principais

Tratam-se as debêntures de valores mobiliários[51] consubstanciados em instrumentos de dívida, emitidas por companhias (*i.e.* sociedades anônimas) e que conferem aos seus detentores (debenturistas) o direito de crédito contra a companhia emissora. No geral, possuem vencimento a médio ou longo prazo, e representam importante instrumento de financiamento de sociedades anônimas.

A palavra "debênture" encontra fundamento na terminologia latina *devere*, a qual significa "dívida pecuniária", tendo a prática financeira inglesa consolidado o termo tal como é atualmente conhecido (Eizirik e outros, 2008).

Para Bento e outros[52], as captações de recursos pelas companhias por meio de debêntures visa, em regra, o investimento em ativos, o financiamento de projetos e a aquisição de participação societária, podendo também tais recursos ser aplicados na alteração do perfil de passivos mediante postergação (alongamento) do vencimento de dívidas próprias da empresa.

[51] Art. 2º, I da Lei nº 6.385/1976, com redação conferida pela Lei nº 10.303/2001).

[52] Bento, Paulo Marcelo de Oliveira; Malheiro, Rafael Macedo; Castilho, Ramon Machado; Batiston, Renato Reis; Coelho, Renato Souza. Op cit. p. 301.

As debêntures podem ser emitidas tanto em ofertas privadas (empréstimo contraído junto a um círculo restrito de investidores) como em públicas (captação de recursos da poupança popular), e podem assumir diferentes feições quanto à modalidade de direito de crédito ao qual corresponderem, isto é, poderão variar conforme: **(i)** sua conversão ou não em ações[53], **(ii)** suas séries de emissões, variáveis conforme a necessidade de caixa da companhia, **(iii)** o envolvimento ou não de garantias, bem como **(iv)** o modelo de remuneração adotado, o qual poderá se basear em taxas de juros pré ou pós fixados, lucros apurados pela sociedade emissora ou até pela combinação de ambas, na modalidade mista.

Há que se ressaltar, ainda, a possibilidade da emissão de debêntures com prazo de vencimento indeterminado, as chamadas "debêntures perpétuas", as quais deverão conter em sua escritura de emissão a descrição de uma hipótese que, ocorrida, encerra a vigência desta modalidade de debênture. Como exemplo, a escritura pode determinar o vencimento da debênture se verificada a dissolução da companhia emissora. Tal espécie é comumente utilizada por companhias que pretendem organizar o poder de controle, na medida em que os debenturistas aportam recursos na sociedade, porém não titularizam direitos de acionistas[54].

[53] Com a publicação da Lei nº 4.728/1965, foram instituídas as debêntures conversíveis em ações, as quais asseguram ao titular a faculdade de ter os seus títulos convertidos em ações da empresa emissora, conforme as condições, prazos e previsões descritas na escritura de emissão. Eventuais alterações do estatuto social no período em que seja possível o exercício do direito à conversão, se prejudiciais aos detentores das ações em que puderem ser convertidas as debêntures, estarão sujeitas à prévia aprovação dos debenturistas.

[54] Coelho, Fábio Ulhoa. *Curso de direito comercial: direito de empresa*. Op. cit. p. 172 e 173.

3.2.2. Contexto Histórico

De acordo com Alexandre Couto Silva[55], as debêntures como hoje são conhecidas no Brasil surgiram com a promulgação da Lei nº 1.083/1860, designadas como "obrigações ao portador". O título, emitido pelas sociedades, dependia de autorização legislativa para sua instituição, colocação e comercialização.

Com o advento da Lei nº 3.150/1882, conferiu-se às "obrigações ao portador" a funcionalidade de instrumento de financiamento para as sociedades anônimas, na medida em que foi possibilitado a estas a captação de empréstimos através da emissão do título em questão. Pela primeira vez, o termo "debênture" foi utilizado pelo legislador como sinônimo de "obrigações ao portador".

Ainda que já estivesse prevista no arcabouço legislativo brasileiro, o procedimento para emissão das debêntures somente foi regulado com a edição do Decreto nº 8.821/1882, o qual, dentre outras disposições, conferiu à AGE e ao estatuto social da companhia os poderes necessários para autorização da emissão deste valor mobiliário. Ato contínuo, o Decreto nº 177-A/1893 retirou do estatuto social das sociedades anônimas a autorização para emissão das debêntures, cabendo tal decisão, a partir de então e até os dias atuais, apenas à AGE (e tal como se verá adiante, em situações específicas, também ao Conselho de Administração).

Foi através do Decreto nº 177-A/1893 que se instituiu o *quórum* de instalação (3/4 do total de acionistas da companhia) e de aprovação (consentimento dos detentores de, ao menos, metade do capital social da sociedade) necessários para deliberação acerca da emissão das debêntures, condições até hoje vigentes.

[55] SILVA, Alexandre Couto. *"Opções de Financiamento da Companhia e sua Estrutura"* In: BOTREL, Sérgio e BARBOSA, Henrique et al. (coord.). *Finanças Corporativas – Aspectos Jurídicos e Estratégicos*. São Paulo: Atlas, 2016. p. 460.

Com a promulgação da LSA, a designação "debêntures" para instrumentos de dívida foi consolidada no Brasil, tendo sido estabelecido que a deliberação em AGE para fins de emissão do título deverá abordar: **(i)** o valor de emissão envolvido ou, alternativamente, os critérios para determinação de limites de preço, **(ii)** se a emissão será dividida em séries, **(iii)** a quantidade e o valor nominal do título de dívida, **(iv)** eventuais garantias reais vinculadas à debênture, **(v)** condições para correção monetária, sendo o caso, **(vi)** eventual conversibilidade em ações, bem como **(vii)** as condições e prazos de vencimento, amortização, resgate, reembolso, pagamento de juros, participação nos lucros, modo de subscrição ou colocação e o tipo da debênture.

3.2.3. Espécies e Formas

No entendimento de Eizirik e outros (2011, p. 71), as espécies de debêntures variam conforme a garantia oferecida aos seus titulares. Nos termos do art. 58 da LSA, tais valores mobiliários diferem conforme as seguintes modalidades: **(i)** as com garantia real, **(ii)** as com garantia flutuante, isto é, as que, na hipótese de falência da companhia emissora, conferem aos debenturistas preferência sobre os credores quirografários, **(iii)** as quirografárias ou sem preferência, hipótese em que o debenturista se iguala aos demais credores sem garantia na massa falida, e **(iv)** as subordinadas aos demais credores da sociedade ou subquirografárias, as quais conferem ao titular do instrumento de dívida preferência somente sobre os acionistas da companhia emissora, na hipótese de falência.

No que cabe em relação à forma, as debêntures podem ser: **(i)** nominativas, cuja propriedade depende da inscrição do nome do titular em livro próprio da companhia emissora (o "Livro de Registro de Ações Nominativas"), ou **(ii)** escriturais, aquelas contabilizadas na escrituração de instituições financeiras sem a necessidade de emissão de certificado, tendo sido instituídas com o objetivo de popularizar este instrumento de dívida e difundir as debêntures entre o maior número possível de investidores.

3.2.4. Deliberação e Emissão

Compete privativamente à AGE, órgão social constituído de forma não regular e formado pelo conjunto de acionistas, deliberar sobre a autorização para emissão das debêntures[56], salvo para as de natureza simplificada (*i.e.* aquelas que não sejam conversíveis em ações e sem garantia real), as quais, concorrente e originariamente, desde 2001, podem ter a emissão também deliberada pelo CA, nas companhias abertas.

Tanto a AGE como o CA, quando objetivarem deliberar sobre a emissão de debêntures, deverão se ater aos limites e condições indicados no estatuto social, instrumento de instituição e lei suprema das companhias[57]. Com o advento da LSA em 1976, a emissão válida das debêntures, que até então demandava apenas a publicação da ata da AGE que sobre elas deliberou e a consequente inscrição desta no Registro de Imóveis[58], passou a demandar também o preparo e registro de uma escritura específica.

Assim, para que a emissão das debêntures, deliberada e aprovada em AGE ou CA, seja considerada válida, três procedimentos deverão ser observados: **(i)** a publicação da ata da AGE ou do CA, a qual deverá ser registrada no Registro de Imóveis, **(ii)** o registro da escritura no Registro de Empresas Mercantis em que inscrita a companhia, e **(iii)** sendo o caso, a constituição de garantias e o devido registro. Com os registros aqui abordados,

[56] Arts. 122, IV e 131 da LSA.

[57] LUCENA, José Waldecy. *Das sociedades anônimas: comentários à lei.* Rio de Janeiro: Renovar, 2009. P. 628-629.

[58] No Livro nº 3 do Registro de Imóveis competente.

estará assegurado que a emissão e o negócio jurídico como um todo serão oponíveis a terceiros[59].

Vale ressaltar que os procedimentos de publicidade e registro aqui abordados poderão ser efetivados pelos administradores da companhia emissora e, alternativamente, pelos agentes fiduciários, que são as pessoas, físicas ou jurídicas, responsáveis pela proteção dos interesses da comunhão de debenturistas perante a sociedade anônima emissora[60].

3.2.5. Responsabilidade

Os administradores da companhia emissora deste valor mobiliário respondem pelas perdas e danos causados à sociedade ou a terceiros, por infração à norma que proíbe a criação e a entrada em circulação das debêntures, antes da satisfação dos requisitos legais de registro e publicação, prescrevendo em três anos a ação judicial relacionada às normas aqui infringidas[61].

No que cabe em relação aos agentes fiduciários, estes responderão, dentro de igual prazo prescricionário de três anos[62], por atos culposos ou dolosos que tenham praticado em desacordo com a lei ou com a escritura de emissão das debêntures, tal como asseverado pelo art. 287, II, "e" da LSA.

3.2.6. Resumo

- Debêntures são valores mobiliários e representam uma dívida da companhia emissora para com os debenturistas;

[59] Silva, Alexandre Couto. Op. Cit., p. 469.

[60] Eizirik, Nelson; Gaal, Ariádna B.; Parente, Flávia; Henriques, Marcus de Freitas. Op cit., p. 75.

[61] Silva, Alexandre Couto. Op cit., p. 469.

[62] Contados da publicação da ata da AGE em que tomado conhecimento da violação.

- foram instituídas no Brasil pela Lei nº 1.083/1860, sendo atualmente regidas pela Lei nº 6.404/1976 ou Lei das Sociedades Anônimas;
- em regra, as debêntures possuem vencimento a médio ou longo prazo, e são emitidas com o intuito de captação de recursos para investimento, financiamento de projetos, aquisição de participação societária ou alongamento de dívidas da sociedade emissora;
- cabe à Assembleia Geral Extraordinária deliberar sobre a emissão das debêntures, podendo o Conselho de Administração (nas companhias abertas) deliberar sobre a emissão das debêntures simples, tudo conforme condições previstas em estatuto social e publicidade e registro dos atos de emissão;
- a emissão de debêntures pode se dar em oferta privada ou pública, neste caso captando recursos da poupança popular;
- as debêntures podem ser nominativas ou escriturais, e variam conforme sua conversibilidade ou não em ações da companhia emissora, suas séries de emissões, a vinculação ou não a garantias e o modelo de remuneração adotado;
- no que cabe em relação às garantias das debêntures, estas poderão ser reais, flutuantes, quirografárias ou subordinadas aos demais credores (subquirografárias); e
- os administradores da companhia respondem por infrações às normas de criação e circulação das debêntures, antes do devido registro e publicidade dos atos de emissão, e os agentes fiduciários respondem por atos culposos ou dolosos praticados em desacordo com a lei ou estatuto social.

3.3. Commercial Papers ou Notas Promissórias Comerciais

3.3.1. Conceito e Características Principais

As notas promissórias comerciais ("NPC") ou *commercial papers* são valores mobiliários emitidos por sociedades anônimas, fechadas ou abertas, que conferem ao titular um direito de crédito contra a companhia[63].

As NPC são títulos de dívida de curto prazo, podendo ter prazo de vencimento de **(i)** 30 a 180 dias, para as companhias emissoras fechadas, isto é, as sociedades anônimas que não possuem títulos negociados em ambiente de bolsa de valores ou mercado de balcão, ou **(ii)** 30 a 360 dias, para as companhias emissoras abertas, que, pelo contrário, possuam valores mobiliários admitidos à negociação em ambiente livre integrante do mercado de valores mobiliários.

No geral, as companhias emitem as *commercial papers* com o intuito principal de captação de recursos para financiamento do capital de giro[64], muito em função do prazo limitado de vencimento, porém outras se valem das NPC como etapa inicial de financiamento de projetos de investimentos ou aquisições, os quais, tendo sucesso, poderão ser financiados por outras alternativas mais robustas de captação a mercado, tais como via emissão de debêntures e abertura de capital[65].

Nos termos do art. 11 da Instrução CVM nº 566/2015[66], a oferta pública de *commercial papers* será destinada exclusiva-

[63] Bento, Paulo Marcelo de Oliveira; Malheiro, Rafael Macedo; Castilho, Ramon Machado; Batiston, Renato Reis; Coelho, Renato Souza. Op cit., p. 308.

[64] Borba, José Edwaldo Tavares. *"Nota Promissória Comercial (Commercial Paper)"* In: Botrel, Sérgio e Barbosa, Henrique et al. (coord.). *Finanças Corporativas – Aspectos Jurídicos e Estratégicos*. São Paulo: Atlas, 2016. p. 397.

[65] Fortuna, Eduardo. Mercado financeiro: produtos e serviços. 17ª ed. Rio de Janeiro: Qualitymark, 2008. p. 332.

[66] Art. 11. A oferta pública de distribuição de nota promissória realizada nos termos do art. 9° deve ser destinada exclusivamente a investidores qualificados,

mente a investidores qualificados, de modo que somente pessoas físicas ou jurídicas com investimentos financeiros superiores a R$ 1.000.000,00 (um milhão de reais) e que atestem tal condição[67] poderão ter acesso a este valor mobiliário, quando oferecido em ambiente público de negociação.

O corte elevado instituído pela CVM funda-se na necessidade de reservar o título para grandes investidores, mais aptos para avaliar a emissora e os riscos envolvidos na aquisição do valor mobiliários, dada a simplicidade de trâmites burocráticos para a emissão deste título de curto prazo, afastando as *commercial papers* do investidor comum e da poupança popular[68].

A emissão das NPC é vedada às instituições financeiras, às corretoras e distribuidoras de títulos e valores mobiliários e às empresas de *leasing*, demonstrando-se uma alternativa de financiamento às companhias atuantes nos demais setores da economia.

Como bem ressalta Borba (2016), é importante observar que as NPC ou *commercial papers* aqui abordadas diferem das notas promissórias comuns, na medida em que as condições de emissão das primeiras (*i.e.* prazo de vencimento, valor e registro) estão subordinadas às determinações da CVM, órgão de controle e fiscalização do Estado, enquanto que, em relação às segundas, um título de crédito comum, o emitente terá maior liberdade para definição das especificidades do papel (por óbvio, respeitados os limites legais), prevalecendo o acordado entre o emitente (sacador) e o beneficiário (sacado)[69].

conforme definido em regulamentação específica. Parágrafo único. A instituição intermediária da oferta pública de distribuição de nota promissória realizada nos termos do art. 9° é responsável por verificar o cumprimento do disposto no caput.

[67] Art. 9º-B da Instrução CVM nº 539/2013, com as alterações promovidas pelo art. 1º da Instrução CVM nº 544/2014.

[68] Borba, José Edwaldo Tavares. Op cit., p. 402 e 407.

[69] Coelho, Fábio Ulhoa. Op cit., p. 311.

3.3.2. Contexto Histórico

A lei nº 6.385/1976 conferiu competência ao Conselho Monetário Nacional ("CMN") para definir títulos criados ou emitidos pelas sociedades anônimas como valores mobiliários. Neste contexto, o CMN, por meio da Resolução nº 1.723/1990, estabeleceu expressamente que as notas promissórias emitidas por sociedades por ações via oferta pública passariam a ser considerados como se valores mobiliários fossem, no que passaram a ser designadas NPC ou *commercial papers*.

A disposição legal que definiu as NPC ou *commercial papers* como valores mobiliários somente tomou forma em 2001, com as alterações promovidas no art. 2º da Lei nº 6.385/1976 pela Lei nº 10.303/2001.

Atualmente, a oferta pública de distribuição de notas promissórias por sociedades anônimas é regulada pela Instrução CVM nº 566/2015, com alterações introduzidas pela Instrução CVM nº 583/2016.

3.3.3. Disposições Estatutárias, Registro e Negociação

Em uma oferta pública de distribuição (*i.e.* disponibilização de valor mobiliário para aquisição por qualquer interessado), caberá ao estatuto social da companhia definir sobre a competência para autorização da emissão das NPC[70], a qual poderá recair sobre a Assembleia Geral, ao Conselho de Administração ou à diretoria.

A autorização deverá dispor sobre: **(i)** o valor da emissão e a eventual divisão em séries, **(ii)** a quantidade e o valor nominal da NPC, **(iii)** as condições de remuneração e, sendo o caso, de atualização monetária do título, **(iv)** o prazo de vencimento do papel, **(v)** eventuais garantias, **(vi)** o local de pagamento, **(vii)** a designação de entidade em que será negociado o título

[70] Art. 6º da Instrução CVM nº 566/2015.

e a contratação de prestação de serviços, tais como custódia e liquidação[71].

A emissão das NPC em oferta pública deverá ser precedida por um registro específico na CVM, o qual será concedido automaticamente se, cumulativamente: **(a)** forem apresentados os documentos necessários[72] para ofertas públicas no Brasil, salvo o Prospecto, **(b)** for anexado ao pedido o conjunto de informações reduzidas descrito no Anexo I da Instrução CVM nº 566/2015, e **(c)** não for utilizado material publicitário voltado à divulgação pública. Cumpridas as condições, o registro produzirá efeitos após decorridos 5 (cinco) dias úteis do protocolo do pedido na CVM[73].

As *commercial papers* somente poderão ser negociadas em ambiente público após divulgação, pela emissora, de anúncio específico de início de distribuição, bem como da publicização das informações reduzidas descritas no item **(b)** supra.

Importante destacar que o registro da companhia na CVM não é essencial, de modo que as companhias fechadas poderão promover a distribuição pública de NPC, conquanto a operação se enquadre no regime simplificado[74] [75].

3.3.4. Remuneração

A remuneração das *commercial papers* – a vantagem oferecida ao potencial adquirente para obter o título e, consequentemente, aportar capital na companhia emissora – não costuma se lastrear

[71] Art. 7º da Instrução CVM nº 566/2015.

[72] Descritos no Anexo II da Instrução CVM nº 400/2003.

[73] Art. 9º da Instrução CVM nº 566/2015.

[74] Borba, José Edwaldo Tavares. Op cit., p. 406.

[75] A oferta de valores mobiliários sob o regime simplificado será aquela em que estarão dispensadas as obrigações de registro da emissão e do emissor, desde que o público alvo da oferta seja formado por um número restrito de investidores qualificados.

em taxas de juros ou índices de correção monetária, embora haja exceções.

Para BORBA (2016)[76], no geral o rendimento das NPC se dá mediante o deságio entre o valor nominal do título e o montante pelo qual é disponibilizado para aquisição, de modo que o adquirente seja remunerado pela diferença entre o valor de face da *commercial paper* e a quantia que foi dispendida para aquisição desta, observado o prazo de vencimento do valor mobiliário.

Como exemplo, se uma companhia buscar recursos (R$ 950.000,00) para satisfazer obrigações de curto prazo com fornecedores e não desejar se socorrer de empréstimos bancários, poderá emitir uma *commercial paper* com vencimento em 180 dias e valor de face de R$ 1.000.000,00 (um milhão de reais), com taxa de desconto de 5% (cinco por cento) ao semestre. Decorrido o prazo de vencimento, a sociedade emissora recompra a NPC pelo valor nominal, em operação vantajosa para ambas as partes: a companhia obteve os recursos para fazer frente às suas obrigações (capital de giro) e o investidor adquirente da NPC obteve remuneração de R$ 50.000,00 (cinquenta mil reais).

3.3.5. Resgate Antecipado e Garantias

O resgate antecipado das *commercial papers*, isto é, anteriormente ao prazo de vencimento previamente estabelecido, é possível, porém condicionado à anuência do titular do papel[77].

No que concerne às garantias relacionados ao papel, as oportunidades são muito limitadas, vez que a emissão das NPC apresenta caráter formalmente unitário, isto é, muito embora haja uma única decisão pela emissão de uma determinada quantidade de *commercial papers*, o conjunto destas não configurará uma unidade[78].

[76] BORBA, José Edwaldo Tavares. Op cit., p. 404.

[77] Art. 40 do Anexo do Decreto nº 57.663/1966 e art. 902 da Lei nº 10.406/2002.

[78] BORBA, José Edwaldo Tavares. Op cit., p. 405.

As NPC não configuram, individualmente, uma unidade dentro de uma série de emissões, razão pela qual, na emissão de séries de *commercial papers*, haverá apenas um conjunto difuso de títulos, emitidos de forma concomitante a partir de uma decisão única, não havendo qualquer vinculação jurídica entre as NPC das séries.

3.3.6. Endosso em Preto

De acordo com o art. 4º da Instrução CVM nº 566/2015, as *commercial papers* devem, obrigatoriamente, circular por endosso em preto, do qual constará a cláusula "sem garantia". Tal exigência visa documentar cada transferência de titularidade do título, evitando a circulação como se ao portador fosse[79].

No conceito de Coleho (2014)[80], o endosso, que **(i)** transfere a titularidade do crédito representado na letra ao endossatário (adquirente), bem como **(ii)** vincula o endossante (alienante do documento cambial de crédito) ao pagamento do título, pode ser de duas espécies, quais sejam, "em branco", hipótese em que não há identificação do endossatário, ou "em preto", tal como o aqui indicado como obrigatório às NPC, quando há identificação do endossatário (*e.g.* "pague-se a Fulano").

3.3.7. Resumo

- As notas promissórias comerciais ("NPC") ou *commercial papers* são valores mobiliários emitidos por sociedades anônimas, abertas ou fechadas, e representam um direito de crédito ao titular;
- esses valores mobiliários surgiram no Brasil com Resolução CVM nº 1.723/1990, fundamentada na Lei nº

[79] Borba, José Edwaldo Tavares. Op cit., p. 403.
[80] Coelho, Fábio Ulhoa. Op cit., p. 292.

6.385/1976, porém foram inseridas no arcabouço legal brasileiro apenas com a edição da Lei nº 10.303/2001;

- as NPC são títulos de curto prazo, com prazo de vencimento variável entre 30 e 180 dias (para companhias fechadas) ou 30 e 360 dias (aplicável às companhias abertas);
- a captação de recursos via *commercial papers* visa, no geral, o financiamento do capital de giro das companhias;
- a emissão das NPC visa os investidores qualificados, isto é, as pessoas físicas ou jurídicas que possuem mais de R$ 1.000.000,00 (um milhão de reais) investidos, o que dificulta o investimento nestes papéis pelo investidor comum;
- as *commercial papers* diferem da nota promissória comum pois estão sujeitas à limites, prazos e condições de emissão delimitados pela CVM;
- cabe ao estatuto social da companhia definir a competência para autorização de emissão das NPC, documento que conterá **(i)** o valor da emissão, **(ii)** a quantidade, **(iii)** o valor nominal, **(iv)** a forma de remuneração, **(v)** o prazo de vencimento, **(vi)** eventuais garantias, **(vii)** o local onde serão negociados os títulos, e **(viii)** eventual contratação de serviços (*e.g.* custódia e liquidação);
- a oferta pública de *commercial papers* deverá ser precedida por um registro próprio na CVM, e as companhias fechadas (não registradas em bolsa) também poderão promover a distribuição pública destes títulos, desde que sob a forma simplificada;
- a remuneração das NPC ao investidor se dará pelo deságio existente entre o valor nominal do título e o preço pelo qual é colocado a negociação;
- é possível o resgate antecipado das *commercial papers*, desde que haja consentimento do titular do valor mobiliário neste sentido;

- as NPC, no geral, não possuem garantias, dado o caráter unitário de sua emissão (cada papel é um título independente em uma série de emissões); e
- as *commercial papers* deverão circular por endosso em preto (com identificação do adquirente), do qual constará a cláusula "sem garantia".

4. Tributação dos Principais Títulos e Valores Mobiliários Passíveis de Emissão por Companhias e Ofertados Publicamente

4.1. Diferenciação Entre Renda Fixa e Renda Variável

Anteriormente à análise da tributação incidente sobre as operações decorrentes de emissões, realizadas por companhias, no mercado, fundamental se faz a diferenciação entre a natureza dos títulos e valores mobiliários.

Entendem Assaf Neto e outros (2009, p. 139), que "um título no mercado é chamado de renda fixa, quando todos os rendimentos oferecidos ao seu titular são conhecidos previamente, ou seja, no momento da aplicação". Para Maranesi e Barros (2011, p. 90), aplicações de renda fixa são as que se pode calcular a dimensão ou proporção do rendimento. Em suma, o detentor do título ou valor mobiliário saberá, quando efetivado o investimento, a remuneração a que terá direito sobre o valor investido.

As aplicações de renda fixa podem ser divididas em: **(i)** aplicações com rendimentos pré-fixados, isto é, as que preveem um rendimento nominal baseado em taxas fixas de juros, ou **(ii)** aplicações com rendimentos pós-fixados, quais sejam, aquelas cuja remuneração é determinada, total ou parcialmente, por variação de um índice, taxa ou cotação, a ser conhecida posteriormente à contratação da operação[81].

[81] Bento, Paulo Marcelo de Oliveira; Malheiro, Rafael Macedo; Castilho, Ramon Machado; Batiston, Renato Reis; Coelho, Renato Souza. Op cit., p. 59 e 60.

São exemplos de títulos e valores mobiliários de renda fixa: **(i)** as debêntures e os *commercial papers*, sobre os quais serão abordadas as especificidades da tributação abaixo, os quais serão considerados, neste estudo, como pré-fixados, **(ii)** títulos públicos emitidos pelo Tesouro Nacional, **(iii)** letras de câmbio, **(iv)** Certificados de Depósitos Bancários ("CDB"), **(v)** poupança, dentre outros.

Já com relação às aplicações de renda variável, serão aquelas cuja remuneração não possa ser dimensionada pelo investidor quando da aplicação, sendo o retorno do investimento desconhecido e sujeito a fatores aleatórios, tais como o cenário político e econômico. Em suma, tais aplicações envolvem a imprevisibilidade da remuneração e um risco ao investidor, pois poderá, inclusive, perder o capital investido[82].

As operações em renda variável podem ser efetivadas tanto no mercado à vista, com liquidação imediata ou em, no máximo, 3 (três) dias após a liquidação[83] (*e.g.* ações emitidas por companhias abertas, em relação às quais a tributação será abordada abaixo), ou em mercados futuros, correspondentes "ao mercado a termo, futuro, de opções, ou qualquer outro que mantenha pregão ou sistema eletrônico para a negociação de valores mobiliários com liquidação com prazo superior ao estabelecido para os negócios no mercado à vista, sob a supervisão e fiscalização de entidade auto-reguladora"[84].

No presente estudo, serão consideradas, para fins de tributação, apenas as operações realizadas em mercado à vista, tendo por base os ganhos líquidos[85] decorrentes de títulos e valores

[82] Bento, Paulo Marcelo de Oliveira; Malheiro, Rafael Macedo; Castilho, Ramon Machado; Batiston, Renato Reis; Coelho, Renato Souza. Op cit., p. 107.

[83] Para fins operacionais.

[84] Art. 1º da Instrução CVM nº 283/1998.

[85] Ganhos líquidos são "o somatório dos resultados positivos e negativos obtidos em cada operação ou contrato realizado pelo investidor em cada mês, sendo possível deduzir os custos e despesas incorridos, desde que necessários à realização das operações" (Bento et al., p. 116 e 117).

mobiliários negociados no mercado, notadamente as ações emitidas por companhias de capital aberto.

4.2. Tributos

No geral, os tributos incidentes sobre as operações envolvendo oferta pública de distribuição de valores mobiliários são[86]:

i. o Imposto sobre a Renda ("IR"), o qual poderá ser retido na fonte ("IRRF") ou pago quando do ajuste, trimestral ou anual, das pessoas jurídicas ("IRPJ");
ii. o Imposto sobre Operações Financeiras ("IOF"), notadamente o incidente sobre operações de câmbio ("IOF-Câmbio"), crédito ("IOF-Crédito") ou que envolvam títulos e valores mobiliários ("IOF-TVM");
iii. a Contribuição Social sobre o Lucro Líquido ("CSLL") das pessoas jurídicas;
iv. a Contribuição para o Programa de Integração Social ("PIS"), inclusive a incidente sobre receitas financeiras ("PIS-RF"); e
v. a Contribuição para o Financiamento da Seguridade Social ("COFINS"), havendo também a que incide sobre receitas financeiras ("COFINS-RF")[87].

Vale destacar que todos os tributos aqui mencionados são de competência da União[88]. Vejamos a aplicação nas ofertas dos valores mobiliários a seguir indicados.

[86] SANTI, Eurico Marcos Diniz de; ZILVETI, Fernando Aurélio; MOSQUERA, Roberto Quiroga et al. (coord.). *Tributação internacional e dos mercados financeiros e de capitais*. São Paulo: Quartier Latin, 2005. p. 43.

[87] O Imposto Sobre Serviços ("ISS"), de competência municipal, incidirá sobre operações de intermediação de negócios no mercado de capitais, porém não produz efeitos aos adquirentes de títulos e valores mobiliários, de modo que não será abrangido pelo estudo aqui conduzido.

[88] Arts. 149; 153, III e V; 195, I, "b" e "c" da CF.

4.3. Distribuição de Ações

Inicialmente, tal como asseverado no tópico 5.1 acima, as ações emitidas por companhias abertas são consideradas títulos mobiliários de renda variável, posto não haver previsibilidade prévia acerca dos rendimentos que decorrerão deste papel ao investidor.

Para as companhias emissoras, a oferta primária de ações resulta na captação de recursos junto ao mercado, não estando tais valores sujeitos ao IR[89], se os recursos obtidos na oferta forem registrados em conta de capital social ou de reserva de capital, neste caso, se a contribuição dos subscritores exceder o valor nominal das ações emitidas ou se os recursos obtidos com a emissão de ações sem valor nominal excederem a parcela destinada à formação do capital social[90].

Cumpre aqui ressaltar que nas ofertas secundárias de ações, em que não há participação direta da companhia emissora na negociação do valor mobiliário, não produzindo, portanto, efeitos tributários para a companhia emissora da ação negociada[91].

No que cabe em relação à tributação das pessoas físicas adquirentes das ações no mercado secundário, em operações no mercado à vista[92], cumpre estabelecer uma importante diferenciação:

i. às residentes no Brasil[93], será aplicada alíquota zero do IOF-TVM[94], porém, no que cabe em relação ao IR, *(i.a)*

[89] Art. 442, I do Decreto nº 3.000/1999 ("Regulamento do Imposto sobre a Renda" ou "RIR").

[90] Art. 182 da LSA.

[91] Bento, Paulo Marcelo de Oliveira; Malheiro, Rafael Macedo; Castilho, Ramon Machado; Batiston, Renato Reis; Coelho, Renato Souza. Op cit. p. 292.

[92] Mercado no qual as liquidações física (entrega dos títulos pelo vendedor) e financeira (pagamento dos títulos pelo comprador) ocorrem no 3º dia útil posterior à negociação. (BM&FBovespa, p. 41).

[93] As condições para caracterização da residência fiscal no Brasil estão discriminadas no art. 2º da Instrução Normativa SRF nº 208/2002.

[94] Art. 32, parágrafo 2º, III do Decreto nº 6.306/2007 ("Regulamento do IOF" ou "RIOF").

será cobrado o imposto à alíquota de 15% (quinze por cento)[95] [96] sobre o ganho líquido mensal, após realizada a compensação de perdas[97], inclusive de meses anteriores[98], observada a isenção total deste imposto aplicável às alienações realizadas em dado mês que não excedam R$ 20.000,00 (vinte mil reais)[99], *(i.b)* haverá incidência do IRRF à alíquota de 0,005% (cinco milésimos por cento)[100] [101], exceto para operações *day trade* e com *swaps*[102], o qual poderá ser deduzido quando da apuração do ganho líquido mensal, e *(i.c)* será cobrado sobre o ganho de capital (variação positiva entre o preço de venda e o de aquisição da ação) na alienação de ações, em alíquotas que podem variar de 15% (quinze por cento) a 22,5% (vinte e dois inteiro e cinco décimos por cento), a depender do ganho apurado[103]. O imposto deverá ser recolhido pela própria pessoa até o último dia útil do mês subsequente ao da percepção do rendimento[104], e a tributação pelo IR se dará de forma exclusiva[105], isto é, não serão necessários ajustes na Declaração de Ajuste Anual; e

95 Art. 2º da Lei nº 11.033/2004 e art. 57 da IN RFB nº 1.585/2015.

96 Em operações *day trade*, a alíquota é de 20% (vinte por cento).

97 Art. 56, parágrafo 3º da IN RFB nº 1.585/2015.

98 Art. 40, parágrafo 3º da Lei nº 7.713/1988 e art. 64 da IN RFB nº 1.585/2015.

99 Art. 3º, I da Lei nº 11.033/2004 e art. 59, I da IN RFB nº 1.585/2015.

100 Dada a alíquota insignificante, a tributação aqui observada tem por objetivo facilitar a fiscalização das operações realizadas por pessoas físicas, em mercado, com instrumentos de renda variável, tais como as ações.

101 Art. 63, IV da Instrução Normativa RFB nº 1.585/2015 ("IN RFB nº 1.585/2015").

102 Art. 8º, parágrafo 1º, I, "a" da Lei nº 9.959/2000 e art. 65 da IN RFB nº 1.585/2015.

103 Art. 21 da Lei nº 8.981/1995, alterado pelo art. 1º da Lei nº 13.259/2016.

104 Art. 100, I da IN RFB nº 1.585/2015.

105 Art. 76, II da Lei nº 8.981/1995 e art. 70, II da IN RFB nº 1.585/2015.

ii. às não residentes, em regra, a tributação de investimentos pelo IR se equipara à incidente sobre os residentes no Brasil[106], porém, especificamente para investimento nos mercados financeiro e de capitais brasileiros, a Resolução BACEN nº 4.373/2014[107], ao regulamentar a questão, estabeleceu as especificidades de tais espécies de investimentos, de modo que a tributação será *(ii.a)* inexistente em relação ao IR (não incidência)[108], salvo para o investidor residente em país que não tribute a renda ou a tribute a alíquota inferior a 20% (vinte por cento)[109][110], o qual estará sujeito ao regime de tributação aplicável às pessoas físicas residentes no Brasil (vide tópico **(i)** acima), *(ii.b)* à alíquota zero, em relação a eventuais ganhos de capital auferidos em operações realizadas em ambiente bursátil ou de mercado de balcão organizado[111], exceto para as ofertas públicas de emissão de distribuição de ações efetuadas em mercado de balcão não organizado[112], hipótese em que o imposto sobre eventual ganho de capital incidirá às alíquotas variáveis de 15% (quinze por cento) a 22,5% (vinte e dois inteiros e cinco décimos por cento), conforme o ganho de capital apurado, *(ii.c)* ao IOF-TVM à alíquota zero[113], e *(ii.d)* ao IOF-Câmbio à alíquota zero[114], nas liquidações de operações de câmbio de entrada e saída de capitais para aplicação no mercado de capitais.

[106] Art. 78, II da Lei nº 8.981/1995.

[107] Fundada nas disposições da Lei nº 4.131/1962.

[108] Art. 81 da Lei nº 8.981/1995; art. 16 da Medida Provisória nº 2.189-49; e art. 90 da IN RFB nº 1.585/2015.

[109] Art. 16, parágrafo 2º da Medida Provisória nº 2.189-49.

[110] Vide relação da Instrução Normativa RFB nº 1.037/2010.

[111] Art. 81, parágrafo 1º da Lei nº 8.981/1995.

[112] Quando não há um local físico ou sistema definido e organizado para negociação dos títulos e valores mobiliários pelas instituições financeiras.

[113] Art. 32, parágrafo 2º, III do RIOF.

[114] Art. 15-B, XIV, XVI e XVII do RIOF.

Relativamente à tributação das pessoas jurídicas residentes que aufiram rendimentos com ações, no Brasil, no mercado secundário, em operações à vista, na apuração do IR sob a sistemática do Lucro Real, Lucro Presumido ou Lucro Arbitrado[115], haverá a incidência do IRRF à alíquota de 0,005% (cinco milésimos por cento)[116/117], passível de dedução no ajuste efetuado pela empresa para apuração do IRPJ.

Às pessoas jurídicas residentes, não financeiras e optantes pelo Lucro Presumido, não obstante a incidência do IRRF supramencionada, a qual será considerada como antecipação do imposto devido sobre o ganho líquido com as ações, caberão ainda as cobranças: **(i)** mensais do IRPJ e da CSLL, às alíquotas de 15%[118] e 9%, respectivamente, sobre eventuais ganhos líquidos[119] obtidos em renda variável, a título de antecipação do devido trimestralmente pela pessoa jurídica, devendo, ao final do período de apuração, adicionar ao lucro presumido a totalidade dos ganhos líquidos[120] em renda variável[121], cabendo compensação do tributo antecipado[122/123], **(ii)** alíquota zero de

[115] Arts. 78, I da Lei nº 8.981/1995; 51, parágrafo único da Lei nº 9.430/1996; e 70, I da IN RFB nº 1.585/2015.

[116] Art. 4º da Lei nº 11.033/2004.

[117] A alíquota será de 1% (um por cento) nas operações *day trade.*

[118] Alíquota de 20% de IRPJ para operações *day trade.*

[119] Consideradas receitas financeiras pelo art. 25, II da Lei nº 9.430/1996 (Bento et al., p. 129).

[120] Observada perda líquida, esta não deverá ser adicionada ao lucro presumido, podendo ser compensadas no futuro com ganhos líquidos de renda variável. Eventuais perdas líquidas em operações *day trade* somente poderão ser compensadas, no futuro, com ganhos líquidos decorrentes de operações da mesma natureza.

[121] Inclusive de operações *day trade.*

[122] Art. 70, parágrafo 9º da IN RFB nº 1.585/2015.

[123] Junqueira, Lavínia Moraes A. N. e Tuba, Gabriela. "*Investimentos em Renda Variável: Tributação*" In: Santi, Eurico Marcos Diniz de e Canado,

IOF-TVM[124], e **(iii)** PIS e COFINS à alíquota conjunta de 3,65% (três inteiros e sessenta e cinco centésimos por cento), sobre as receitas decorrentes de rendimentos das ações. Vale destacar que as receitas decorrentes da alienação de ações contabilizadas como investimento no ativo permanente não estarão sujeitas às contribuições descritas no item **(iii)**[125/126].

Por sua vez, as pessoas jurídicas residentes, não financeiras e sujeitas – ou, em certas hipóteses, optantes – pelo Lucro Real estarão sujeitas às mesmas regras de tributação aplicáveis às empresas optantes pelo Lucro Presumido[127] (logo acima descritas), inclusive quanto à possibilidade de compensação do imposto devido com o recolhido antecipadamente, se: **(i)** apurarem o resultado trimestralmente, ou **(ii)** apurando o resultado anualmente, caso opte por antecipar o IRPJ e a CSLL com base no regime de estimativa. Haverá, ainda, incidência do PIS-RF e da COFINS-RF à alíquota conjunta de 4,65% (quatro inteiros e sessenta e cinco centésimos por cento)[128] sobre as receitas decorrentes dos investimentos em ações, não havendo incidência do PIS e da COFINS sobre as receitas advindas da alienação de ações contabilizadas como investimento[129].

Para a pessoa jurídica no Lucro Real anual que opte por antecipar tributos com base em apuração mensal, servindo-se

Vanessa Rahal et. Al. (coord.). *Tributação dos Mercados Financeiro e de Capitais e dos Investimentos Estrangeiros*. São Paulo: Saraiva, 2011. p. 145 e 146.

124 Art. 32, parágrafo 2º, III do RIOF.

125 Art. 1º, parágrafo 3º, VI da Lei nº 10.637/2002 e art. 3º, parágrafo 2º, IV da Lei nº 9.718/1998.

126 Bento, Paulo Marcelo de Oliveira; Malheiro, Rafael Macedo; Castilho, Ramon Machado; Batiston, Renato Reis; Coelho, Renato Souza. Manual de tributação no mercado financeiro. Op. cit., p. 293 e 294.

127 Art. 76, parágrafo 2º da Lei nº 8.981/1995.

128 Art. 1º do Decreto nº 8.426/2015.

129 Art. 1º, parágrafo 3º, VI da Lei nº 10.637/2002 e art. 3º, parágrafo 2º, IV da Lei nº 9.718/1998.

de balancetes de suspensão e redução, a tributação sobre o ganho líquido decorrente de operações com ações estará dispensada[130]. Os tributos apurados sobre o Lucro Real acumulado prevalecerão, podendo a pessoa jurídica compensar o IRRF. Em termos simplificados, "nos meses em que forem levantados balanços de ou balancetes de suspensão ou redução, os ganhos líquidos de operações de renda variável integram a base de cálculo do imposto, ficando a pessoa jurídica dispensada do pagamento em separado do imposto sobre esses ganhos líquidos" (BENTO et al, p. 128).

Convém destacar que, nada obstante a tributação acima mencionada, às pessoas jurídicas no Lucro Real caberá o adicional de IRPJ à alíquota de 10% (dez por cento)[131], incidente sobre a apuração de resultado que exceder a R$ 240.000,00 (duzentos e quarenta mil reais) no ano-calendário (ou exercício), inclusive sobre rendimentos decorrentes de operações com ações.

Para as pessoas jurídicas não residentes, como regra geral, a tributação aplicável sobre os ganhos líquidos em renda variável e sobre eventual ganho de capital sobre valores mobiliários será a mesma aplicável aos residentes no Brasil[132]. Porém, deve-se atentar que investidores estrangeiros no mercado de renda variável brasileiro usufruirão dos benefícios concedidos pela legislação, tais como isenção do IR sobre rendimentos líquidos e ganho de capital e a desnecessidade de recolhimento do IRRF à 0,005% (cinco milésimos por cento) ou 1% (um por cento), conceitos abordados acima.

Tal como aplicável às empresas optantes pelo Lucro Presumido, os resultados das operações de renda variável serão tributados pelo regime de caixa pelas pessoas jurídicas optantes

130 Art. 77, parágrafo 3º da Lei nº 8.981/1995 e art. 71, I da IN RFB nº 1.585/2015.

131 Art. 1º da Lei nº 9.249/1995.

132 Art. 78, II da Lei nº 8.981/1995.

pelo Lucro Real, ou seja, quando apurada efetiva realização do ganho ou perda[133]. Para as empresas optantes pelo SIMPLES, os rendimentos auferidos com investimentos de renda variável – tais como as ações – não comporão a base de cálculo deste regime, estando tais rendimentos sujeitas às regras de tributação aplicáveis às pessoas físicas residentes, acima abordadas, em tributação de natureza exclusiva, não sujeita à ajustes.

Como se denota com clareza, a tributação na fonte é uma realidade quando se aborda as operações em renda variável (e, também, para renda fixa, como se verá adiante), posto que: **(i)** alcança aqueles que não seriam alcançados em condições usuais, tais como os não residentes no Brasil, e **(ii)** possibilita a antecipação de recursos ao Estado, de forma a facilitar o fluxo de caixa da Administração Pública[134]. Adiciona-se, ainda, a mitigação dos riscos de sonegação.

Importante destacar que as especificidades da tributação acima descritas fazem referência às operações com valores mobiliários no mercado à vista e, eventualmente, na sistemática *day trade*, não tendo sido abordadas as especificidades das demais operações possíveis[135] no presente trabalho.

4.4. Debêntures e Commercial Papers

No que concerne à tributação incidentes sobre operações envolvendo debêntures e NPC ou *commercial papers*, ambos os títulos mobiliários são considerados como componentes do mercado

[133] JUNQUEIRA, Lavínia Moraes A. N. e TUBA, Gabriela. "*Investimentos em Renda Variável: Tributação*" In: SANTI, Eurico Marcos Diniz de e CANADO, Vanessa Rahal et. Al. (coord.). *Tributação dos Mercados Financeiro e de Capitais e dos Investimentos Estrangeiros*. Op. cit., p. 148.

[134] BIFANO, Elidie Palma. *O Mercado Financeiro e o Imposto sobre a Renda*. São Paulo: Quartier Latin, 2011. p. 159.

[135] *Swap*, mercado à termo, futuro, de opções.

de renda fixa[136], em razão da previsibilidade da remuneração que proporcionarão aos seus titulares, de modo que a tributação incidente sobre ambos, no geral, idêntica, será toda abordada no presente tópico.

Um ponto importante a ser aqui considerado é que, nas operações em renda fixa, a legislação não diferencia os rendimentos dos ganhos de capital[137], de modo que, como observam BENTO e outros (2011, p. 75 e 76), toda e qualquer renda obtida com aplicações neste mercado será tributada como se rendimento fosse. Haverá, contudo, incidência do IR sobre ganho de capital em eventual ágio (*i.e.* ganho em relação ao preço de aquisição) observado na cessão de títulos de renda fixa no mercado secundário.

No geral, os rendimentos das aplicações em renda fixa – tal como as debêntures e *commercial papers* – são tributadas na fonte pelo IR, podendo o contribuinte, eventualmente, ser chamado a tributação adicional. A base de cálculo do IRRF será a diferença positiva[138] observada na alienação[139] do título ou valor mobiliário, comparativamente ao valor inicialmente investido pelo adquirente do papel[140]. Sobre eventuais rendimentos periódicos do título caberá, também, o IRRF, incidente sobre o valor total pago[141/142].

[136] Neste estudo, considerados como títulos de renda fixa pré-fixados.

[137] Art. 65, parágrafos 1º, 2º e 3º da Lei nº 8.981/1995.

[138] Líquida de eventual IOF.

[139] Alienação será qualquer evento de transmissão de propriedade do título, abrangendo, inclusive, a liquidação, o resgate, a cessão e a repactuação deste, nos termos do art. 65, parágrafo 2º da Lei nº 8.981/1995.

[140] Art. 65, parágrafo 1º da Lei nº 8.981/1995 e art. 46, parágrafo 1º da IN RFB nº 1.585/2015.

[141] Art. 65, parágrafo 3º da Lei nº 8.981/1995.

[142] Bento, Paulo Marcelo de Oliveira; Malheiro, Rafael Macedo; Castilho, Ramon Machado; Batiston, Renato Reis; Coelho, Renato Souza. Op cit. p. 76.

A alíquota do IRRF incidente sobre os mencionados rendimentos irá variar conforme o prazo do investimento contratado, como segue: **(i)** alíquota de 22,5% (vinte e dois inteiros e cinco décimos por cento), para aplicações com prazo de vencimento de até e inclusive 6 (seis) meses, **(ii)** 20% (vinte por cento), nas aplicações cujo prazo de vencimento seja de 6 (seis) meses e um dia até e inclusive 12 (doze meses), **(iii)** 17,5% (dezessete inteiros e cinco décimos por cento), na hipótese de contratação de investimento com prazo de vencimento de 12 (doze) meses e um dia até e inclusive 24 (vinte e quatro) meses, e **(iv)** 15% (quinze por cento), para aplicações com prazo de vencimento superior a 24 (vinte e quatro) meses[143].

Em relação ao IOF-TVM, este incidirá nas operações com debêntures e *commercial papers* à alíquota zero[144] quando não configurada aplicação em renda fixa. No caso em estudo, como estão sendo consideradas aplicações em renda fixa de títulos pré-fixados, incidirá o IOF-TVM[145] a alíquotas regressivas para as debêntures[146] [147], menores quanto maior o prazo do investimento, conforme segue:

143 Art. 1º da Lei nº 11.033/2004.

144 Arts. 32, parágrafo 2º, VI e 33 do RIOF.

145 Art. 31, parágrafo 1º, I do RIOF.

146 Art. 11, I da Instrução Normativa RFB nº 907/2009.

147 *Commercial papers* são abrangidas pela alíquota zero do IOF-TVM do art. 33 do RIOF.

Nº de dias	% LIMITE DO RENDIMENTO
01	96
02	93
03	90
04	86
05	83
06	80
07	76
08	73
09	70
10	66
11	63
12	60
13	56
14	53
15	50
16	46
17	43
18	40
19	36
20	33
21	30
22	26
23	23
24	20
25	16
26	13
27	10
28	06
29	03
30	00

O quadro acima, retirado do Anexo do Decreto nº 6.306/2007 ("Regulamento do IOF" ou "RIOF"), indica o seguinte: em uma aplicação de renda fixa com vencimento para 15 (quinze) dias, incidirá IOF-TVM sobre 50% (cinquenta por cento) do rendimento obtido com esta aplicação. Assim, aplicações em renda fixa com prazo de vencimento igual ou superior à 30 (dias) se mostra mais favorável sob a ótica da tributação, vez que não haverá cobrança do IOF-TVM sobre o rendimento destas. Aos investidores estrangeiros, pessoas físicas ou jurídicas, o IOF-Câmbio incidirá à alíquota zero[148].

148 Art. 15-B, XIV, XVI e XVII do RIOF.

Especificamente para as pessoas físicas residentes no Brasil, a tributação dos rendimentos obtidos com títulos de renda fixa estará sujeita ao IRRF conforme acima descrito, em tributação definitiva, não cabendo, assim, a compensação de eventuais perdas com resultados positivos obtidos, os quais serão tributados normalmente.

Para as pessoas jurídicas no Lucro Real e detentoras de títulos e valores mobiliários, os rendimentos auferidos em aplicações de renda fixa estarão sujeitos ao IRRF regressivo (alíquotas de 22,5% a 15%, menor quanto maior o tempo da aplicação). Esses rendimentos comporão a base de cálculo do IRPJ e da CSLL[149], sempre que levantados balanços ou balancetes de suspensão ou redução[150]. Nos meses em que o recolhimento se dê por estimativa, com base na receita bruta, os rendimentos decorrentes de aplicações em renda fixa não integrarão a base de cálculo estimada do IRPJ e da CSLL[151].

Uma vez considerado o IRRF como antecipação do imposto devido, o valor recolhido poderá ser deduzido do IRPJ apurado no período[152]. Os rendimentos decorrentes de aplicações em renda fixa deverão ser contabilizados com base no regime de competência[153], e eventuais perdas apuradas[154] serão tratadas com despesas para fins de determinação do Lucro Real.

As receitas decorrentes de aplicações financeiras em renda fixa estarão sujeitas ao PIS-RF à alíquota de 0,65% (sessenta e cinco centésimos por cento), e à COFINS-RF, à alíquota de 4% (quatro por cento)[155].

149 Art. 76, parágrafo 2º da Lei nº 8.198/1995.

150 BENTO, Paulo Marcelo de Oliveira; MALHEIRO, Rafael Macedo; CASTILHO, Ramon Machado; BATISTON, Renato Reis; COELHO, Renato Souza. Op cit. p. 78.

151 Art. 40, parágrafo 1º da Instrução Normativa RFB nº 1.700/2017.

152 Art. 76, I da Lei nº 8.198/1995.

153 Art. 373 do RIR.

154 Exceto as apuradas em operações *day trade*.

155 Art. 1º do Decreto nº 8.426/2015.

Relativamente às empresas optantes pelo Lucro Presumido ou Arbitrado, os rendimentos decorrentes de aplicações em renda fixa também estarão sujeitos ao IRRF, incidente com base nas alíquotas regressivas supramencionadas. Tais rendimentos são considerados receitas financeiras e, portanto, devem ser incluídos na base de cálculo presumida ou arbitrada com base no regime de caixa[156].

Tal como aplicado às empresas no Lucro Real, o IRRF decorrente de aplicações em renda fixa por pessoas jurídicas no Lucro Presumido ou Arbitrado é tratado como antecipação do imposto devido[157], podendo ser deduzido do IRPJ quando da apuração do período, passível de utilização em períodos subsequentes se excessivo. Por outro lado, despesas com investimentos de renda fixa não poderão ser deduzidas.

No que cabe em relação às Contribuições Sociais, incidirá, sobre as receitas decorrentes das aplicações financeiras aqui abordadas, o PIS à alíquota de 0,65% (sessenta e cinco centésimos por cento) e a COFINS, à alíquota de 3% (três por cento).

Investidores não residentes, sejam pessoas físicas ou jurídicas, que apliquem em debêntures e *commercial papers* na condição de títulos de renda fixa pré-fixados, estarão sujeitos a regime de tributação favorecido, exceto aqueles residentes em países com tributação favorecida (vide tributação de pessoas físicas não residentes do tópico 5.3 supra).

As empresas optantes pelo SIMPLES que vierem a auferir rendimentos no mercado, especificamente em aplicações de renda fixa, estarão sujeitas ao IRRF a alíquotas progressivas sobre tais rendimentos[158].

156 Art. 51 da Lei nº 9.430/1996 e arts. 70, parágrafos 1º e 2º, II da IN RFB nº 1.585/2015.

157 Art. 70, I da IN RFB nº 1.585/2015.

158 Art. 13, parágrafo 2º da Lei Complementar nº 123/2006 e art. 70, II da IN RFB nº 1.585/2015.

Assim como apontado por BENTO e outros (2011, p. 301 a 312), importante destacar que, para as empresas emissoras de debêntures e *commercial papers*: **(i)** o ingresso de recursos não estará sujeito à tributação, vez que configura uma obrigação da companhia com terceiros, **(ii)** o deságio concedido na emissão dos títulos poderá ser reconhecido pela emissora como despesa financeira *pro rata temporis*, até o vencimento ou resgate[159], **(iii)** poderá a emissão em favor de parte relacionada no exterior ou em país com tributação favorecida estar sujeita às regras de subcapitalização[160], devendo ser analisada cada emissão em particular, e **(iv)** a incidência do IOF-TVM para debêntures exclui a do IOF-Crédito[161] para este título, sendo que as *commercial papers* já estão desobrigadas do recolhimento deste imposto[162].

5. Análise das Vantagens e Desvantagens Relacionadas à Captação de Recursos Via Emissão de Títulos e Valores Mobiliários

Feitas as considerações acerca do mercado de capitais brasileiro, das sociedades anônimas (companhias) e dos títulos e valores mobiliários por elas passíveis de emissão, bem como da tributação incidente sobre a negociação de tais papéis no mercado à vista, cumpre, para uma análise das vantagens e desvantagens da captação de recursos no mercado, compilar e analisar as informações até aqui apuradas.

Inicialmente, a captação de recursos no mercado de capitais demanda certa organização e investimento da empresa emissora dos títulos e valores mobiliários, uma vez que a busca pelo capital de investidores demanda registros específicos em órgãos reguladores e de fiscalização. Os custos de acesso ao mercado,

159 Art. 374 do RIR.

160 Art. 24 da Lei nº 12.249/2010.

161 Art. 2º, parágrafo 1º do RIOF.

162 Art. 33 do RIOF.

geralmente elevados, de certa forma inviabilizam o acesso das pequenas e até das médias empresas à poupança popular.

Relativamente às ações, os custos de emissão de valores mobiliários compreendem o pagamento de taxas à CVM[163] e a remuneração de terceiros que auxiliam a realização da distribuição (*e.g.* honorários advocatícios e dos auditores), fora as comissões de coordenação de colocação e garantia, as quais podem atingir valores expressivos[164]. Ainda, representam obstáculos à abertura de capital: **(i)** a estrutura empresarial brasileira, pouco receptiva ao investimento privado, **(ii)** a visão de curto prazo do empresário brasileiro, que "apaga incêndios" mas, no geral, não possui num planejamento de médio e longo prazo, e **(iii)** o desconhecimento do mercado, na medida que a cultura brasileira de financiamento ainda se encontra muito associada ao crédito de natureza bancária[165].

Se não bastassem os custos decorrentes do processo de abertura do capital via IPO, notadamente elevados, há que se considerar o *day after*: empresas listadas em bolsa de valores devem satisfação constante ao mercado, seja via publicação de demonstrações financeiras, seja pela necessidade de tornar público quaisquer eventos que, ocorridos ou com potencial para ocorrer, podem afetar os negócios da empresa emissora dos papéis, desvalorizando o valor destes e gerando pobreza – e descontentamento – aos investidores.

No geral, os principais custos e obrigações decorrentes da abertura de capital são relacionados: **(i)** aos custos legais e admi-

[163] As quais podem ser fixas; variáveis conforme a aplicação de um percentual sobre o volume da oferta ou do capital social, dentre outras; e mistas, envolvendo um valor fixo cumulado com um percentual sobre determinada base de cálculo (DELOITTE, p. 15).

[164] Casagrande, Humberto; Souza, Lucy; Rossi, Maria Cecilia. *Guia do mercado de capitais para pessoas físicas e jurídicas*. São Paulo: Lazuli, 2010. 95 p.

[165] Casagrande, Humberto; Souza, Lucy; ROSSI, Maria Cecilia. *Guia do mercado de capitais para pessoas físicas e jurídicas*. São Paulo: Lazuli, 2010. P. 39.

nistrativos, **(ii)** à implantação de conselhos fiscal e de administração, se inexistentes, **(iii)** à necessidade de se debater com os acionistas as estratégias empresariais, **(iv)** à constante realização de auditorias, **(v)** à implantação de mecanismos de transparência e *compliance* na companhia, dentre outros.

Contudo, no que concerne à tributação desse canal de financiamento, muitos benefícios são concedidos aos *players* que investem em ações, especialmente aos investidores estrangeiros. Conforme acima explanado, os estrangeiros interessados em aportar capital em papéis de empresas brasileiras gozam de benefícios no que cabe em relação ao IR e ao IOF, de modo que, conjugados tais benefícios ao câmbio desvalorizado do real, o mercado de ações brasileiro se mostra extremamente atraente para investidores com portfolio fundamentado em dólares.

Nessa seara, o dispêndio financeiro relacionado à abertura de capital pode ser considerado até um investimento, tendo em vista que o ingresso de recursos de terceiros poderá se demonstrar vantajoso para empresa, tornando atrativa a alternativa da emissão de ações.

Não há tributação pelo IR sobre os recursos captados via abertura de capital e consequente emissão de ações, de modo que os valores levantados, os quais poderão ser utilizados para financiamento de projetos, investimentos em ativos e rolagem de passivos já existentes, entram "limpos" no patrimônio da companhia emissora.

Nesse sentido, a empresa, ao captar recursos via mercado, pode se financiar sem se alavancar com juros remuneratórios elevados cobrados pelas instituições bancárias para liberação de linhas de crédito às empresas necessitadas por recursos, as quais, no geral, encontram-se em situação financeira

Assim, destacam-se como benefícios decorrentes da abertura de capital: **(i)** a captação de recursos livres de juros praticados pelas instituições financeiras, **(ii)** a possibilidade de reestruturação de passivos, **(iii)** liquidez patrimonial, **(iv)** profissionalização da companhia, **(v)** melhora da imagem institucional perante o mercado, dentre outras.

No que cabe em relação às debêntures negociadas em mercado aberto, estas também conferem benefícios fiscais às companhias emissoras, porém constituem uma obrigação para com terceiros mediante devolução do montante levantado quando de sua emissão, acrescido de ágio ou juros remuneratórios.

Inexistem as obrigações decorrentes de publicidade, controle e profissionalização após a emissão do título tal como visto com as ações, porém as despesas inerentes ao registro, o qual é obrigatório, são uma realidade[166], ainda que inferiores às aplicáveis na abertura de capital, porém se faz necessária a análise das despesas e remuneração dos debenturistas em contrapartida ao recurso captado no mercado.

Sob a ótica tributária, torna-se, a princípio, mais atraente a emissão privada de debêntures, principalmente as que têm por objetivo levantar capital para investimento em obras de infraestrutura mediante captação de recursos com não-residentes (Títulos Privados Incentivados da Lei nº 12.431), ocasião em que o IOF-Câmbio e o IR incidirão à alíquota zero, bem como estariam dispensadas de determinados procedimentos de registro[167], facilitando a emissão e reduzindo custos ao emitente.

Nesse sentido, tem-se que as debêntures ofertadas privada ou publicamente são opções interessantes quando destinadas aos investidores estrangeiros, sendo atrativas as debêntures públicas equiparadas à investimento em renda fixa para os investidores residentes na medida em que maior o prazo de

[166] PWC. Como abrir o capital da sua empresa no Brasil (IPO). São Paulo: BM&FBovespa, 2011. p. 17.

[167] ANBIMA. < http://www.anbima.com.br/informe_legislacao/arqs/MapaIncentivos.pdf>. Acesso em 21.6.2017.

vencimento, especialmente após 2 (dois) anos da emissão, no que o rendimento será tributado pelo IR em alíquota inferior.

Quanto às *commercial papers*, estas assemelham-se, no que se refere à tributação, às debêntures, com a diferença que não há setores ou condições de emissão incentivadas. Assim, estes valores mobiliários serão mais interessantes ao investidor residente quando as condições de remuneração forem atrativas, pois, no que cabe em relação às questões fiscais, não se denota vantagens em relação aos demais títulos e valores mobiliários aqui estudados.

Como vantagem em relação ao título em si, pode-se destacar a flexibilidade de sua estruturação e a desnecessidade de documentos de oferta detalhados, porém o prazo exíguo de vencimento (até 360 dias) e a exigência, em regra, de garantias torna o investimento neste título bastante restrito, quando se verifica que a tributação pelo IR poderá se dar sob alíquotas de 20% (vinte por cento) ou superiores[168].

Para a companhia emissora, poderá ser uma alternativa interessante de financiamento se as condições e taxas de juros em empréstimos bancários forem elevadas e os prazos de carência, curtos, mas, novamente, trata-se de uma decisão de natureza financeira e atuarial, e não baseada em questões tributárias.

Nada obstante todo o exposto, é imperioso considerar a alternativa de financiamento usualmente utilizada pelas empresas em geral no Brasil: os empréstimos bancários. Dados[169] de 2016 da Associação Nacional dos Executivos de Finanças, Administração e Contabilidade (ANEFAC) indicam que os juros médios praticados pelos bancos em empréstimos realizados para pes-

[168] PWC. Como abrir o capital da sua empresa no Brasil (IPO). São Paulo: BM&FBovespa, 2011. p. 17.

[169] AGÊNCIA BRASIL. *Empréstimos bancários sobem 248,8% em 10 anos, diz Anefac.* < http://agenciabrasil.ebc.com.br/economia/noticia/2016-08/emprestimos-bancarios-sobem-2488-em-10-anos-diz-anefac>. Acesso em 20.6.2017.

soas jurídicas repousam na casa dos 30,3% (trinta inteiros e três décimos por cento), baseada em um *spread* bancário (diferença entre a taxa de juros cobrada dos tomadores de crédito e a paga aos depositantes de capital no banco) de 18,2% (dezoito inteiros e dois décimos por cento), resultando em um ganho aproximado de 12% (doze por cento) às instituições financeiras sobre o crédito concedido.

Não é objeto do presente estudo a análise das razões para a alta carga de juros e elevados ganhos dos bancos, porém se percebe dos números apresentados que as despesas financeiras das pessoas jurídicas que se aventuram a buscar crédito no mercado bancário são elevadas, de modo que, muitas vezes, as empresas tomadores de recursos em tais fontes já se encontram em situação sensível quanto à saúde financeira, e os juros incidentes no mútuo, por vezes até maiores do que os acima indicados em razão do risco de crédito envolvido na operação, sufoca as pessoas jurídicas e escoa recursos que poderiam ser utilizados em investimentos, pesquisa e desenvolvimento.

6. Conclusão

Da análise dos dados e informações neste estudo apresentados, depreende-se que as empresas no Brasil, de modo geral, encontram poucas alternativas de financiamento para investimento e rolagem de dívidas/fortalecimento de caixa, sendo que estas escassas alterativas são, no geral, caras, seja pelos juros incidentes em empréstimos, seja pelos relevantes custos para busca e manutenção de recursos dos investidores em mercado.

No que cabe em relação à captação de recursos no mercado de capitais via emissão de títulos e valores mobiliários, nota-se que às pequenas e médias empresas são reduzidas as possibilidades de obtenção de recursos com investidores privados, posto que há custos, demandas administrativas e procedimentos a serem observados os quais não se encaixam às disponibilidades de caixa e pessoal da maioria das empresas de tais portes, assim como são poucas destas naturezas que são constituídas sob a forma de sociedade anônima, seja de capital fechado, seja de capital aberto.

As possibilidades de captação de recursos via emissão de títulos e valores mobiliários em oferta pública se mostra mais apropriada às companhias de grande porte, face às obrigações e custos inerentes à emissão de ações para negociação em bolsa de valores e à emissão de debêntures (médio e longo prazo) e *commercial papers* (curto prazo) em mercados organizados ou não organizados, sendo que o registro em órgãos de controle será sempre necessário.

A depender de fatores internos (transparência, controle das operações, grau de profissionalização da companhia, situação financeira e administrativa da empresa, dentre outros) e externos (situação macroeconômica, estabilidade política, disponibilidade de crédito, interesse para investimento, e outros), bem como da destinação pretendida para os recursos captados (investimento, aquisição de concorrentes, rolagem de dívida, fortalecimento de caixa, etc.), a emissão de títulos e valores mobiliários poderá ou não ser uma boa estratégia de financiamento para as companhias, sendo a decisão, aqui, basicamente de cunho financeiro e de estratégia de negócios.

Decidindo-se pela emissão de tais títulos e valores mobiliários, caberá a análise das vantagens e desvantagens, para as companhias emissoras e potenciais investidores, de cada título aqui estudado: **(i)** ações, que se mostram interessantes para as companhias com boa reputação, mais estruturadas, com capacidade para suportar as demandas e custos de abertura de capital e cobrança constante por resultados pelos acionistas, **(ii)** debêntures, as quais se mostram interessantes para captação de recursos com fins e objetivos específicos e vencimento a médio e longo prazos, e **(iii)** *commercial papers* ou NPC, menos burocráticas quanto aos procedimentos e obrigações para emissão pública, e voltadas para investidores interessados em aplicações de curto prazo, não superior a 360 (trezentos e sessenta dias), para fins de delimitação de estratégias de emissão e aplicação dos recursos captados.

No que cabe especificamente à tributação das operações envolvendo os supramencionados títulos e valores mobiliários, nos três casos a emissão se mostra interessante pela perspectiva das companhias emissoras, posto que a captação em si não sofre os efeitos da tributação. No geral, tem-se uma vantagem financeira quando comparada a captação em mercado em relação aos custos da obtenção de recursos via rede bancária.

Pela ótica do investidor, relativamente às ações, as operações *day trade*, para serem interessantes, deverão estar baseadas em valorizações elevadas dos papéis em um curto espaço de tempo, dada a alíquota elevada de IR, seja o retido na fonte, seja o incidente sobre os ganhos líquidos. No mais, a tributação ao investidor não destoa do comumente observado em relação à outras formas de investimento, sendo que o investimento é considerado de risco (renda variável) e somente uma companhia sólida e em crescimento poderia proporcionar ganhos acima da média aos detentores destes títulos.

Abordando-se as debêntures, estas são menos expostas a riscos e oscilações de mercado (renda fixa), porém, no geral, de elevado valor, o que restringe investimentos pelo poupador médio. A tributação se mostra mais interessante para valores e títulos mobiliários com vencimento a médio e longo prazos. As debêntures, contudo, tem proporcionado benefícios fiscais quando emitidas para financiamento de segmentos e setores específicos da economia, tais como o de infraestrutura. No que cabe aos títulos privados, não analisados neste trabalho, há ainda mais benefícios, principalmente em relação ao IOF.

As *commercial papers* ou NPC tem como trunfo, sob o ponto de vista da emissão, menor burocracia e trâmites para registro, sendo, contudo, um papel de investimento a curto prazo e voltado para investidores qualificados. Como há NPC com vencimento inferior a 6 (seis) meses, a tributação sobre os rendimentos (prêmio) seria elevada se comparada ao IR incidente sobre outros títulos de renda fixa com vencimento em prazo superior. A alternativa da emissão privada, sem intervenção da CVM, poderia se mostrar até mais interessante se considerados os custos de registro, porém, na perspectiva da tributação, não haveria grandes alterações no cenário exposto neste trabalho. Tributada sob a forma de aplicação em renda fixa e inexistentes os benefícios fiscais que se observa para as debêntures, também um título de renda fixa, não se verifica relevantes ganhos de natureza fiscal em relação à emissão deste instrumento de financiamento para sociedades anônimas.

A grande vantagem sob a perspectiva tributária em relação aos títulos e valores mobiliários aqui abordados reside na atração de investidores não-residentes, os quais desfrutam de importantes benefícios fiscais relacionados ao IR e ao IOF. Tais benefícios, aliados a um real fraco e um dólar forte tornam a perspectiva de ganho para estrangeiros com papéis, no Brasil, altamente possível e o retorno do investimento, rentável. Ponto negativo poderia ser a maior possibilidade de especulação estrangeira com papéis brasileiros, diferentemente da realidade dos investidores residentes, que, na média, pensam mais a médio e longo prazos, o que, contudo, em nada interfere nas negociações no mercado primário e na captação de recursos pelas companhias.

Assim, conclui-se que a captação de recursos via emissão dos títulos e valores mobiliários aqui abordados se mostra vantajosa sob as perspectivas financeira e tributária quando confrontados os ganhos e perdas (custos) da operação em mercado em relação às despesas e condições de obtenção de capital em instituição bancária. Momentos de crise econômica, social e política como o atual, no geral, tornam a captação de recursos difícil, seja pelos juros elevados e restrição de crédito, seja pelo receio do investidor médio em aplicar capital próprio, de modo que benefícios fiscais e preços baixos de papéis negociados em bolsa de valores e balcões organizados e não organizados não necessariamente significam bons e factíveis negócios.

Cada situação deverá ser minimamente analisada para fins de verificação das vantagens e desvantagens financeiras e tributárias relacionadas à busca de recursos em mercado, as quais podem mudar drasticamente conforme a companhia emissora, situação econômica e política do País, público alvo da emissão, necessidade e destinação do capital levantado na oferta, dentre outras variáveis. O mais importante, contudo, é que a captação de recursos em mercado seja considerada uma opção, a fim de aumentar as fontes de financiamento no Brasil e fortalecer o mercado de capitais nacional.

7. Referências

AGÊNCIA BRASIL. *Empréstimos bancários sobem 248,8% em 10 anos, diz Anefac.* < http://agenciabrasil.ebc.com.br/economia/noticia/2016-08/emprestimos-bancarios-sobem-2488-em-10-anos-diz-anefac>. Acesso em 20.6.2017.

ANBIMA. <http://www.anbima.com.br/informe_legislacao/arqs/MapaIncentivos.pdf>. Acesso em 21.6.2017.

ASSAF NETO, Alexandre et al. *Curso de Administração Financeira.* São Paulo: Atlas, 2009.

BENTO, Paulo Marcelo de Oliveira; MALHEIRO, Rafael Macedo; CASTILHO, Ramon Machado; BATISTON, Renato Reis; COELHO, Renato Souza. *Manual de tributação no mercado financeiro.* São Paulo: Saraiva, 2011. 322 p.

BIFANO, Elidie Palma. *O Mercado Financeiro e o Imposto sobre a Renda.* São Paulo: Quartier Latin, 2011. 376 p.

BORBA, José Edwaldo Tavares. *"Nota Promissória Comercial (Commercial Paper)"* In: BOTREL, Sérgio e BARBOSA, Henrique et al. (coord.). *Finanças Corporativas – Aspectos Jurídicos e Estratégicos.* São Paulo: Atlas, 2016. p. 397.

BM&FBovespa. *Introdução ao Mercado de Capitais*. 2010. Disponível em: <http://www3.eliteccvm.com.br/novo/upload/misc/file/62c57d602a2e086ccaa3055b1c24836c.pdf>. Acesso em 20.6.2017.

CASAGRANDE, Humberto; SOUZA, Lucy; ROSSI, Maria Cecilia. *Guia do mercado de capitais para pessoas físicas e jurídicas*. São Paulo: Lazuli, 2010. 95 p.

COELHO, Fábio Ulhoa. *Curso de direito comercial: direito de empresa*. Vol. 2. 19. ed. São Paulo: Saraiva, 2015. 550 p.

COELHO, Fábio Ulhoa. *Manual de direito comercial*. 26. ed. São Paulo: Saraiva, 2014. 552 p.

DELOITTE. *Custos para abertura de capital no Brasil: uma análise sobre as ofertas entre 2005 e 2015*. São Paulo, 2016. 23 p.

EIZIRIK, Nelson; GAAL, Ariádna B.; PARENTE, Flávia; HENRIQUES, Marcus de Freitas. *Mercado de capitais: regime jurídico*. Rio de Janeiro: Renovar, 2008. 624 p.

FORTUNA, Eduardo. *Mercado financeiro: produtos e serviços*. 17ª ed. Rio de Janeiro: Qualitymark, 2008. 864 p.

JUNQUEIRA, Lavínia Moraes A. N. e TUBA, Gabriela. "*Investimentos em Renda Variável: Tributação*" In: SANTI, Eurico Marcos Diniz de e CANADO, Vanessa Rahal et. Al. (coord.). *Tributação dos Mercados Financeiro e de Capitais e dos Investimentos Estrangeiros*. São Paulo: Saraiva, 2011. 462 p.

LUCENA, José Waldecy. *Das sociedades anônimas: comentários à lei*. Rio de Janeiro: Renovar, 2009. P. 628-629.

MARANESI, Fabio Alves e BARROS, Franciny de. "*Investimentos em Renda Fixa: Tributação*" In: SANTI, Eurico Marcos Diniz de e CANADO, Vanessa Rahal et. Al. (coord.). *Tributação dos Mercados Financeiro e de Capitais e dos Investimentos Estrangeiros*. São Paulo: Saraiva, 2011. 462 p.

NETO, Humberto Casagrande; SOUZA, Lucy A.; ROSSI, Maria Cecília. *Abertura do Capital de Empresas no Brasil*. 4. Ed. São Paulo: Atlas, 2010. 138 p.

PORCHAT, Décio. "*Mercados Financeiro e de Capitais: Investimentos em Renda Fixa*" In: DE SANTI, Eurico Marcos Diniz e CANADO, Vanessa Rahal et al. (coord.). *Tributação dos Mercados Financeiro e de Capitais e dos Investimentos Internacionais*. São Paulo: Saraiva, 2011. 462 p.

PWC. *Como abrir o capital da sua empresa no Brasil (IPO)*. São Paulo: BM&FBovespa, 2011.

REQUIÃO, Rubens. *Curso de Direito Comercial*. 2. Ed. São Paulo: Saraiva, 2015, 887 p.

RULLO, Carmine. "*Mercados Financeiro e de Capitais: Investimentos em Renda Variável*" In: DE SANTI, Eurico Marcos Diniz e CANADO, Vanessa Rahal et al. (coord.). *Tributação dos Mercados Financeiro e de Capitais e dos Investimentos Internacionais*. São Paulo: Saraiva, 2011. 462 p.

SANTI, Eurico Marcos Diniz de; ZILVETI, Fernando Aurélio; MOSQUERA, Roberto Quiroga et al. (coord.). *Tributação internacional e dos mercados financeiros e de capitais*. São Paulo: Quartier Latin, 2005. p. 43.

SILVA, Alexandre Couto. *"Opções de Financiamento da Companhia e sua Estrutura"* In: BOTREL, Sérgio e BARBOSA, Henrique et al. (coord.). *Finanças Corporativas – Aspectos Jurídicos e Estratégicos*. São Paulo: Atlas, 2016. p. 460.

Aspectos Tributários dos Investimentos Por Meio de Fundos de Investimento em Participações

Lucas Dalcastagne Barducco

Introdução

Os Fundos de Investimento em Participações (FIP), Fundos de Investimento em Participações – Capital Semente (FIP Capital Semente), Fundos de Investimento em Participações de Infra-Estrutura (FIP Infraestrutura), Fundos de Investimento em Participação na Produção Econômica Intensiva em Pesquisa, Desenvolvimento e Inovação (FIP Produção Econômica Intensiva em Pesquisa, Desenvolvimento e Inovação), Fundos de Investimento em Empresas Emergentes (FIP Empresas Emergentes) e Fundos de Investimento em Participações – Multiestratégia (FIP Multiestratégia) são frequentemente aventados como possibilidades por pessoas físicas e jurídicas que pretendem investir em participações societárias, mas a forma de tributação desses fundos suscita muitas dúvidas, sobretudo em função das recentes alterações legislativas nos âmbitos tributário, regulatório e societário.

Apesar da crescente relevância dos fundos de investimento – figura típica do direito anglo-saxão –, é notória a dificuldade do legislador brasileiro em instituir normas, no âmbito tributário, que possibilitem a existência de um regime fiscal coerente com a natureza jurídica e os propósitos econômicos dessa figura.

A dificuldade da doutrina tradicional brasileira e dos agentes públicos em compreender a natureza dos fundos de investimento provoca distorções, especialmente em relação aos aspectos tributários.

Além da incompreensão do instituto propriamente dita, as autoridades fiscais brasileiras ainda possuem uma visão voltada predominantemente à finalidade arrecadatória de curto prazo, em detrimento de práticas que poderiam contribuir para o desenvolvimento do ambiente de negócios no Brasil e para o aumento do grau de investimento da economia, o que traria crescimento econômico e, consequentemente, aumento da arrecadação tributária a médio e longo prazos.

Conforme será abordado neste trabalho, houve relevantes modificações normativas infralegais recentes no âmbito do Banco Central do Brasil (Bacen), do Conselho Monetário Nacional (CMN), da Comissão de Valores Mobiliários (CVM), da Secretaria da Receita Federal do Brasil (RFB).

Se, por um lado, as alterações promovidas pelo Bacen, pelo CMN e pela CVM foram muito positivas por objetivo aproximar a normatização brasileira aos padrões internacionais de regulamentação de fundos de investimento em participações societárias, as alterações promovidas pela RFB deixaram o ambiente tributário ainda mais tortuoso para investimentos nesses fundos.

O escopo do presente trabalho é analisar os principais aspectos legislativos e as vantagens e desvantagens desses fundos de investimento sob o ponto de vista tributário, especialmente em comparação com os investimentos em participações societárias realizados diretamente ou por meio de empresas criadas especificamente para esse fim, isto é, as *holdings*.

1. Breve Histórico Sobre os Fundos de Investimento em Participações no Direito Brasileiro

O investimento em participações societárias por meio de fundos de investimentos surgiu dos Estados Unidos da América.

Rodrigo Pará Diniz (2014, p. 57) explica, de modo resumido, o propósito que levou investidores americanos a buscarem essa modalidade de aplicação:

> Os fundos de investimento em participações possuem sua origem no mercado financeiro norte-americano, especificamente nos chamados fundos de private equity, que buscavam atrativas oportunidades de investimento em companhias de pequeno e médio porte (majoritariamente de capital fechado), de administração majoritariamente familiar.
>
> Assim, os fundos de private equity norte-americanos, destinados fundamentalmente aos investidores institucionais, como os fundos de pensão e as próprias instituições financeiras, adquiriam participações societárias nas aludidas companhias, na expectativa de que, como novas fontes de recursos e eventuais choques de gestão, seus segmentos de atuação se desenvolvessem e, consequentemente, as participações societárias adquiridas se valorizassem, possibilitando que fossem revendidas a terceiros com significativas margens de lucros.
>
> Naturalmente, tal sistemática de investimento ganhou grande visibilidade, levando diversos investidores, brasileiros e estrangeiros, a vislumbrarem no Brasil e em demais países em desenvolvimento, ricos territórios para sua implementação.

No Direito brasileiro, a legislação ordinária não faz muitas menções aos fundos de investimento.

A Lei nº 6.385, de 7 de dezembro de 1976, que criou a CVM, atribuía à autarquia, já em sua redação original, o poder de fiscalizar os fundos de investimento:

> Art 9º A Comissão de Valores Mobiliários, observado o disposto no § 2º do art. 15, poderá: (redação original, já alterada)
> I – examinar registros contábeis, livros ou documentos:
> [...]
> *c)* dos fundos e sociedades de investimento;

Mais de dezesseis anos após a publicação da Lei acima, foi promulgada a Lei nº 8.668, de 25 de junho de 1993, que regulamenta os FIIs e delineia o tratamento tributário dispensado a essa figura jurídica.

Posteriormente, foi editada a Lei nº 10.303, de 31 de outubro de 2001, que alterou a redação de diversos dispositivos da Lei nº 6.385/76 para, dentre outras providências, incluir previsão que permite concluir que as cotas de FIPs estão entre os valores mobiliários submetidos à fiscalização da CVM:

> Art. 2º São valores mobiliários sujeitos ao regime desta Lei:
> [...]
> I – as ações, debêntures e bônus de subscrição;
> [...]
> V – as cotas de fundos de investimento em valores mobiliários ou de clubes de investimento em quaisquer ativos;

Em 2007, foi editada a Medida Provisória nº 348, de 22 de janeiro de 2007, posteriormente convertida na Lei nº 11.478, de 29 de maio de 2007, que criou os FIPs Infraestrutura e os FIPs Produção Econômica Intensiva em Pesquisa, Desenvolvimento e Inovação.

Até os dias atuais, não há previsão em legislação complementar ou ordinária que regulamente os FIPs ou mesmo os fundos de investimento de modo geral.

Enfatiza-se que o fato de a definição dos regimes tributários aplicáveis aos fundos de investimento em geral serem delegados aos atos infralegais editados pela RFB traz grande insegurança para o investidor, uma vez que tais atos podem ser revogados a qualquer tempo e, por terem caráter interpretativo, não se submetem ao princípio da anterioridade de exercício, previsto no artigo 150, III, "b", da Constituição Federal (CF) e aplicável ao Imposto de Renda.

2. Regulamentação Sobre Fundos de Investimento no Brasil

A CVM é autora das principais normas infralegais que regulamentam os fundos de investimento, sendo que as principais características dessa figura jurídica estão positivadas por dispositivos de Instruções da autarquia.

A seguir, os aspectos regulatórios mais relevantes aplicáveis a fundos de investimento em geral e a FIPs, em específico, serão explicados.

2.1. Instruções CVM Sobre Fundos de Investimento

A definição de fundo de investimento consta no artigo 3º da Instrução CVM nº 555, de 17 de dezembro de 2014:

Art. 3º O fundo de investimento é uma comunhão de recursos, constituído sob a forma de condomínio, destinado à aplicação em ativos financeiros.

Como se nota, o fundo de investimento é o resultado de um conjunto de recursos aportados, dividido em cotas representativas de parcelas ideais de seu patrimônio, cujo obtivo é aumentar o valor do patrimônio e, consequentemente, o valor econômico de cada uma de suas cotas.

O fundo de investimento é representado pelo administrador[1] e a destinação de seu patrimônio é decidida pelo gestor[2].

[1] BRASIL. Instrução CVM nº 555, de 17 de dezembro de 2014, artigo 78, *caput*, e artigo 80.

[2] BRASIL. Instrução CVM nº 555, de 17 de dezembro de 2014, artigo 78, § 3º.

Esse patrimônio é, inicialmente, composto pelos bens e direitos utilizados na integralização das cotas e, após o início das operações, pelos novos bens e direitos adquiridos e pelas obrigações contraídas em decorrência dos investimentos realizados.

Os proprietários do fundo são os cotistas, que possuem frações ideais do patrimônio do fundo, isto é, não são titulares de nenhum bem ou direito individualmente considerado, os quais pertencem ao condomínio.

Outra noção fundamental para compreender a natureza dos fundos de investimento é o conceito de *chinese wall*, presente em diversas normas da CVM e ilustrado com grande realce pelo artigo 24 da Instrução CVM nº 558, de 26 de março de 2015, que regulamenta a atividade das administradoras de carteiras de valores mobiliários:

> Art. 24. *O exercício da administração de carteiras de valores mobiliários deve ser segregado das demais atividades exercidas pela pessoa jurídica*, por meio da adoção de procedimentos operacionais, com o objetivo de:
>
> I – garantir a segregação física de instalações entre a área responsável pela administração de carteiras de valores mobiliários e as áreas responsáveis pela intermediação e distribuição de valores mobiliários;
>
> II – assegurar o bom uso de instalações, equipamentos e informações comuns a mais de um setor da empresa;
>
> III – *preservar informações confidenciais e permitir a identificação das pessoas que tenham acesso a elas;* e
>
> IV – restringir o acesso a arquivos e permitir a identificação das pessoas que tenham acesso a informações confidenciais. (Destaques do autor)

Nas palavras de Eduardo Fortuna, a *chinese wall* pode ser definida como "a separação clara entre a administração dos recursos da tesouraria das instituições financeiras e a administração dos recursos de terceiros – *asset management*" (2015, p. 767).

Tal separação tem por objetivo evitar os efeitos de potenciais conflitos de interesse entre a administradora e os cotistas. Para o cumprimento dessa diretriz, a Instrução CVM nº 558/15 traz diversas obrigações, inclusive de separação física, a serem observadas pelas administradoras de fundos de investimento.

Feitas essas considerações sobre os fundos de investimento em geral, passa-se a detalhar a regulamentação da CVM especificamente aplicável aos FIPs.

2.1.1. Regulamentação de Fundos de Investimento em Participações – Instrução CVM nº 578, de 30 de agosto de 2016

Os FIPs são atualmente regulamentos pela Instrução CVM nº 578, de 30 de agosto de 2016, cujo artigo 5º define a figura jurídica aqui tratada:

> Art. 5º O FIP, constituído sob a forma de condomínio fechado, é uma comunhão de recursos destinada à aquisição de ações, bônus de subscrição, debêntures simples, outros títulos e valores mobiliários conversíveis ou permutáveis em ações de emissão de companhias, abertas ou fechadas, bem como títulos e valores mobiliários representativos de participação em sociedades limitadas, que deve participar do processo decisório da sociedade investida, com efetiva influência na definição de sua política estratégica e na sua gestão.

A regulamentação acima traz três características fundamentais dos FIPs.

Primeiramente, trata-se de um fundo de investimento destinado a investir em participações societárias e determinadas modalidades de títulos mobiliários correlatos.

De acordo com o artigo 11 da Instrução CVM nº 578/16, é obrigatório que 90% (noventa por cento) do patrimônio líquido do FIP esteja alocado nos modalidades de ativos elencadas no artigo 5º da norma, transcrito acima.

Ainda, o investimento em ativos no exterior não pode extrapolar a 20% (vinte por cento)[3] e a participação em debêntures simples não pode extrapolar a 33% (trinta e três por cento)[4] do capital subscrito do FIP, salvo para os FIPs Infraestrutura e os FIPs Produção Econômica Intensiva em Pesquisa, Desenvolvimento e Inovação.

Outra característica mencionada na definição do artigo 5º da Instrução CVM nº 578/16 é a condição de condomínio fechado.

Na concisa e bastante definição de Eduardo Fortuna (2015, p. 769):

> Os **Fundos Abertos** são resgatáveis, a qualquer momento, junto ao administrador do Fundo, não havendo limite para o número de cotistas e têm um prazo indeterminado de duração. Nos **Fundos Fechados**, as cotas não são resgatáveis junto ao emissor, sendo, entretanto, negociados em bolsa de valores e/ou mercado de balcão organizado, tendo um número de cotistas limitado pelo seu estatuto e um prazo determinado de duração. (Destaques no original)

Uma terceira característica que se extrai da definição diz respeito à política de investimentos: os FIPs possuem um escopo muito diferente, por exemplo, dos Fundos de Investimento em Ações (FIA).

Nos primeiros, o fundo adquire participações societárias no intento de participar das principais decisões estratégicas da companhia, buscando um retorno de longo prazo, decor-

[3] BRASIL. Instrução CVM nº 578, de 30 de agosto de 2016, artigo 12.

[4] BRASIL. Instrução CVM nº 578, de 30 de agosto de 2016, artigo 11, § 1º.

rente da valorização exponencial de uma participação societária adquirida em função da confiança no potencial da sociedade investida.

Já, no segundo caso, na maior parte das vezes, o que o investidor busca é somente aproveitar uma tendência do mercado de curto ou médio prazo para lucrar com a valorização de um ativo.

Quanto às novidades trazidas pela Instrução CVM nº 578/16, de um modo geral, a norma teve por escopo autorizar diversas novas formas de investimentos, dentre as quais se destacam (i) a permissão para que FIPs invistam em debêntures simples, até o limite de 33% do capital subscrito, conforme já explanado, (ii) a possibilidade de FIPs – Capital Semente investirem em quotas de sociedades limitadas[5] e (iii) a autorização para que quaisquer FIPs passassem a investir em cotas de outros fundos[6], extinguindo-se a categoria Fundos de Investimento em Cotas de Fundos de Investimento em Participações.

Além disso, houve a redução de custos para o investidor e o fundo, com o fim da obrigatoriedade da contratação de custódia para "ações, bônus de subscrição, debêntures não conversíveis ou outros títulos e valores mobiliários conversíveis ou permutáveis em ações de emissão de companhias fechadas", participações societárias em sociedades limitadas e das aplicações destinadas ao pagamento das despesas do FIP[7].

No mais, como já ocorre, por exemplo, com sociedades por ações, passou a ser permitida a criação de classes de cotas distintas, com diferenciação de direitos segundo o tipo de cota detida[8].

Abaixo, serão identificadas as modalidades de FIPs previstas na nova regulamentação.

[5] BRASIL. Instrução CVM nº 578, de 30 de agosto de 2016, artigo 15.

[6] BRASIL. Instrução CVM nº 578, de 30 de agosto de 2016, artigo 13.

[7] BRASIL. Instrução CVM nº 578, de 30 de agosto de 2016, artigo 37.

[8] BRASIL. Instrução CVM nº 578, de 30 de agosto de 2016, artigo 19, §§ 2º e 3º, e artigo 29, § 1º.

2.2. Modalidades de Fundos de Investimento em Participações

O artigo 14 da Instrução CVM nº 578/16 redesenhou as modalidades de FIPs, dividindo-os nas cinco categorias explicadas a seguir.

2.2.1. FIP Capital Semente

Trata-se do FIP destinado ao investimento em sociedades com receita bruta anual não superior a R$ 16.000.000,00 (dezesseis milhões de reais)[9].

Conforme expresso no *caput* do artigo 16 da Instrução CVM nº 578/16, o enquadramento no limite mencionado acima deve ser verificado em relação aos 3 (três) exercícios sociais anteriores ao aporte de capital pelo FIP.

O diferencial dessa modalidade de FIP é a possibilidade de investir em sociedades limitadas, e não apenas em sociedades por ações, como mencionado anteriormente.

2.2.2. FIP Empresas Emergentes

Essa modalidade de FIP é destinada ao investimento em sociedades com receita bruta anual não superior a R$ 300.000.000,00 (trezentos milhões de reais)[10].

Assim como em relação ao FIP Capital Semente, o enquadramento em tal limite deve ser verificado em relação aos 3 (três) exercícios sociais anteriores ao aporte de capital pelo FIP.

2.2.3. FIP Infraestrutura e FIP Produção Econômica Intensiva em Pesquisa, Desenvolvimento e Inovação

Essas duas modalidades de FIPs são regulamentadas em conjunto pela Instrução CVM nº 578/16[11].

[9] BRASIL. Instrução CVM nº 578, de 30 de agosto de 2016, artigo 15.

[10] BRASIL. Instrução CVM nº 578, de 30 de agosto de 2016, artigo 16.

[11] BRASIL. Instrução CVM nº 578, de 30 de agosto de 2016, artigo 17.

Trata-se dos FIPs destinados a investimentos em empresas que exploram atividades relacionadas a energia, transporte, saneamento básico, irritação e outras áreas da economia tidas como prioritárias pelo Governo Federal, sem limitação de receita bruta anual.

Essa modalidade goza de alguns benefícios fiscais, conforme será explorado no capítulo 4 do presente trabalho.

2.2.4. FIP Multiestratégia

Esta modalidade de FIP foi criada pela Instrução CVM nº 578/16 e constitui interessante inovação da legislação brasileira sobre o tema.

Essa modalidade de FIP[12] admite investimentos em valores mobiliários classificados em mais de uma das categorias descritas nos subtópicos anteriores.

O FIP Multiestratégia é destinado somente a investidores profissionais[13].

Outro diferencial dessa modalidade de FIP é a possibilidade de investir a integralidade de seu capital integralizado em ativos no exterior, e não apenas 20%, desde que observados os requisitos previstos no artigo 18, § 2º, da Instrução CVM nº 578/16, abaixo transcritos:

> Art. 18. [...]
>
> § 2º [...]
>
> I – haja previsão expressa em seu regulamento quanto à possibilidade de investimento em ativos no exterior e o respectivo percentual máximo do capital subscrito que poderá ser alocado;
>
> II – o seu regulamento seja explícito no que se refere à exclusiva participação de investidores profissionais; e

[12] BRASIL. Instrução CVM nº 578, de 30 de agosto de 2016, artigo 18.

[13] BRASIL. Instrução CVM nº 578, de 30 de agosto de 2016, artigo 18, § 2º.

III – utilize o sufixo "Investimento no Exterior" em sua denominação.

Denota-se, portanto, tratar-se de modalidade de FIP com grande dinamismo, com potencial para alavancar o desenvolvimento dos mercados de *private equity*, *venture capital* e capital semente no Brasil.

2.3. Contabilidade dos Fundos de Investimento em Participações Instrução CVM nº 579, de 30 de Agosto de 2016

Uma recente inovação trazida pela CVM foi a introdução de normas contábeis aplicáveis exclusivamente aos FIPs, por meio da Instrução CVM nº 579, de 30 de agosto de 2016.

Antes da entrada em vigor dessa norma, ocorrida em 1º de janeiro de 2017, a contabilidade dos FIPs dependia, em alto grau, das previsões de seu regulamento e de aplicação por analogia de outras normas contábeis, em especial da Instrução CVM nº 438, de 12 de julho de 2006, que aprova o Plano Contábil dos Fundos de Investimento – COFI.

A Instrução CVM nº 579/16 divide os FIPs entre entidades de investimento e não entidades de investimento, de acordo os critérios estipulados nos artigos 4º e 5º:

> Art. 4º São qualificados como entidades de investimento os fundos que, cumulativamente:
>
> I – obtenham recursos de um ou mais investidores com o propósito de atribuir o desenvolvimento e a gestão de uma carteira de investimento a um gestor qualificado que deve possuir plena discricionariedade na representação e na tomada de decisão junto às entidades investidas, não sendo obrigado a consultar os cotistas para essas decisões e tampouco indicar os cotistas ou partes a eles ligadas como representantes nas entidades investidas;

II – se comprometam com os investidores com o objetivo de investir os recursos unicamente com o propósito de retorno através de apreciação do capital investido, renda ou ambos;

III – substancialmente mensurem e avaliem o desempenho de seus investimentos, para fins de modelo de gestão, com base no valor justo; e

IV – definam nos seus regulamentos estratégias objetivas e claras a serem utilizadas para o desinvestimento, assim como a atribuição do gestor de propor e realizar, dentro do prazo estabelecido na estratégia, o desinvestimento, de forma a maximizar o retorno para os cotistas. [...]

Art. 5º Na avaliação das condições constantes no artigo anterior, o administrador deve adicionalmente considerar a existência das seguintes características típicas de entidade de investimento:

I – possuir mais de um investimento, direta ou indiretamente;

II – ter mais de um cotista, direta ou indiretamente;

III – ter cotistas que não influenciam ou não participam da administração das entidades investidas ou não sejam partes ligadas aos administradores dessas entidades;

IV – possuir investimento em entidades nas quais os cotistas não possuíam qualquer relação societária, direta ou indiretamente, previamente ao investimento do fundo.

Parágrafo único. A ausência de alguma dessas características típicas não necessariamente desqualifica uma entidade para ser entidade de investimento.

Por meio de seu artigo 7º, a Instrução CVM nº 579/16 atribui ao administrador do FIP a responsabilidade pela classificação, quando os critérios descritos acima não forem suficientes para a adoção conclusiva de uma definição.

Em linhas gerais, pode-se dizer que o FIP classificado como entidade de investimento é aquele voltado ao mercado de modo mais amplo, buscando atrair investidores em razão da qualidade de sua gestão e do potencial de valorização de suas cotas.

Por outro lado, o FIP enquadrado como não entidade de investimento tende a ser voltado aos interesses específicos de um determinado grupo de cotistas, a exemplo dos FIPs utilizados para fins sucessórios ou como meio de gestão de patrimônio familiar.

Quanto às diferenças entre as normas aplicáveis a cada uma das categorias de FIP, as entidades de investimento têm o dever de avaliar seus investimentos em entidades controladas e coligadas a valor justo – assim entendido como valor de mercado – e continuamente[14]. Tal exigência atende à expectativa esperada dos investidores dessa modalidade de FIP em conhecer o efetivo valor de mercado atualizado de suas cotas.

Já os FIPs classificados como não entidades de investimento devem avaliar tais investimentos de acordo com o Método de Equivalência Patrimonial (MEP)[15]. Tal critério reduz os custos para o FIP e possibilita o fornecimento de informações aos seus investidores, ainda que de forma um pouco menos acurada.

Conclui-se, portanto, que as diferenças são adequadas, pois refletem os diferentes propósitos das duas modalidades de FIPs e se atentam ao custo-benefício dos critérios de avaliação dos investimentos, levando em conta as exigências do investidor médio de cada modalidade de FIP.

3. Mercados de *Private Equity*, *Venture Capital* e Capital Semente

3.1. Definição de Mercado de Private Equity

O mercado de *private equity* não possui definição legal. No entanto, a expressão já foi amplamente debatida pela literatura especializada.

[14] BRASIL. Instrução CVM nº 579, de 30 de agosto de 2016, artigo 3º.

[15] BRASIL. Instrução CVM nº 579, de 30 de agosto de 2016, artigo 8º.

César Ricardo Leite afirma que o mercado de *private equity* é constituído, majoritariamente, por empresas de médio e grande porte, cujo controle acionário é familiar. Ainda segundo o autor, a intenção do investidor, nesse caso, é destinar recursos a (i) expansões, (ii) fusões e aquisições, (iii) modernização, (iv) alavancagem da empresa e de sua administração, (v) capitalização da empresa para melhoria de seu fluxo de caixa, (vi) consolidação da empresa em seu segmento de mercado e (vii) operações de sucessão (2011, pp. 32 e 33).

Em regra, o mercado de *private equity* é constituído por empresas-alvo já solidamente estabelecidas em seus segmentos de mercado, mas que, por determinadas circunstâncias, enfrentam problemas gerenciais ou, ainda, dificuldades de fluxo de caixa, criando uma oportunidade para o investidor que possui interesse em influenciar nas decisões estratégias da empresa.

3.2. Definição de Mercado de Venture Capital

Assim como observamos em relação ao mercado de *private equity*, também não há uma definição legal acerca do conceito de *venture capital*, ou capital de risco.

Sílvio Aparecido dos Santos (1987[16] citado por LEITE, 2011, p. 15), define o mercado de *private equity* como "uma atividade de participação no capital de uma empresa, geralmente nova, acentuando o aspecto mais dinâmico, arriscado e aventureiro do investimento realizado".

Portanto, o aspecto central do investimento em *venture capital* é a assunção de maiores riscos em troca da perspectiva de obtenção de maiores retornos a longo prazo.

[16] SANTOS, Sílvio Aparecido dos. Criação de empresas de alta tecnologia – Capital de Risco e os bancos de desenvolvimento. Instituto de Administração – FEA – USP. São Paulo: Pioneira, 1987, pp. 28 e 29.

A esse respeito, vale observar que o mercado de *venture capital* tem sido frequentemente confundido com as empresas-alvo dos FIPs Empresas Emergentes, previstos no artigo 16 da Instrução CVM 578/16.

No entanto, como visto no tópico anterior, nos termos do artigo 16, I, daquela norma, a empresa-alvo do FIP Empresas Emergentes, para fins da regulamentação, é aquela com receita bruta anual não superior a R$ 300.000.000,00 (trezentos milhões de reais).

O que define um investimento como *venture capital* não é o valor do aporte ou o faturamento das sociedades investidas, mas, sim, o grau de risco assumido e a perspectiva de retorno.

Portanto, não é tecnicamente correto denominar o FIPs Empresas Emergentes como "Fundos de *Venture Capital*".

3.3. Definição de Capital Semente (Seed Capital)

Ao contrário das duas modalidades anteriores, o mercado de capital semente encontra definição, ao menos por via, indireta, na Instrução CVM nº 578/16.

Como mencionado no capítulo anterior, são as empresas com receita bruta anual inferior a R$ 16.000.000,00 (dezesseis milhões de reais), conforme previsto no *caput* do artigo 16 da Instrução.

Portanto, trata-se de um mercado cujas empresas-alvo são bastante pequenas, se comparadas aos investimentos normalmente realizados nos mercados de *private equity* e de *venture capital*.

3.4. Panorama Atual dos Mercados de Private Equity, Venture Capital e Capital Semente no Brasil

A indústria de *private equity* surgiu muito recentemente no Brasil, na década de 1980, mas começou a ganhar relevância apenas a partir de 1995, com a consolidação da abertura comercial e a estabilização da economia a partir do Plano Real. Já as indústrias de *venture capital* e capital semente ainda se encontram em estado bastante inicial.

Essas indústrias possuem grande importância nos países em que já são mais desenvolvidas, pois ajudam a elevar o grau de investimento na economia e, simultaneamente, resultam num maior número de empresas administradas de modo profissional.

De acordo com levantamento citado por Eduardo Fortuna (2015, p. 821), "de 10% a 20% dos empreendimentos novos sobrevivem após 5 a 10 anos de sua existência, mas com investimentos via *private equity* o índice de sobrevivência passa a ser de 80 a 90%."

No contexto brasileiro, em que os juros reais são historicamente muito acima da média global, a captação de recursos por meio do sistema bancário não raro acaba por inviabilizar a rentabilidade de projetos de longo prazo, pois uma alta demanda inicial e uma necessidade de capital de giro de alto valor, associadas a exposição a risco, tornam o crédito bancário muito oneroso para empresas ainda não solidamente estabelecidas no mercado.

Em pesquisa realizada pela PriceWaterhouseCoopers, mencionada por César Ricardo Leite (2011, p. 112), identificou-se que 94% dos investidores entrevistados consideram a redução da taxa de juros um item importante para acelerar o desenvolvimento dos negócios da América do Sul.

A necessidade de financiamento desses projetos pode ser suprida pela injeção de capital próprio.

A grande dificuldade, entretanto, de captação de recursos via capital próprio é o poder aquisitivo relativamente baixo do investidor individual.

Nesse ponto, os FIPs surgem como uma interessante e relevante alternativa para a captação de recursos por companhias de capital fechado de pequeno e médio porte ou, até mesmo, de sociedades limitadas, o que passou a ser permitido a partir da entrada em vigor da Instrução CVM nº 578/16, como já mencionado.

A participação dos FIPs na administração das empresas-alvo é didaticamente explanada por César Ricardo Leite no excerto abaixo (2011, pp. 117 e 118):

> [...] O investimento que esses fundos realizam é bem diferente daquele feito na compra de ações de uma companhia. No PE/VC não se aguarda passivamente o resultado. Os gestores tornam-se sócios ativos das empresas, mesmo quando assumem posições minoritárias. Em geral, têm assento no conselho de administração e poder de veto em decisões estratégicas, quando não são controladores [...] É, aliás, conforme retratado anteriormente, da natureza da operação intervir na administração, aportando know-how de profissionalização, rede de relacionamentos, abertura de canais de crédito e práticas de governança corporativa. *Os fundos de PE/CR e seus administradores procuram criar um círculo virtuoso: injetam capitais, profissionalizam, apóiam o crescimento e, no momento certo, vendem sua participação com lucro.* (Destaque do autor)

Em outras palavras, por ter intenção de participar da gestão e dos rumos da sociedade investida, o FIP, de um modo geral, tende a ter muito mais interesse em realizar aportes relevantes de capital do que um investidor individual, seja pessoa física ou jurídica, faria ao investir numa companhia fechada ou em uma empresa limitada.

Entretanto, dados levantados pela Associação Brasileira de Venture Capital e Private Equity (Abvcap) e pela auditoria KPMG demonstram que a relação de investimentos nas indústrias de *private equity* e de *venture capital* em função do PIB, no ano de 2015, foi de 0,31% para o Brasil, enquanto nos Estados Unidos essa relação foi de 1,41% e, no Reino Unido, de 1,95% (KPMG, 2016).

Diante desse cenário, fica evidente que as indústrias de *private equity*, *venture capital* e capital semente ainda possuem grande espaço para se desenvolver no Brasil, o que inexoravelmente contribuirá para a dinamização da economia do país como um todo.

4. Tributação de Fundos de Investimento no Direito Brasileiro

4.1. Aspectos Gerais da Tributação dos Cotistas de Fundos de Investimento

Para o cotista, as aplicações em fundos de investimento podem sofrer a incidência de Imposto de Renda Retido na Fonte (IRRF) e Imposto sobre Operações referentes a Títulos e Valores Mobiliários (IOF-TVM), além de, eventualmente deverem ser incluídas nas bases de cálculo do Imposto de Renda e da Contribuição Social sobre o Lucro Líquido (CSLL).

O tratamento tributário especificamente aplicável ao cotista de fundos de investimento em participações será abordado no tópico seguinte.

4.2. Aspectos Específicos da Tributação do Cotista de Fundos de Investimento em Participações Residente no Brasil

Quando do advento da Instrução CVM nº 578/16, que criou novas categorias de FIPs, já estava em vigor a Instrução Normativa nº 1.585/15, a qual não foi atualizada após a nova norma regulatória.

Por essa razão, na Instrução Normativa, ainda há menções a categorias de FIPs que não mais existem.

Ainda assim, é possível extrair, a partir de uma interpretação sistemática, o regime jurídico aplicável a cada uma das modalidades de FIP, conforme se explicará a seguir.

4.2.1. Imposto de Renda da Pessoa Jurídica e Contribuição Social sobre o Lucro Líquido

Para os cotistas pessoas jurídicas, como regra, os rendimentos auferidos no resgate ou amortização de cotas dos FIPs se submetem ao IRRF à alíquota de 15%, calculados sobre o ganho, isto é, sobre a diferença entre o valor da alienação e o custo de aquisição. Já os ganhos na alienação de cotas de FIPs recebem o tratamento de ganhos líquidos e não sofrem a retenção, mas se submetem à mesma alíquota:

> Art. 32. Os rendimentos auferidos no resgate de cotas de FIP, FIF FIP e FIEE, inclusive quando decorrentes da liquidação do fundo, ficam sujeitos ao imposto sobre a renda na fonte à alíquota de 15% (quinze por cento) incidente sobre a diferença positiva entre o valor de resgate e o custo de aquisição das cotas.
>
> § 1º Os ganhos auferidos na alienação de cotas de fundos de investimento de que trata o caput serão tributados à alíquota de 15% (quinze por cento):
>
> I – como ganho líquido, quando auferidos:
>
> [...]
>
> b) por pessoa jurídica em operações realizadas dentro ou fora de bolsa;
>
> [...]
>
> § 2º No caso de amortização de cotas, o imposto sobre a renda na fonte incidirá sobre o valor que exceder o respectivo custo de aquisição, à alíquota de 15% (quinze por cento).

As mesmas alíquotas são aplicáveis para resgates e amortizações de cotas de FIP Infraestrutura e FIP Produção Econômica Intensiva em Pesquisa, Desenvolvimento e Inovação[17]*. Vale ressaltar, no entanto, que*

[17] BRASIL. Instrução Normativa RFB nº 1.585, de 31 de agosto de 2015, artigo 33, § 1º, II, e § 2º.

a Instrução Normativa RFB nº 1.585/15 prevê expressamente que as perdas apuradas nas operações com essas modalidades de FIP não são dedutíveis do lucro real[18].

Esclareça-se que os FIPs, por serem fundos fechados, não se submetem ao IRRF denominado "come cotas", previsto no artigo 9º da Instrução Normativa RFB n. 1.585/15.

De qualquer modo, os ganhos líquidos devem ser incluídos no lucro real, presumido ou arbitrado da pessoa jurídica cotista, sendo o valor do IRRF compensado com o Imposto de Renda devido ao final do exercício[19]. A inclusão no lucro tributável acarreta, de igual modo, na submissão dos rendimentos à CSLL[20].

4.2.2. Imposto de Renda da Pessoa Física

Para os cotistas pessoas físicas, os rendimentos também sofrem a incidência de IRRF à alíquota de 15%. No entanto, a tributação dos ganhos na alienação de cotas de FIPs depende do ambiente em que são realizadas as negociações: para operações realizadas em bolsa de valores, os rendimentos serão sempre tributados à alíquota de 15%, ao passo que as transações realizadas fora de bolsa de valores ficam sujeitas às mesmas alíquotas aplicáveis aos ganhos de capital auferidos por pessoas físicas para a alienações de bens e direitos em geral:

> Art. 32. [...]
>
> § 1º Os ganhos auferidos na alienação de cotas de fundos de investimento de que trata o caput serão tributados à alíquota de 15% (quinze por cento):

[18] BRASIL. Instrução Normativa RFB nº 1.585, de 31 de agosto de 2015, artigo 33, § 7º.

[19] BRASIL. Instrução Normativa RFB nº 1.585, de 31 de agosto de 2015, artigo 70, I e § 1º.

[20] BRASIL. Lei nº 7.689, de 15 de dezembro de 1988, artigo 2º.

> I – como ganho líquido, quando auferidos:
>
> a) *por pessoa física em operações realizadas em bolsa;*
>
> b) por pessoa jurídica em operações realizadas dentro ou fora de bolsa;
>
> II – *de acordo com as regras aplicáveis aos ganhos de capital na alienação de bens ou direitos de qualquer natureza, quando auferidos por pessoa física em operações realizadas fora de bolsa.*

Atualmente, as alíquotas aplicáveis são escalonadas de 15% a 22,5%, a depender do valor do ganho, e estão previstas no artigo 21 da Lei nº 8.981, de 20 de janeiro de 1995, com sua atual redação conferida pela Lei nº 13.259, de 16 de março de 2016:

> Art. 21. O ganho de capital percebido por pessoa física em decorrência da alienação de bens e direitos de qualquer natureza sujeita-se à incidência do imposto sobre a renda, com as seguintes alíquotas:
>
> I – 15% (quinze por cento) sobre a parcela dos ganhos que não ultrapassar R$ 5.000.000,00 (cinco milhões de reais);
>
> II – 17,5% (dezessete inteiros e cinco décimos por cento) sobre a parcela dos ganhos que exceder R$ 5.000.000,00 (cinco milhões de reais) e não ultrapassar R$ 10.000.000,00 (dez milhões de reais); (Redação dada pela Lei nº 13.259, de 2016) Produção de efeito
>
> III – 20% (vinte por cento) sobre a parcela dos ganhos que exceder R$ 10.000.000,00 (dez milhões de reais) e não ultrapassar R$ 30.000.000,00 (trinta milhões de reais); e (Redação dada pela Lei nº 13.259, de 2016) Produção de efeito
>
> IV – 22,5% (vinte e dois inteiros e cinco décimos por cento) sobre a parcela dos ganhos que ultrapassar R$ 30.000.000,00 (trinta milhões de reais).

Diferentemente do que ocorre com os cotistas pessoas jurídicas submetidas ao lucro real, presumido ou arbitrado, a retenção do Imposto de Renda, pelo administrador do fundo de investimentos, é tratada como tributação definitiva pelo cotista pessoa física[21].

Para os cotistas pessoas físicas, a legislação estabelece um incentivo ao investimento em cotas de FIP Infraestrutura e de FIP Produção Econômica Intensiva em Pesquisa, Desenvolvimento e Inovação, que consiste na outorga de isenção sobre os rendimentos e os ganhos na alienação de cotas dessas modalidades de FIP:

> Art. 33. Os rendimentos auferidos no resgate de cotas de FIP--IE e de FIP-PD&I, inclusive quando decorrentes da liquidação do fundo, ficam sujeitos à incidência do imposto sobre a renda na fonte à alíquota de 15% (quinze por cento) sobre a diferença positiva entre o valor de resgate e o custo de aquisição das cotas.
>
> § 1º Os ganhos auferidos na alienação de cotas de fundos de investimento de que trata o caput serão tributados:
>
> I – à alíquota 0 (zero), quando auferidos por pessoa física em operações realizadas em bolsa ou fora de bolsa;
>
> II – como ganho líquido, à alíquota de 15% (quinze por cento), quando auferidos por pessoa jurídica em operações realizadas dentro ou fora de bolsa.
>
> § 2º No caso de amortização de cotas, o imposto sobre a renda incidirá sobre o valor que exceder o respectivo custo de aquisição à alíquota de que trata o caput.
>
> § 3º No caso de rendimentos distribuídos à pessoa física, nas formas previstas no caput e no § 2º, tais rendimentos ficam isentos do imposto sobre a renda na fonte e na declaração de ajuste anual das pessoas físicas.

Tem-se, portanto, um relevante incentivo para que o investidor pessoa física invista em FIPs destinados à aquisição de

[21] BRASIL. Instrução Normativa RFB nº 1.585, de 31 de agosto de 2015, artigo 70, II.

participação societária em empresas que exploram ramos da economia considerados prioritários pelo Poder Executivo Federal.

4.2.3. Imposto sobre Operações relativas a Títulos e Valores Mobiliários

A legislação tributária prevê a incidência do IOF-TVM regressivo sobre o resgate e a cessão de cotas de fundos de investimento, à alíquota de 1% ao dia, limitado a um percentual do rendimento, em função do prazo da aplicação[22]. Este imposto é comumente denominado "IOF 30 dias", uma vez que, a partir do trigésimo dia, fica submetido à alíquota zero.

Além dessa incidência, nos casos de fundos de investimento com prazo de carência para crédito dos rendimentos, a legislação estabelece a incidência de IOF-TVM à alíquota de 0,5% ao dia "sobre o valor de resgate de quotas de fundos de investimento, constituídos sob qualquer forma, na hipótese de o investidor resgatar cotas antes de completado o prazo de carência para crédito dos rendimentos", "limitado à diferença entre o valor da cota, no dia do resgate, multiplicado pelo número de cotas resgatadas, deduzido o valor do imposto de renda, se houver, e o valor pago ou creditado ao cotista"[23].

O responsável pelo recolhimento do IOF-TVM em operações com cotas de fundos de investimentos é, em regra, o administrador do fundo[24].

[22] BRASIL. Decreto nº 6.306, de 14 de dezembro de 2007, artigo 32, II c/c Anexo.

[23] BRASIL. Decreto nº 6.306, de 14 de dezembro de 2007, artigo 31.

[24] BRASIL. Decreto nº 6.306, de 14 de dezembro de 2007, artigo 27, IV.

4.3. Aspectos Específicos da Tributação do Costista de Fundos de Investimento em Participações Residente no Exterior

4.3.1. Imposto de Renda Retido na Fonte

Por disposição expressa da Lei nº 8.981/95, em relação ao Imposto de Renda, os investimentos realizados por não residentes, em regra, submetem-se ao mesmo tratamento tributário aplicável aos investimentos realizados por residentes no Brasil:

> Art. 78. Os residentes ou domiciliados no exterior sujeitam-se às mesmas normas de tributação pelo Imposto de Renda, previstas para os residentes ou domiciliados no país, em relação aos:
>
> [...]
>
> III – rendimentos obtidos em aplicações em fundos de renda fixa e de renda variável e em clubes de investimentos.

A esse respeito, são oportunas as colocações de Renato Nunes (2010, p. 94):

> Uma leitura isolada do artigo 5º da Constituição Federal poderia direcionar o intérprete à conclusão de que toda a aparelhagem constitucional atinente à tributação não seria aplicável com igual rigor aos contribuintes não residentes estrangeiros (sim, estrangeiros, pois pode haver brasileiros não residentes no Brasil), por não terem sido estes indicados no rol de destinatários dos direitos e garantias fundamentais arroladas pelo dispositivo em causa, desde o *caput* até seus últimos parágrafos. Senão, vejamos: Constituição Federal: "Art. 5º. Todos são iguais perante a lei, sem distinção de qualquer natureza, *garantindo-se aos brasileiros e aos estrangeiros residentes no País* a inviolabilidade do direito à vida, à liberdade, à igualdade, à segurança e à propriedade (...)". (grifamos)
>
> Certamente não é essa a inteligência do sistema. Ao se chegar a uma conclusão dessa natureza, todo o esforço que realizamos até o momento teria sido em vão.

> *Todo o mecanismo de freios e contrapesos constitucionais à atividade tributária (instituição, fiscalização e arrecadação, grosso modo) aplicam-se in totum aos não residentes estrangeiros, em função da vedação constitucional de existência de discriminação entre estes, quer em relação aos nacionais não residentes, quer, sobretudo, quanto aos nacionais residentes.*
>
> A vedação de tratamento discriminatório, seja em função da residência, seja por conta da nacionalidade, de fato, não se fundamento no artigo 5º da Constituição Federal – princípio da igualdade. A vedação desse tipo de conduta respalda-se nos artigos 3º, IV; 145, § 1º; 150, II, todos da Carta Magna. (Destaques do autor)

Assim, como regra, o investidor não residente, pessoa física ou jurídica, ficará submetido à incidência de IRRF à alíquota de 15%, explanada no tópico anterior.

No entanto, a legislação em vigor traz impactante benefício fiscal para o investimento, por não residentes, em cotas de FIPs, FIPs em cotas de FIPs, FIPs Empresas Emergentes, FIPs Infraestrutura e FIPs Produção Econômica Intensiva em Pesquisa, Desenvolvimento e Inovação.

Como mencionado anteriormente, a legislação tributária em vigor foi moldada anteriormente à reclassificação dos FIPs pela Instrução CVM nº 578/16. Assim, as categorias mencionadas pela legislação tributária não mais correspondem às modalidades existentes de FIPs.

De qualquer modo, por uma interpretação finalística da norma, conclui-se que a intenção era conceder o benefício fiscal a todas as modalidades existentes de FIPs, o que deve ser levado em consideração quando da interpretação das isenções atualmente outorgadas.

Muito bem. Tais benefícios consistem na sujeição à alíquota zero de IRRF sobre os rendimentos decorrentes da aplicação nas cotas dessas modalidades de fundos de investimentos, previstos nos artigos 95 e 96 da Instrução Normativa RFB nº 1.585/15.

Para usufruir dessa isenção, os cotistas não residentes precisam preencher alguns requisitos, quais sejam:

i. observar as regras estabelecidas pela Resolução CMN nº 4.373, de 29 de setembro de 2014;
ii. não deter, isoladamente ou em conjunto com pessoas ligadas, 40% ou mais das cotas do FIP ou direito ao recebimento de 40% ou mais dos rendimentos do FIP;
iii. não ser domiciliado em jurisdição favorecida, isto é, "em país que não tribute a renda ou que a tribute a alíquota máxima inferior a vinte por cento" ou, ainda, em país "cuja legislação não permita o acesso a informações relativas à composição societária de pessoas jurídicas, à sua titularidade ou à identificação do beneficiário efetivo de rendimentos atribuídos a não residentes"[25].

Além disso, para que os cotistas possam gozar da isenção, os FIPs investidos precisam atender aos seguintes requisitos:

i. atender às disposições da Instrução CVM nº 578/16 para ser caracterizado como FIP;
ii. não deter títulos de dívida em percentual superior a 5% do patrimônio líquido, sendo excluídos desse cálculo os títulos públicos e as debêntures conversíveis em ações.

Em se tratando de FIPs Infraestrutura e FIPs Produção Econômica Intensiva em Pesquisa, Desenvolvimento e Inovação, a norma tributária não faz menção ao limite de 40% de participação do cotista[26] para o usufruto da isenção, o que se deve ao fato de a própria Instrução CVM nº 578/16 já estipular, em seu

[25] BRASIL. Lei nº 9.430, de 27 de dezembro de 1996, artigo 24, *caput* e § 4º.
[26] BRASIL. Instrução Normativa RFB nº 1.585, de 31 de agosto de 2015, artigo 96.

artigo 17, § 5º, que esses fundos devem ter, no mínimo, cinco cotistas, sendo que nenhum pode deter mais de 40% das cotas ou o direito ao recebimento de parcela superior a 40% dos rendimentos do FIP.

Ademais, enfatiza-se que o limite de 5% da alocação do patrimônio líquido em títulos de dívida não se aplica aos FIPs Infraestrutura e aos FIPs Produção Econômica Intensiva em Pesquisa, Desenvolvimento e Inovação, o que decorre do fato de o investimento desses FIPs em debêntures, inclusive nas não conversíveis, não encontrar limitação nas normas regulatórias, desde que, por óbvio, sejam emitidas por empresas pertencentes aos setores aos quais devem destinar seus investimentos.

Isso ocorre porque, para os FIPs Infraestrutura e para os FIPs Produção Econômica Intensiva em Pesquisa, Desenvolvimento e Inovação, além de profissionalizar a gestão das empresas nesse setor, os incentivos tributários foram criados com especial enfoque em fomentar o investimento privado em setores estratégicos da economia, isto é, possibilitar a captação de recursos por essas empresas, ainda que por meio de dívida, propósito este que também é atendido pelo investimento em debêntures simples por elas emitidas.

É o que se extrai do item 2 da exposição de motivos da Medida Provisória nº 348/07, que criou essas modalidades de FIPs:

> 2. A criação do FIP-IE constitui importante medida de fomento ao investimento privado em infra-estrutura no País, *por possibilitar a captação de recursos de investidores privados para a aquisição de valores mobiliários emitidos por Sociedades de Propósito Específico (SPE)*, constituídas para a execução de novos projetos de infra-estrutura em energia, transporte, água e saneamento em território nacional.

No passado recente, houve controvérsia quando à abrangência do termo "rendimentos", utilizado pela norma isentiva explanada acima, isto é, se englobaria também os ganhos na amortização ou na alienação de cotas de FIPs.

Desde 2014, a controvérsia deixou de existir, pois o artigo 106 da Lei nº 12.973, de 13 de maio de 2014, incluiu o parágrafo 3º ao artigo 3º da Lei nº 11.312, de 27 de junho de 2006, para prever expressamente tal situação:

> Art. 3º Fica reduzida a zero a alíquota do imposto de renda incidente sobre os rendimentos auferidos nas aplicações em fundos de investimento de que trata o art. 2º desta Lei quando pagos, creditados, entregues ou remetidos a beneficiário residente ou domiciliado no exterior, individual ou coletivo, que realizar operações financeiras no País de acordo com as normas e condições estabelecidas pelo Conselho Monetário Nacional.
>
> [...]
>
> *§ 3º A alíquota 0 (zero) referida no caput também se aplica aos ganhos de capital auferidos na alienação ou amortização de quotas de fundos de investimentos de que trata este artigo.* (Destaque do autor)

A esse respeito, esclareça-se que a concessão desses benefícios não viola o princípio da capacidade contributiva, insculpido no artigo 145, § 1º, da Constituição Federal, ainda que, normalmente, os investidores não residentes ostentem grande capacidade econômica, conforme explica Misabel Derzi (2015, p. 1.368):

> [...] Portanto, na extrafiscalidade, em muitos casos, a capacidade contributiva é posta de lado, de forma total ou parcial. Nas isenções e demais benefícios fiscais, outorgados como incentivos, os destinatários do favor legal podem ser pessoas de grande capacidade econômica; [...] No entanto, isso não representa quebra do princípio da igualdade formal. Trabalha-se, então, com novo critério de comparação (valores distintos) que não a capacidade contributiva. Nos incentivos fiscais, a pessoa isenta demonstra

> aptidão maior para realizar os objetivos da política econômica do País, ou mérito econômico (ou mérito científico, nas invenções, por exemplo), por isso é premiada. [...] Assim, as pessoas favorecidas por isenções, créditos presumidos, prêmios e alíquotas diminutas, devolução do tributo pago etc., são tratadas de uma forma e maneira especial porque são consideradas da mesma categoria essencial, em razão de sua aptidão para concretização dos planos econômicos governamentais ou por mérito.

De fato, o aporte de capitais estrangeiros na economia brasileira traz substanciais benefícios ao país, razão pela qual se mostram plenamente aceitáveis as desonerações tributárias concedidas a essa modalidade de investimento.

Justificam-se, portanto, os esforços do legislador para atrair os investidores estrangeiros a realizar aplicações em FIPs constituídos no Brasil.

4.3.2. Imposto sobre Operações de Câmbio

Além do IOF-TVM, explanado anteriormente, que se aplica de igual modo aos investidores não residentes, o investimento estrangeiro está potencialmente submetido ao IOF-Câmbio quando da liquidação de operações de câmbio para a entrada de recursos no Brasil para a aplicação no FIP e para o retorno de recursos ao exterior, quando dos pagamentos dos rendimentos pelo FIP, em ambos os casos à alíquota máxima de 25%[27].

Porém, atualmente, tanto o ingresso quanto o retorno de recursos estão submetidos à alíquota zero do IOF Câmbio[28].

> Art. 15-B. A alíquota do IOF fica reduzida para trinta e oito centésimos por cento, observadas as seguintes exceções:

[27] BRASIL. Lei nº 8.894, de 21 de junho de 1994, artigo 6º.

[28] BRASIL. Decreto nº 6.306, de 14 de dezembro de 2007, artigo 15-B, XVI e XVII.

> [...]
>
> XVI – nas liquidações de operações de câmbio contratadas por investidor estrangeiro para ingresso de recursos no País, inclusive por meio de operações simultâneas, para aplicação nos mercados financeiro e de capitais: zero;
>
> XVII – nas liquidações de operações de câmbio para fins de retorno de recursos aplicados por investidor estrangeiro nos mercados financeiro e de capitais: zero;

Contudo, por se tratar de imposto cuja alíquota pode ser elevada mediante Decreto[29] – atualmente, até o limite de 25%, conforme explanado acima – e sem a necessária observância aos princípios da anterioridade de exercício e da anterioridade nonagesimal[30], é imprescindível acompanhar diariamente a evolução da norma.

4.4. Tributação das Carteiras dos Fundos de Investimento em Participações

4.4.1. Imposto de Renda

Em regra, a legislação tributária não prevê a incidência de tributos sobre as operações realizadas pelas carteiras de fundos de investimentos, concentrando a tributação no âmbito dos cotistas, de modo a incidir apenas no momento do resgate ou amortização de cotas.

Paulo Marcelo de Oliveira Bento, Rafael Macedo Malheiro, Ramon Machado Castilho, Renato Reis Batiston e Renato Souza Coelho (2011, p. 154) explicam, de modo resumido e didático, que:

[29] BRASIL. Constituição da República Federativa do Brasil de 1988, artigo 153, § 1º.

[30] BRASIL. Constituição da República Federativa do Brasil de 1988, artigo 150, § 1º.

> O fundo de investimento é uma comunhão de recursos constituída sob a forma de condomínio, portanto, não está sujeito ao tratamento tributário aplicável às pessoas físicas ou jurídicas; ao contrário, está sujeito a tratamento tributário específico, *cuja principal característica é a desoneração tributária do fundo de investimento e concentração da tributação no nível dos cotistas.* (Destaque do autor)

De fato, o artigo 14 da Instrução Normativa nº 1.585/15, que dispõe sobre o Imposto de Renda incidente sobre operações praticadas nos mercados financeiro e de capitais, determina a isenção dos ganhos auferidos por carteiras de fundos de investimentos:

> Art. 14. São isentos do imposto sobre a renda:
>
> I – os rendimentos e ganhos líquidos ou de capital, auferidos pelas carteiras dos fundos de investimento;
>
> II – os juros sobre o capital próprio (JCP) de que trata o art. 9º da Lei nº 9.249, de 26 de dezembro de 1995, recebidos pelos fundos de investimento, observado o disposto no art. 75.

Assim, a incidência de Imposto de Renda sobre os ganhos das carteiras dos fundos de investimento, inclusive dos FIPs, fica concentrada no momento do resgate ou da amortização de cotas aos investidores, com lucro, ou, ainda, do repasse de rendimentos diretamente do FIP para os cotistas, como se detalhadamente explicado adiante.

4.4.2. Imposto sobre Operações de Crédito, Câmbio, Seguro ou relativas a Títulos e Valores Mobiliários

Quanto ao IOF-TVM, a alíquota zero está prevista no artigo 32, § 2º, II, do Decreto nº 6.306/07:

> Art. 32. O IOF será cobrado à alíquota de um por cento ao dia sobre o valor do resgate, cessão ou repactuação, limitado ao

> rendimento da operação, em função do prazo, conforme tabela constante do Anexo.
>
> [...]
>
> § 2º Ficam sujeitas à alíquota zero as operações, sem prejuízo do disposto no inciso III do § 1º:
>
> [...]
>
> II - das carteiras dos fundos de investimento e dos clubes de investimento;

A título informativo, registre-se que uma exceção a essa regra é a incidência de IOF sobre operações compromissadas realizadas por instituições financeiras com debêntures emitidas por empresas do mesmo grupo econômico da instituição financeira, prevista no artigo 32, § 1º, III, do Decreto nº 6.306/07, ainda que realizadas por carteiras de investimentos.

De qualquer modo, como regra, também não haverá incidência de IOF sobre as operações realizadas pelas carteiras dos FIPs.

4.5. Comparação Com a Tributação dos Investimentos Feitos Diretamente por Pessoa Física ou por Meio de Holding

Diante do exposto nos tópicos anteriores, verifica-se que, para o investidor pessoa física, a tributação dos ganhos em operações com FIPs se limita à incidência de IRRF à alíquota de 15% ou, ainda, do Imposto de Renda sobre o ganho de capital na alienação de cotas dessa modalidade de FIP, sujeito às alíquotas progressivas de 15% a 22,5%, previstas no artigo 21 da Lei nº 8.981/95.

Isso porque o IOF-TVM é aplicável somente nos casos de amortização ou cessão das cotas do fundo de investimento em curto período, o que raramente acontece com os FIPs.

Em relação ao Imposto de Renda, o que se tributa não é o ganho do FIP nas operações com participações societárias, mas, sim, a valorização de suas cotas em função do retorno positivo de seus investimentos.

Assim, a parcela que ficará sujeita à tributação, no momento da amortização ou resgate de cotas, será apenas o ganho líquido do FIP nas operações realizadas – ou seja, o montante obtido quando se subtrai o valor das perdas do valor dos ganhos –, sempre à alíquota de 15%, salvo nas hipóteses de isenção.

A seguir, a tributação dos ganhos em operações com FIPs será comparada com a tributação incidente sobre os ganhos em investimentos realizados diretamente pela pessoa física ou por meio de sociedades criadas com esse propósito específico (*holdings*).

4.5.1. Comparação Com a Tributação dos Investimentos Feitos Diretamente Por Pesssoa Física

Nos casos de investimentos em participações societárias feitos diretamente pela pessoa física, residente no Brasil ou no exterior, cada alienação de participação societária deve ser tributada de modo individualizado, conforme os patamares de alíquotas estabelecidos pelo artigo 21 da Lei nº 8.981/95 (15% a 22,5%), sendo que as eventuais perdas não são dedutíveis da apuração anual do Imposto de Renda.

A título ilustrativo, imagine-se que, em determinado período, uma pessoa física tenha alienado participações societárias de duas empresas, sendo uma com ganho de R$ 4 milhões e uma com perda de R$ 3 milhões. Nesse caso, apesar de o lucro consolidado das duas operações ter correspondido a apenas R$ 1 milhão, o valor que deverá ser submetido à tributação é o de R$ 4 milhões, visto que as operações devem ser analisadas de modo individualizado.

Já, na hipótese de esses investimentos terem sido efetuados por um FIP, esse efeito tributário adverso é evitado, pois os valores dos ganhos e os das perdas são confrontados na avaliação das cotas.

Sob esse aspecto, o investimento por meio de FIPs é bastante vantajoso, seja pela ausência de alíquotas escalonadas de Imposto de Renda sobre o ganho de capital, seja pela incidência de Imposto de Renda somente sobre o saldo de ganho das operações, se houver.

Registre-se, no entanto, que uma recente inovação da Instrução Normativa nº 1.585/15 trouxe uma desvantagem significativa para os FIPs: a tributação dos dividendos distribuídos pelas sociedades investidas e repassados diretamente pelo FIP ao investidor pela mesma alíquota aplicável à amortização de cotas[31], isto é, 15%.

A ilegalidade desse dispositivo será abordada posteriormente, em capítulo próprio.

De qualquer modo, tendo em vista que, quando se trata de investimento direto de pessoa física em ações, os dividendos são isentos do Imposto de Renda[32], esse ponto da Instrução Normativa traz um grande prejuízo aos investimentos por meio de FIPs, sob o ponto de vista tributário.

Significa dizer que, a prevalecer o entendimento atual da RFB, o investimento por meio de FIPs será mais desvantajoso do que o investimento realizado diretamente pela pessoa física, se a intenção primordial for o recebimento de dividendos das empresas investidas. Por outro lado, se o intento principal for auferir renda a partir do lucro na venda de participações societárias, os FIPs serão mais benéficos, mesmo em um cenário de prevalência da tributação de dividendos repassados diretamente pelo FIP aos cotistas.

31 BRASIL. Instrução Normativa RFB nº 1.585, de 31 de agosto de 2015, artigo 21, II e parágrafo único.

32 BRASIL. Lei nº 9.249, de 26 de dezembro de 1995, artigo 10.

4.5.2. Comparação Com a Tributação dos Investimentos Feitos Por Meio de Holding

As empresas que possuem em seu objeto social a administração e a compra e venda de participações societárias submetem seu lucro e sua receita ao IRPJ, à CSLL, à Contribuição ao PIS e à COFINS.

Sobre o lucro ao final do exercício, incidirão: (i) IRPJ às alíquotas de 15%, sobre a parcela do lucro do exercício que não extrapolar R$ 20.000,00 por mês, e 25% sobre a parcela do lucro que exercício que extrapolar R$ 20.000,00 por mês[33]; e (ii) CSLL à alíquota de 9%[34].

Além disso, sobre as receitas com a venda de participações societárias, a legislação prevê a incidência de Contribuição ao PIS, à alíquota de 0,65%[35], e de COFINS, à alíquota de 4%[36].

A legislação autoriza a exclusão do custo de aquisição da base de cálculo da Contribuição ao PIS e da COFINS incidentes sobre a receita decorrente da alienação da participação societária[37], portanto, na prática, a Contribuição ao PIS e a COFINS são calculadas somente sobre os ganhos.

Para distribuir seus resultados ao investidor pessoa física, a *holding* pode (i) pagar dividendos, caso em que o seu titular não tributará os rendimentos ou, ainda, (ii) pagar juros sobre o capital próprio, calculado pela variação, *pro rata* dia, da Taxa de Juros de Longo Prazo (TJLP) sobre o patrimônio líquido, limitada "à existência de lucros, computados antes da dedução dos juros, ou de lucros acumulados e reservas de lucros, em montante igual ou superior ao valor de duas vezes os juros

[33] BRASIL. Lei nº 9.249, de 26 de dezembro de 1995, artigo 3º, *caput* e § 1º.

[34] BRASIL. Lei nº 7.689, de 15 de dezembro de 1989, artigos 2º e 3º, III.

[35] BRASIL. Lei nº 9.715, de 25 de novembro de 1998, artigo 8º, I.

[36] BRASIL. Lei nº 9.718, de 27 de novembro de 1998, artigo 8º-B.

[37] BRASIL. Lei nº 9.718, de 27 de novembro de 1998, artigo 3º, § 14.

a serem pagos ou creditados"[38], caso em que a *holding* poderá excluir essa parcela de seu lucro tributável, mas deverá reter 15% a título de IRRF, considerado tributação definitiva, em nome do titular pessoa física[39].

Quanto ao IRPJ e à CSLL, a tributação incide apenas sobre o resultado consolidado do exercício.

Entretanto, em relação à Contribuição ao PIS e à COFINS, a tributação é calculada sobre cada transação individualmente considerada, isto é, a *holding* não pode compensar eventual prejuízo em uma operação de venda de participação societária com o lucro decorrente da venda de outra, acarretando em ineficiência tributária similar à que prejudica as pessoas físicas no tocante à tributação dos ganhos de capital pelo IRPF.

Enfatiza-se, porém, que, assim como as pessoas físicas, as *holdings* não sofrem o efeito adverso da tributação sobre os dividendos recebidos das empresas investidas. Isso porque os dividendos recebidos são excluídos das bases de cálculo do IRPJ, como já mencionado, da CSLL[40], da Contribuição ao PIS e da COFINS[41].

Desse modo, há considerável vantagem tributária no investimento por meio de FIPs, em comparação com a criação de *holding* com o propósito específico de administrar e negociar participações societárias, tendo em vista as alíquotas mais baixas de IRPJ, a inaplicabilidade da CSLL, da Contribuição ao PIS e da COFINS e o regime tributário mais eficiente.

Contudo, em razão da distorção provocada pelo atual entendimento da RFB quanto ao tratamento tributário conferido aos dividendos repassados diretamente ao investidor pelo FIP, pode ser vantajoso o investimento por meio de *holding*, se as princi-

[38] BRASIL. Lei nº 9.249, de 26 de dezembro de 1995, artigo 9º, *caput* e § 1º.

[39] BRASIL. Lei nº 9.249, de 26 de dezembro de 1995, artigo 9º, § 2º e § 3º, II.

[40] BRASIL. Lei nº 7.689, de 15 de dezembro de 1988, artigo 2º, § 1º, "c", 5.

[41] BRASIL. Lei nº 9.718, de 27 de novembro de 1998, artigo 3º, § 2º, II.

pais fontes de receitas forem os dividendos distribuídos pelas sociedades investidas.

5. Pontos de Atenção

5.1. Inovação Trazidas Pela Instrução Normativa RFB nº 1.585/15

Dentre as inovações interpretativas advindas da edição da Instrução Normativa RFB nº 1.585/15 – que revogou a Instrução Normativa RFB nº 1.022, de 5 de abril de 2010, e consolidou o entendimento da RFB quanto ao Imposto de Renda incidente sobre operações praticadas nos mercados financeiro e de capitais –, a modificação que impacta diretamente os investimentos por meio de FIPs foi o fim da isenção ao repasse de dividendos, explicada a seguir.

5.1.1. Tratamento do Repasse de Dividendos e Juros Sobre o Capital Próprio Distribuídos Por Empresas Investidas Diretamente aos Cotistas

Conforme abordado em capítulos anteriores, os FIPs são fundos de investimento que têm por objeto o investimento, prioritariamente, em participações societárias.

Como é próprio dessa forma de investimento, os rendimentos auferidos pelos FIPs provêm, basicamente, (i) dos rendimentos distribuídos pelas sociedades investidas, em especial dividendos e juros sobre o capital próprio, e (ii) dos ganhos na alienação, com lucro, das participações societárias.

O artigo 4º, parágrafo único, da Instrução CVM nº 555/14 expressamente autoriza o repasse direto aos cotistas de rendimentos distribuídos pelas investidas:

> Art. 4º O fundo pode ser constituído sob a forma de condomínio aberto, em que os cotistas podem solicitar o resgate de suas cotas conforme estabelecido em seu regulamento, ou fechado,

> em que as cotas somente são resgatadas ao término do prazo de duração do fundo.
>
> Parágrafo único. *Desde que expressamente autorizado pelo regulamento ou pela assembleia geral de cotistas,* ***o fundo pode destinar diretamente aos cotistas as quantias que lhe forem atribuídas a título de dividendos,*** juros sobre capital próprio, reembolso de proventos decorrentes do empréstimo de valores mobiliários, ou outros rendimentos advindos de ativos financeiros que integrem sua carteira. (Destaques do autor)

Em consonância com a regra contida nesse dispositivo – que, frise-se, já estava prevista no artigo 42 da Instrução CVM nº 409, de 18 de agosto de 2004, que regulamentava os fundos de investimento em geral, anteriormente à edição da Instrução CVM nº 555/14 –, o artigo 22 da revogada Instrução Normativa RFB nº 1.022/10 previa que o tratamento tributário a ser conferido aos dividendos ou aos juros sobre o capital próprio repassados diretamente ao cotista seria o mesmo aplicável caso o cotista os recebesse diretamente das sociedades investidas:

> Art. 22. Os valores recebidos das companhias emissoras de ações integrantes da carteira do fundo, repassados diretamente aos cotistas, são isentos do imposto sobre a renda, no caso de dividendos; e tributados na fonte à alíquota de 15% (quinze por cento), no caso de juros sobre o capital próprio.
>
> Parágrafo único. O disposto no caput aplica-se, também, a qualquer fundo de investimento que tenha ações em sua carteira.

Ocorre que a Instrução Normativa RFB nº 1.585/15 modificou esse posicionamento, para afirmar que o tratamento tributário a ser conferido, no caso dos FIPs, é o da amortização de cotas:

> Art. 21. O administrador de fundo ou clube de investimento que destinar diretamente aos cotistas as quantias que lhes forem atribuídas a título de dividendos, juros sobre capital próprio, reembolso de proventos decorrentes do empréstimo de valores mobiliários, ou outros rendimentos advindos de ativos financeiros que integrem sua carteira, fica responsável pela retenção e pelo recolhimento do imposto sobre a renda:
>
> [...]
>
> *II – como amortização de cotas, no caso de fundo constituído sob a forma de condomínio fechado.*
>
> *Parágrafo único. O disposto no caput aplica-se, também, a qualquer fundo de investimento que tenha ações em sua carteira.* (Destaque do autor)

Destaque-se que não houve qualquer mudança legislativa que justificasse a alteração de entendimento da RFB, indicando que a inovação certamente decorre unicamente do interesse arrecadatório do Poder Executivo Federal.

Como visto anteriormente, o ganho na amortização de cotas, em regra, submete-se à alíquota de 15% de IRRF.

Tal tratamento, no tocante aos dividendos, acarreta em grave distorção tributária, conforme abordado no tópico 4.5.1 e 4.5.2, intitulados, respectivamente, "Comparação com a tributação dos investimentos feitos diretamente por pesssoa física" e "Comparação com a tributação dos investimentos feitos por meio de *holding*", uma vez que, caso fossem recebidos diretamente da sociedade investida, os dividendos não seriam submetidos à incidência de Imposto de Renda.

A discussão, por ser muito recente, ainda não foi abordada de forma ampla pela jurisprudência dos tribunais administrativos e judiciais brasileiros.

Há, porém, notícia de um julgado do Tribunal Regional Federal da 3ª Região, que, ao apreciar essa matéria, concluiu em sentido oposto ao defendido no presente trabalho, conforme ementa abaixo transcrita:

> DIREITO PROCESSUAL CIVIL. AGRAVO INOMINADO. AGRAVO DE INSTRUMENTO. TRIBUTÁRIO. IRPF. SUJEIÇÃO PASSIVA DA EMPRESA ADMINISTRADORA DO FUNDO. INCIDÊNCIA TRIBUTÁRIA. LEI 9.249/1995. RECURSO DESPROVIDO.
>
> 1. A agravante impetrou o MS 0021110-44.2015.4.03.6100 para que seja "declarada a ilegalidade do art. 21 da IN 1.585/15 e determinado às autoridades coatoras que se abstenham de qualquer ato de cobrança pautado nesse dispositivo, oficiando-se, ainda, a administradora do FIP, PLANNER CORRETORA DE VALORES S/A [...] para que se abstenha de efetuar retenções na fonte. Subsidiariamente [...] declarada a impossibilidade de aplicação do art. 21 da IN 1.585/15 no ano-calendário de 2015, em função do princípio da anterioridade (CF/88, art. 150, III, 'b') e que seja determinado às autoridades coatoras que se abstenham de qualquer ato de cobrança pautado nesse dispositivo, oficiando-se, ainda, a administradora do FIP, PLANNER CORRETORA DE VALORES S/A [...] para que se abstenha de efetuar retenções na fonte, no tocante aos pagamentos de dividendos efetuados antes de 2016".
>
> 2. Os impetrantes, únicos investidores e quotistas do FUNDO DE INVESTIMENTO EM PARTICIPAÇÕES – AMC, objetivam afastar obrigação acessória atribuída aos administradores do fundo, no caso a PLANNER CORRETORA DE VALORES S/A, de reter o imposto sobre a renda quando do repasse aos quotistas de dividendos pagos pelas companhias, decorrentes de investimentos efetuados pelo fundo.
>
> 3. A fim de motivar tal pretensão, a impetrante alegou que o artigo 21 da IN SRF 1.585/2015 inovou ilegalmente a ordem jurídica ao legislar de forma contrária à isenção prevista no artigo

10 da Lei 9.249/1995. Outrossim, aduziu que a norma infralegal equipara amortização de quotas, em que a propriedade dos valores é incorporada ao patrimônio do fundo e posteriormente distribuída, por aprovação de assembleia, com o mero repasse de dividendos, que não é incorporado ao patrimônio do fundo. Subsidiariamente, requereu o reconhecimento da inaplicabilidade da retenção para os recursos relativos ao ano de 2015, em razão do princípio da anterioridade.

4. A obrigação acessória discutida, de retenção do tributo pelo fundo sobre dividendos recebidos para repasse a quotistas, encontra-se prevista no artigo 21 da IN SRF 1.585/2015.

5. A não-incidência do imposto de renda, conforme previsto no artigo 10 da Lei 9.249/1995, refere-se aos "lucros ou dividendos [...] pagos ou creditados pelas pessoas jurídicas tributadas com base no lucro real, presumido ou arbitrado". Vale dizer, a não-incidência somente encontra lugar na operação de transferência dos valores relativos aos dividendos, da companhia que os distribui a seus destinatários.

6. Embora os agravantes, quotistas do fundo de investimento, aleguem que os valores pagos pelas companhias não ingressaram no patrimônio do fundo de investimento ou de seu administrador, sendo repassado diretamente aos quotistas-investidores por serem estes os co-proprietários dos recursos do fundo (que, por sua vez, não deteria personalidade jurídica), é certo que a afirmação de que o fundo em participações não possuiria capacidade para adquirir a propriedade de bens mostra-se inverídica.

7. Diferentemente do que ocorre com o condomínio em geral, os recursos investidos no fundo não podem ser, pelo quotista, objeto de uso "conforme sua destinação, sobre ela exercer todos os direitos compatíveis com a indivisão, reivindicá-la de terceiro, defender a sua posse e alhear a respectiva parte ideal, ou gravá-la" (artigo 1.314, Código Civil), sendo inclusive denominada como "condomínio especial".

8. A reunião de recursos em fundo de investimento não permite aos quotistas manter seu direito de propriedade sobre os valores, mas apenas sobre as quotas representativas. Aliás, todos esses poderes são transferidos ao administrador do fundo, tal como disposto no artigo 10 da IN CVM 391: "O administrador terá poderes para exercer todos os direitos inerentes aos títulos e valores mobiliários integrantes da carteira do fundo, inclusive o de ação e o de comparecer e votar em assembléias gerais e especiais, podendo delegar para o gestor esses poderes, no todo ou em parte".

9. A legislação expressamente outorga às administradoras a propriedade fiduciária dos bens dos fundos de investimento. Neste sentido, o artigo 6° da Lei 8.668/1993 ("O patrimônio do Fundo será constituído pelos bens e direitos adquiridos pela instituição administradora, em caráter fiduciário"); e artigo 29, §2°, da IN CVM 472/2008 ("Sem prejuízo da possibilidade de contratar terceiros para a administração dos imóveis, a responsabilidade pela gestão dos ativos imobiliários do fundo compete exclusivamente ao administrador, que deterá a propriedade fiduciária dos bens do fundo").

10. Ninguém pode transferir mais direitos do que tem, a outorga da propriedade fiduciária do fundo para a administradora demonstra que, de fato, o fundo de investimento aquela possui capacidade de aquisição de bens e direitos.

11. Consta que os agravantes representam 100% do capital social do FUNDO DE INVESTIMENTO EM PARTICIPAÇÕES AMC, tendo tal fundo a seguinte "Política de Investimento".

12. Os investimentos em participação do fundo objetivam participação societária em companhias, através da aquisição de ações representativas, o que faz o fundo constar efetivamente como sócio dessas companhias.

13. A previsão do artigo 205 da Lei 6.404/1976 de que "a companhia pagará o dividendo de ações nominativas à pessoa que,

na data do ato de declaração do dividendo, estiver inscrita como proprietária ou usufrutuária da ação.".

14. Ao adquirir ações das companhias, o fundo inscreve-se como proprietária dos valores mobiliários, sendo que, ainda, "a propriedade das ações nominativas presume-se pela inscrição do nome do acionista no livro de 'Registro de Ações Nominativas' ou pelo extrato que seja fornecido pela instituição custodiante, na qualidade de proprietária fiduciária das ações".

15. A aquisição da propriedade das ações pelo fundo demonstra que os dividendos são a ela pagos pelas companhias, e não a seus quotistas, sendo, portanto, esta operação beneficiada pela não-incidência do imposto de renda.

16. A transferência desses recursos do fundo para seus quotistas constitui uma segunda operação, que não mais caracterizaria distribuição de dividendos, pois esta já teria se concretizado e acabado com a recepção dos valores pelo fundo.

17. A não-incidência prevista no artigo 10 da Lei 9.249/1995 somente se aplica ao pagamento de dividendos aos sócios da companhia, que, no caso, seria o fundo de investimento, não estando abarcado neste benefício fiscal operações posteriores, tal como revelam os precedentes.

18. Não se tratando de inovação legislativa, não se sujeita a previsão do artigo 21 da IN SRF 1.585/2015 ao princípio da anterioridade.

19. O depósito judicial cautelar requerido, consubstanciado na transferência dos recursos retidos pela fonte pagadora para conta à disposição do Juízo, não prescinde da demonstração da plausibilidade jurídica dos fundamentos da pretensão deduzida, pois, a medida, alterando a situação fática, outrossim, implica a privação de recursos financeiros pela parte contrária.

20. O fundo de investimento/administradora adquire a propriedade fiduciária dos valores investidos, e figura como proprietária das ações adquiridas, gerando-lhe o direito de recebimento

dos dividendos, operação contemplada pela norma isentiva que a embargante objetiva aplicação para operação posterior, em que o fundo de investimento repassa esses recursos aos investidores que, contudo, não está abrangida na norma.

21. Agravo inominado desprovido.

(TRF da 3ª Região, Agravo de Instrumento nº 0025727-14.2015.4.03.0000, Terceira Turma, Rel. Desembargador Federal Carlos Muta, julgado em 04/02/2016, disponibilizado no e-DJF3 Judicial 1 em 11/02/2016 – destaque do autor)

Em que pesem os argumentos dispostos na ementa acima, denota-se que não foi observado o correto tratamento jurídico a ser atribuído ao repasse de dividendos.

De fato, a regra é que os rendimentos produzidos pelas sociedades investidas e os ganhos decorrentes da alienação de participações societárias sejam, primeiramente, incorporados ao patrimônio do fundo de investimentos e, após, transferidos ao patrimônio dos cotistas por ocasião da amortização ou resgate de cotas.

Porém, nesse caso específico, o artigo 4º da Instrução CVM nº 555/14 expressamente autoriza que o administrador do fundo de investimentos repasse "diretamente aos cotistas as quantias que lhe forem atribuídas a título de dividendos" ou outros rendimentos.

Melhor explicando, embora o fundo de investimentos tenha patrimônio próprio, a norma regulatória aplicável à espécie prevê hipótese em que determinadas modalidades de rendimento podem ser remetidas aos cotistas sem transitar pelo patrimônio do fundo.

Portanto, não cabe ao Fisco Federal pretender conferir tratamento tributário distinto do previsto pela norma regulatória com o único intuito de inflar sua arrecadação, sob pena de violação frontal ao artigo 110 do Código Tributário Nacional.

Esclareça-se que o tratamento tributário a ser concedido aos dividendos não precisa, necessariamente, coincidir com a natureza contábil do repasse.

Com efeito, o artigo 12 da Instrução CVM nº 579/16, que dispõe sobre as demonstrações contábeis dos FIPs, determina, de forma genérica, que os lucros a serem distribuídos pelas investidas devem ser reconhecidos como receita do FIP:

> Art. 12. Para os fundos qualificados como entidade de investimento, as distribuições de lucro declaradas e provisionadas pelas investidas devem ser reconhecidas como receita.

Na Audiência Pública SNC nº 03/2015, que originou a Instrução CVM nº 579/16, o Sr. João Santos, sócio da PricewaterhouseCoopers, sugeriu que a norma acima consignasse expressamente "que o reconhecimento como receita somente dever ser feito se o regulamento do fundo não contiver a previsão de repasse direto das distribuições das investidas aos cotistas".

Em resposta, a CVM fez as seguintes considerações[42]:

> *Sob a perspectiva econômica e teórica contábil*, a entidade que reporta a informação é o fundo de investimento. Qualquer distribuição de dividendos realizada pelas investidas para o fundo de investimento deve transitar pelo resultado do fundo e somente depois ser distribuída aos cotistas. O repasse direto de dividendos (sem trânsito pelo resultado do fundo), além de violar o axioma da entidade, *prejudica a correta evidenciação, adequada medição de performance e a comparabilidade do resultado do fundo com outras entidades*. Portanto, a CVM decidiu não acatar a sugestão. (Destaques do autor)

[42] Disponível em: http://www.cvm.gov.br/export/sites/cvm/audiencias_publicas/ap_snc/anexos/2015/ed032015_ RelatorioAP.pdf. Acesso em 13 de junho de 2017.

Muito embora a CVM tenha rechaçado a sugestão, seus esclarecimentos evidenciaram que o trânsito dos dividendos pela contabilidade do fundo, previsto somente na norma contábil, tem por objetivo atender a finalidades estatísticas e de transparência, isto é, para permitir a comparação do resultado dos FIPs com outras entidades, bem como para melhor atender à teoria contábil.

Para fins de aplicabilidade da norma jurídico-tributária, o tratamento a ser conferido aos dividendos deve ser aquele previsto no artigo 4º, parágrafo único, da Instrução CVM nº 555/14, que autoriza o repasse direto sem a perda da característica de dividendos, o que implica no enquadramento na norma isentiva estipulada pelo artigo 10 da Lei nº 9.249/95.

Por fim, desatque-se que, além de juridicamente questionável, o posicionamento em questão da RFB tem grave impacto na indústria de FIPs, prejudicando um mercado com grande potencial de alavancar investimentos em empresas brasileiras, razão pela qual se espera que o Poder Executivo Federal reveja esse ponto da Instrução Normativa RFB nº 1.585/15 ou, num cenário ainda mais benéfico, que o Poder Legislativo estabeleça a isenção por meio de lei ordinária.

5.2. Requisitos Para a Fruição da Isenção do Ganho de Capital na Amortização e Resgate de Cotas de Fundos de Investimento em Participações Por Investidores Estrangeiros

5.2.1. Inovações Trazidas Pela Resolução CMN nº 4.373/14

Como visto no tópico 4.3, intitulado "ASPECTOS ESPECÍFICOS DA TRIBUTAÇÃO DO COSTISTA DE FUNDOS DE INVESTIMENTO EM PARTICIPAÇÕES RESIDENTE NO EXTERIOR", a isenção do cotista não residente de FIP depende, entre outros requisitos, da observância às disposições da Resolução CMN nº 4.373/14.

Essa Resolução revogou a Resolução CMN nº 2.689, de 26 de janeiro de 2000, e consolidou as normas que estabelecem o regime jurídico aplicável aos investimento estrangeiro nos mercados financeiro e de capitais, sendo, por esse motivo, comumente denominada "Nova 2.689".

Registre-se que a Resolução CMN nº 4.373/14 é atualmente regulamentada pela Circular Bacen nº 3.752, de 27 de março de 2015, cujo objetivo é "uniformizar, simplificar procedimentos e conferir maior clareza às disposições sobre aplicações de investidor não residente no Brasil nos mercados financeiro e de capitais do País"[43].

De acordo com a regulamentação atualmente vigente, estão disponíveis ao investidor estrangeiro os "mesmos instrumentos e modalidades operacionais disponíveis ao investidor residente no Brasil"[44].

Porém, antes de realizar os investimentos no mercado financeiro ou no mercado de capitais brasileiro, o investidor não residente deve (i) constituir representante legal no Brasil para cumprimento de obrigações perante o Bacen, (ii) obter registro perante a CVM e (iii) constituir custodiante autorizado pela CVM[45].

A principal modificação trazida pela Resolução CMN nº 4.373/14 diz respeito à representação do investidor estrangeiro no Brasil: enquanto a Resolução CMN nº 2.689/00 não fazia qualquer especificação quanto à qualificação do representante do investidor estrangeiro, para fins de cumprimento de obrigações perante o Bacen[46], a nova regulamentação exige que o representante seja instituição autorizada a funcionar pelo Bacen[47].

[43] BRASIL. Circular Bacen nº 3.752, de 27 de março de 2015, Preâmbulo.

[44] BRASIL. Resolução CMN nº 4.373, de 29 de setembro de 2014, artigo 1º, § 2º.

[45] BRASIL. Resolução CMN nº 4.373, de 29 de setembro de 2014, artigo 2º do Anexo I.

[46] BRASIL. Resolução CMN nº 2.689, 26 de janeiro de 2000, artigo 3º.

[47] BRASIL. Resolução CMN nº 4.373, de 29 de setembro de 2014, Artigo 2º, § 1º, do Anexo I.

Outra modificação relevante foi a autorização para que investimentos por não residentes nos mercados financeiro e de capitais sejam realizados por meio de contas mantidas em reais[48], o que não existia na Resolução CMN nº 2.689/00.

Além desses pontos, merece destaque a vedação da aplicação de recursos de não residentes, ingressados no Brasil, em operações fora dos mercados organizados, ou seja, em bolsa de valores ou em mercado de balcão organizado, delegando à CVM a tarefa de estabelecer exceções a essa regra[49].

Contudo, na atualidade, a "subscrição, amortização ou resgate de cotas de fundos de investimento regulados pela CVM" estão entre as exceções previstas na Instrução CVM nº 560, de 27 de março de 2015[50].

De um modo geral, denota-se que a Resolução CMN nº 4.373/14 não trouxe modificações tão impactantes para os investimentos por não residentes por meio de FIPs, mas, de um modo geral, ampliou as possibilidades de investimento e buscou profissionalizar a representação desses investidores, visando à qualificação das informações fornecidas ao Bacen referentes a esses investimentos e, consequentemente, ao aumento da eficiência de seu poder fiscalizatório.

Conclusões

Neste estudo, identificou-se que os fundos de investimento são figuras típicas do direito anglo-saxão, que se caracterizam por apresentar uma separação entre patrimônio e personalidade jurídica.

[48] BRASIL. Resolução CMN nº 4.373, de 29 de setembro de 2014, artigo 1º do Anexo I.

[49] BRASIL. Resolução CMN nº 4.373, de 29 de setembro de 2014, artigo 5º do Anexo I.

[50] BRASIL. Instrução CVM nº 560, 27 de março de 2015, artigo 19, VI.

Apesar da resistência e da delonga da legislação brasileira em regulamentar essa figura jurídica, seus benefícios sob o ponto de vista prático levaram os juristas brasileiros a estudá-la e a desenvolver normas que se aplicassem especificamente aos fundos de investimento.

Além de tardia, a normatização por meio de leis em sentido estrito ainda é bastante escassa. Por outro lado, o Brasil já possui normas infralegais, editadas sobretudo pela CVM, que trazem uma regulamentação satisfatória sobre fundos de investimento de um modo geral.

Os FIPs, objeto deste estudo, são fundos de investimento destinados, principalmente, ao investimento em participações societárias e em títulos emitidos por companhias, tais quais os bônus de subscrição e as debêntures.

Em regra, os FIPs adotam como estratégia a realização de investimentos em empresas com potencial de expansão, mas com administração ineficiente. O intuito é participar efetivamente das decisões negociais da empresa investida, com o objetivo de melhorar seus resultados de modo substancial.

Os investimentos realizados por FIPs se caracterizam por (i) apresentar risco que varia de moderado a alto, (ii) ser de longo prazo e (iii) buscar retornos expressivos.

Para a sociedade, os investimentos realizados por FIPs nos mercados de *private equity*, *venture capital* e capital semente são altamente beneféficos, pois possuem significativo potencial para alavancar a economia e viabilizar o surgimento e a manutenção de novas empresas, com capacidade de explorar seu potencial e conferir qualidade na gestão.

Sob o ponto de vista do investidor, em comparação com outros meios de investimento em participações societárias – em especial o investimento direto pela pessoa física e o investimento por meio de *holding* –, os FIPs possuem vantagens evidentes sob o aspecto administrativo, uma vez que (i) os recursos são aplicados de acordo com critérios definidos por gestores profissionais, (ii) as aplicações são pulverizadas, evitando a altíssima exposição a risco decorrente de eventual aplicação de todo o capital em apenas duas ou três empresas e (iii) a maior disponibilidade de recursos permite a realização de grandes aportes nas empresas investidas, possibilitando a participação efetiva na tomada das decisões estratégicas.

Adicionalmente, normas recentes editadas pela CVM e pelo CMN aproximaram a regulamentação de FIPs no Brasil aos padrões internacionais, além de trazer mais transparência e segurança para essa modalidade de investimento.

Sob o aspecto fiscal, para o investidor residente no Brasil, os FIPs possuem a vantagem de concentrar a tributação para o momento da efetiva distribuição do lucro – isto é, a amortização ou resgate de cotas com lucro ou o repasse de rendimentos.

Para os investidores residentes no exterior que cumprem requisitos estipulados em Lei e em normas editadas pelo Bacen, pelo CMN e pela CVM, os benefícios são ainda mais evidentes, já que há previsões de isenção ao IRRF.

Apesar disso, recentemente, a Instrução Normativa nº 1.585/15 trouxe uma modificação de entendimento profundamente impactante, de forma negativa, para o mercado de FIPs: a incidência de IRRF sobre os dividendos repassados diretamente das empresas investidas para os cotistas.

Essa inovação interpretativa trouxe graves distorções para a tributação dos FIPs, pois criou uma hipótese de incidência de Imposto de Renda não aplicável quando os investimentos são realizados diretamente pelo investidor pessoa física ou pessoa jurídica.

Além de contrária ao sistema normativo tributário brasileiro, a incidência de IRRF sobre os dividendos repassados diretamente ao cotista é desmedidamente danosa para o mercado de FIPs e para a economia brasileira, sobretudo em se considerando que o nível de investimento em *private equity* e *venture capital* já se encontra muito abaixo dos patamares encontrados em economias mais desenvolvidas, a exemplo do Reino Unido e dos Estados Unidos da América.

Ademais, o fato de a maior parte das normas tributárias aplicáveis a fundos de investimento em geral estarem previstas em atos infralegais traz insegurança ao investidor, vez que podem ser alteradas sem o prévio debate no Congresso e irradiar efeitos aos contribuintes a partir da data de publicação.

A solução para essa e para outras distorções existentes na legislação brasileira deve ocorrer pela via legislativa, com a edição de leis em sentido estrito que estabeleçam um regime tributário aplicável aos FIPs com a concessão de benefícios que retribuam.

Quanto à RFB, espera-se que norteie suas interpretações por critérios técnicos, considerando sempre as peculiaridades dos FIPs, em substituição a finalidades meramente arrecadatórias de curto prazo.

Referências

BALEEIRO, Aliomar. *Direito tributário brasileiro.* Atualizada por Misabel Abreu Machado Derzi. 13ª ed. Rio de Janeiro: Forense, 2015.

BENTO, Paulo (coord.). *Manual de tributação no mercado financeiro.* São Paulo: Saraiva, 2011.

BRASIL. Circular BACEN nº 3.752, de 27 de março de 2015.

BRASIL. Constituição da República Federativa do Brasil de 1988.

BRASIL. Decreto nº 6.306, de 14 de dezembro de 2007.

BRASIL. Instrução CVM nº 409, de 18 de agosto de 2004.

BRASIL. Instrução CVM nº 555, de 17 de dezembro de 2014.

BRASIL. Instrução CVM nº 558, de 26 de março de 2015.

BRASIL. Instrução CVM nº 560, de 27 de março de 2015.

BRASIL. Instrução CVM nº 578, de 30 de agosto de 2016.

BRASIL. Instrução CVM nº 579, de 30 de agosto de 2016.

BRASIL. Instrução Normativa RFB nº 1.022, de 5 de abril de 2010.

BRASIL. Instrução Normativa RFB nº 1.585, de 31 de agosto de 2015.

BRASIL. Lei nº 5.172, de 25 de outubro de 1966 (Código Tributário Nacional).
BRASIL. Lei nº 6.385, de 7 de dezembro de 1976.
BRASIL. Lei nº 8.668, de 25 de junho de 1993.
BRASIL. Lei nº 8.981, de 20 de janeiro de 1995.
BRASIL. Lei nº 9.249, de 26 de dezembro de 1995.
BRASIL. Lei nº 10.303, de 31 de outubro de 2001.
BRASIL. Lei nº 11.312, de 27 de junho de 2006.
BRASIL. Lei nº 11.478, de 29 de maio de 2007.
BRASIL. Lei nº 12.973, de 13 de maio de 2014.
BRASIL. Lei nº 13.259, de 16 de março de 2016.
BRASIL. Medida Provisória nº 348, de 22 de janeiro de 2007.
BRASIL. Resolução CMN nº 2.689, de 26 de janeiro de 2000.
BRASIL. Resolução CMN nº 4.373, de 29 de setembro de 2014.
BRASIL. Tribunal Regional Federal da 3ª Região, Agravo de Instrumento nº 0025727-14.2015.4.03.0000, Terceira Turma, Rel. Desembargador Federal Carlos Muta, julgado em 04/02/2016, disponibilizado no e-DJF3 Judicial 1 em 11/02/2016.
CVM. Relatório de Audiência Pública SNC nº 03/2015. Disponível em http://www.cvm.gov. br/export/sites/cvm/audiencias_publicas/ap_snc/anexos/2015/ed032015_RelatorioAP.pdf. A- cesso em 13 de junho de 2016.
Diniz, Rodrigo. *Fundos de investimento no direito brasileiro*. 1ª ed. São Paulo: Almedina, 2014.
Fortuna, Eduardo. *Mercado financeiro: produtos e serviços*. 20ª ed. rev. e atual. Rio de Janeiro: Qualitymark, 2015.
KPMG. *Consolidação de dados da indústria de private equity e venture capital no Brasil*, 2016. Disponível em: https://assets.kpmg.com/content/dam/kpmg/br/pdf/2016/09/br-kpmg-consolidacao-dos-dados.pdf. Acesso em 13 de junho de 2017.
Leite, César Ricardo. *Fundos de private equity – como agentes de financiamento para empresas no Brasil*. São Paulo: Globus, 2011.
Nunes, Renato. *Imposto sobre a renda devido por não residentes no Brasil*. São Paulo: Quartier Latin, 2011.

Referências Complementares

Amaro, Luciano. *Direito tributário brasileiro*. 19ª ed. São Paulo: Saraiva, 2013.
Andrade Filho, Edmar Oliveira. *Planejamento tributário*. São Paulo: Saraiva, 2009.
________. *Imposto de Renda das Empresas: Revista e atualizada de acordo com as leis nºs 11.638/07, 11.941/09 e 12.973/14.*. 11ª ed. São Paulo: Atlas, 2014.

ATALIBA, Geraldo. *Hipótese de incidência tributária.* 6ª ed. São Paulo: Malheiros, 2011.

BORBA, José Edwaldo Tavares. *Direito societário.* 12ª ed. Rio de Janeiro: Renovar, 2010.

CARRAZZA, Roque Antonio. *Imposto sobre a renda (perfil constitucional e temas específicos).* 3ª ed. rev., ampl. e atual. São Paulo: Malheiros, 2009.

CARVALHO, Mário Tavernard Martins de. *Regime jurídico dos fundos de investimento.* 1ª ed. São Paulo: Quartier Latin, 2012.

CVM. *O mercado de valores mobiliários brasileiro.* 3ª ed. Rio de Janeiro: Comissão de Valores Mobiliários, 2014.

CVM. *CVM edita normas sobre fundos de private equity*, 2016. Disponível em: http://www.cvm.gov.br/noticias/arquivos/2016/20160830-2.html . Acesso em 15 de outubro de 2016.

DOTTA, Eduardo Montenegro. *A responsabilidade dos administradores de fundos de investimento no novo código civil.* 1ª ed. São Paulo: Texto Novo, 2005.

EIZIRIK, Nelson. *Mercado de Capitais – Regime Jurídico.* 3ª ed. rev. e ampl. Rio de Janeiro: Renovar, 2011.

FREITAS, Bernardo Vianna e VERSIANI, Fernanda Valle. *Fundos de Investimento – Aspectos Jurídicos, Regulamentares e Tributários.* 1ª ed. São Paulo: Quartier Latin, 2015.

GAGGINI, Fernando Schwarz. *Fundos de investimento no direito brasileiro.* São Paulo: Universitária do Direito, 2001.

GUZMAN, Antonio Carlos Marchetti. *Os fundos de investimento em participações (FIP) como instrumentos de desenvolvimento do mercado de private equity no Brasil.* In: MOSQUERA, Roberto Quiroga (coord.) *O direito tributário e o mercado financeiro e de capitais.* São Paulo: Dialética, 2009.

HADDAD, Gustavo Lian, LIU, Joana Chia Yin. *Ganho de capital do não residente.* In: SANTI, Eurico Marcos Diniz de; ZILVETI, Fernando Aurélio; MOSQUERA, Roberto Quiroga (coord.). *Tributação internacional.* São Paulo: Saraiva, 2007.

HIGUCHI, Hiromi. *Imposto de renda das empresas: interpretação e prática.* 40ª ed. São Paulo: IR Publicações, 2015.

LOPES, Aleksandro Broedel, GALDI, Fernando Caio e LIMA, Iran Siqueira. *Manual de contabilidade e tributação de instrumentos financeiros e derivativos.* São Paulo: Atlas, 2011.

MARTINS, Eliseu (et. al.). *Manual de contabilidade societária.* São Paulo: Atlas, 2013.

MOSQUERA, Roberto Quiroga (coord.). *O direito tributário e o mercado financeiro e de capitais. 2. Vol.* São Paulo: Dialética, 2010.

OLIVEIRA, Ricardo Mariz de. *Fundamentos do Imposto de Renda*. São Paulo: Quartier Latin, 2008.

OLIVEIRA, Ricardo Mariz de; SCHOUERI, Luis Eduardo; ZILVETI, Fernando Aurelio. *Revista Direito Tributário Atual*. São Paulo: Dialética, 2014.

PEDREIRA, José Luiz Bulhões. *Imposto sobre a renda: pessoas jurídicas*. Rio de Janeiro: ADCOAS/JUSTEC, 1979.

PINHEIRO, Armando Castelar e SADDI, Jairo. *Direito, economia e mercados*. Rio de Janeiro: Elsevier, 2005.

ROCHA, Sérgio André. *Tributação Internacional*. São Paulo: Quartier Latin, 2013.

SCHOUERI, Luis Eduardo. *Direito Tributário*. 5ª ed. São Paulo: Saraiva, 2015.

SILVEIRA, Eduardo Teixeira. *O regime jurídico do investimento estrangeiro no Brasil*. *In*: TÔRRES, Heleno Taveira. Direito tributário internacional aplicado (coord.). São Paulo: Quartier Latin, 2003.

XAVIER, Alberto. *Direito tributário internacional do Brasil*. 8ª ed. Rio de Janeiro: Forense, 2015.

SOBRE OS AUTORES

Caio Caetano Luna

Advogado, sócio do escritório Lacaz Martins, Pereira Neto, Gurevich & Schoueri Advogados. É bacharel em Direito pela Universidade de São Paulo, possui LL.M. em Direito Tributário pelo Insper e é candidato a MBA pela École des Hautes Études Commerciales de Paris (turma de 2019).

Felipe Nunes Ramos da Cunha

Advogado, atua nas áreas jurídica tributária e fiscal há mais de 8 anos. É sócio do escritório de advocacia Strand Advogadas, tendo antes integrado o quadro de profissionais da PwC – auditoria e consultoria tributária em tributos diretos –, e na Braskem S.A. – planejamento tributário nacional e internacional. Possui amplo conhecimento na área consultiva – planejamento tributário, due dilligence, revisão fiscal e incentivos fiscais, envolvendo tributos diretos –, além do contencioso administrativo e judicial, com considerável experiência em empresas do setor petroquímico, construtoras, transportadoras e indústrias em geral. É graduado pela Universidade Jorge Amado – UNIJORGE (2010) e possui especialização em Direito Tributário pelo INSPER (LLM em Direito Tributário – 2017).

Eric Simões Visini

Advogado e contador, atuante nas áreas consultivo tributária e contábil há mais de 10 anos. É advogado associado do departamento tributário do Cascione Advogados, tendo antes integrado o quadro de profissionais de outros grandes escritórios brasileiros como: Felsberg Advogados; Dias Carneiro Advogados e Mattos Filho, Veiga Filho, Marrey Jr. e Quiroga Advogados; além de ter atuado no setor fiscal de empresas de grande porte das áreas de telecomunicações e construção civil. Bacharel em Direito e Ciências Contábeis, ambos pela Pontifícia Universidade Católica de São Paulo (PUC-SP), e pós-graduado em Direito Tributário (*LL.M*) pelo INSPER. Desde 2013 é membro associado do Instituto Brasileiro de Direito Tributário (IBDT).

Lucas Dalcastagne Barducco

Advogado, atua na área de consultoria tributária. Associado de Abe, Rocha Neto, Taparelli e Garcez Advogados. Bacharel em Direito pela PUC/SP, possui *LL.M.* em Direito Tributário pelo INSPER/SP e atualmente é graduando em Ciências Contábeis pela FIPECAFI/SP.

José Mário Neves David

Advogado (Pontifícia Universidade Católica de São Paulo) e administrador (Universidade Estadual de Londrina) com pós graduação pelo Insper, atua na área tributária há 10 anos. É advogado em São Paulo.

ÍNDICE